ПРЕПОДОБНЫЙ АВВА ДОРОФЕЙ

ДУШЕПОЛЕЗНЫЕ
ПОУЧЕНИЯ И ПОСЛАНИЯ

ORTHODOX LOGOS PUBLISHING

ДУШЕПОЛЕЗНЫЕ ПОУЧЕНИЯ И ПОСЛАНИЯ

преподобный авва Дорофей

Икона на обложке книги:
«преподобный авва Дорофей», *Неизвестный автор*

© 2025, Orthodox Logos Publishing, The Netherlands

www.orthodoxlogos.com

ISBN: 978-1-80484-202-7

This book is in copyright. No part of this publication may be reproduced, stored in a retrieval system or transmitted in any form or by any means without the prior permission in writing of the publisher, nor be otherwise circulated in any form of binding or cover other than that in which it is published without a similar condition, including this condition, being imposed on the subsequent purchaser.

ПРЕПОДОБНЫЙ АВВА ДОРОФЕЙ

ДУШЕПОЛЕЗНЫЕ
ПОУЧЕНИЯ И ПОСЛАНИЯ

ORTHODOX LOGOS PUBLISHING

СОДЕРЖАНИЕ

Вступление 7
Поучения
Предисловие 9
Краткое сказание о преподобном Дорофее 11
Сказание о блаженном отце Досифее,
ученике св. аввы Дорофея 18
Поучение 1. Об отвержении мира 28
Поучение 2. О смиренномудрии 44
Поучение 3. О совести 53
Поучение 4. О страхе Божием 57
Поучение 5. О том, что не должно
полагаться на свой разум 70
Поучение 6. О том, чтобы не судить ближнего . . 78
Поучение 7. О том, чтобы укорять себя,
а не ближнего 87
Поучение 8. О злопамятности 95
Поучение 9. О том, что не должно лгать 101
Поучение 10. О том, что должно проходить
путь Божий разумно и внимательно 108
Поучение 11. О том, что должно стараться скорее
отсекать страсти, прежде нежели они обратятся
в злой навык души 116

Поучение 12. О страхе будущего мучения
и о том, что желающий спастись никогда
не должен быть беспечен о своем спасении 126

Поучение 13. О том, что должно переносить
искушение с благодарностью и без смущения 136

Поучение 14. О созидании и совершении
душевного дома добродетелей 144

Поучение 15. О Святой Четыредесятнице 155

Поучение 16. К некоторым келлиотам, вопросившим
преподобного авву Дорофея о посещении братии .. 160

Поучение 17. К наставникам в монастырях
и к ученикам, как должно наставлять братию
и как повиноваться наставникам 165

Поучение 18. К брату, проходящему
келарскую службу 169

Поучение 19. Различные краткие изречения 172

Поучение 20. Изъяснение некоторых изречений
святого Григория, которые поются с тропарями
на Святую Пасху 175

Поучение 21. Толкование некоторых изречений
святого Григория о святых мучениках 181

Послания преподобного аввы Дорофея

Послание поучительное к брату, вопросившему
его о бесчувствии и охлаждении любви 186

Послание того же к брату, угнетаемому искушением .. 188

К тому же брату 189

Того же к брату, впадшему в трудную болезнь
и различные преткновения 190

Того же к брату, находившемуся в искушении 191

К тому же 192

К тому же 193

К тому же	194
Ктому же	195
Того же к некоторому очень больному брату, имевшему различные худые помышления о том, кто заботился о его нужде	196
Вопросы преподобного Дорофея и ответы, данные на них святыми старцами Варсануфием и Иоанном Пророком	197
Толкование	224
Вопросы преподобного Дорофея и ответы, данные на них святыми старцами Варсануфием и Иоанном Пророком	225
Примечания	245
Биография: преподобный авва Дорофей	250

ВСТУПЛЕНИЕ

«Душеполезные поучения и послания» преподобного аввы Дорофея – это один из важнейших памятников христианской аскетической литературы. Эта книга представляет собой собрание наставлений и писем, направленных на духовное совершенствование человека, борьбу со страстями и стяжание истинного смирения. Написанные в VI веке, труды аввы Дорофея и по сей день остаются актуальными и востребованными среди христиан, стремящихся к духовному развитию.

Преподобный авва Дорофей, будучи опытным духовным наставником, раскрывает в своих трудах глубину христианской аскетики. Он доступным языком объясняет, какие духовные упражнения помогают человеку преодолеть греховные наклонности, как бороться с помыслами и страстями, и как обрести мир в душе через послушание, смирение и молитву. Его наставления основаны не только на личном опыте, но и на мудрости святых отцов, которых он часто цитирует.

Основное внимание в «Душеполезных поучениях» уделяется внутреннему устроению человека, его борьбе со страстями, преодолению гордости, злопамятства и осуждения. Авва Дорофей подчёркивает важность самопознания, кротости и терпения, считая их основой духовного возрастания. В «Посланиях» он наставляет своих учеников, давая советы по ведению духовной жизни и объясняя сложные вопросы веры.

Эта книга является незаменимым руководством для тех, кто стремится к истинному богопознанию, совершенствованию души и уподоблению Христу. Она будет полезна как для монашествующих, так и для мирян, желающих углубить своё понимание духовной жизни и укрепиться в вере.

ПОУЧЕНИЯ

ПРЕДИСЛОВИЕ

Предлагая просвещённому вниманию любителей отеческих писаний перевод на русский язык книги поучений преподобного *аввы Дорофея*, считаем не излишним сказать несколько слов о сем издании.

Перевод сей сделан с греческой книги, изданной в Венеции, в 1770 году, и тщательно сличён со славянским переводом, который совершён ещё в начале XVII столетия и издан первый раз в Киево-Печерской Лавре архитипографом оной иеросхимонахом Памвою Берындою в 1628 году[1], а ныне печатается без всякой перемены при славянском переводе трудов св. *Ефрема Сирина*, составляя 4-ю часть оных. Через сие сличение все неудобопонятные места славянского перевода (для большей части читателей тёмного уже по самой древности языка и некоторым особенностям в выражениях) получили надлежащее исправление, а те места греческого текста, которые оказались особенно несходными со славянским переводом, выставлены нами в подстрочных примечаниях, где помещены также и немногие необходимые пояснения.

Вместо нескольких вопросов и ответов на них свв. старцев Варсануфия Великого и Иоанна Пророка, которые печатались обыкновенно в славянских изданиях книги преп. Дорофея, мы поместили здесь все письменные беседы между великими старцами и достойным учеником их преп. Дорофеем, какие только дошли до нас в книге ответов свв. Варсануфия и Иоанна.

Мы старались, чтобы перевод наш был сделан сколько возможно точнее, ближе к подлиннику и в то же время был прост, ясен и удобовразумителен для каждого, дабы соблюсти таким образом и в переводе те особенные свойства поучений преп. Дорофея, о коих упомянуто в послании о сей книге, где между прочим сказано, что хотя преподобный и высок был по дару слова, но, желая и в этом явить собою пример смиренномудрия, он предпочитал везде смиренный и простой образ выражения и невитиеватость речи.

Охотно сознаемся, что при всём старании нашем и в этом слабом труде, как во всех делах человеческих, конечно, найдётся много недостатков: потому и просим благочестивых читателей покрыть сии недостатки христианскою любовию и благосклонно принять это новое издание высокодуховных поучений преп. Дорофея.

Не только иноки, но и все христиане вообще найдут здесь много душеполезных советов и наставлений. Соединяя в своих поучениях глубокое видение сердца человеческого с христианскою простотою, преп. Дорофей предлагает ясное духовное зеркало, в котором каждый может увидеть самого себя и вместе найти вразумление и совет, как исправить свои душевные немощи и мало-помалу достигнуть чистоты и бесстрастия.

Краткие сведения о жизни преп. Дорофея мы заимствовали частию из его же собственных слов и вопросов свв. Старцам, частию из книги: Les vies des p'eres des d'eserts d'orient avec leur doctrine spirituelle et leur discipline monastique. Avignon, 1761.

КРАТКОЕ СКАЗАНИЕ О ПРЕПОДОБНОМ ДОРОФЕЕ

Мы не имеем оснований для точного определения времени, в которое жил преподобный Дорофей, более известный в качестве писателя. Приблизительно же можно определить оное свидетельством *схоластика Евагрия*, который в своей церковной истории, писанной, как известно, около 590 года, упоминает о современнике и наставнике преп. Дорофея, великом старце Варсануфии, говоря, что он «ещё живет, заключившись в хижине»[2]. Отсюда можно заключить, что преп. Дорофей жил в конце VI и начале VII века. Предполагают, что он был родом из окрестностей Аскалона[3]. Раннюю молодость свою он провёл в прилежном изучении светских наук. Это видно из собственных слов его, помёщенных в начале 10-го поучения, где преподобный говорит о себе: «Когда я обучался светским наукам, мне казалось это сначала весьма тягостным, и когда я приходил взять книгу, я был в таком же положении, как человек, идущий прикоснуться к зверю; когда же я продолжал понуждать себя, Бог помог мне, и прилежание обратилось мне в такой навык, что от усердия к чтению я не замечал, что я ел или пил, или как спал. И никогда не позволял завлечь себя на обед с кем-нибудь из друзей моих, и даже не вступал с ними в беседу во время чтения, хотя и был общителен и любил своих товарищей. Когда философ отпускал нас, я омывался водою, ибо иссыхал от безмерного чтения и имел нужду каждый день освежаться водою; приходя же домой, я не знал, что буду есть; ибо не мог найти свободного времени для распоряжения касательно самой пищи моей, но у меня был верный человек, который готовил мне, что он хотел. А я ел, что находил приготовленным, имея и книгу подле себя на постели, и часто углублялся в неё. Также и во время сна она была подле меня на столе моём, и, уснув немного, я тотчас вскакивал для того, чтобы продолжать чтение. Опять вечером, когда я возвращался домой, после вечерни, я зажигал светильник и продолжал чтение до полуночи и вообще был в таком состоянии, что от чтения вовсе не знал сладости покоя».

Учась с такой ревностию и усердием, преп. Дорофей приобрёл обширные познания и развил в себе природный дар слова, как о сём упоминает неизвестный писатель послания о книге его поучений, говоря, что преподобный «был высок по дару слова» и, подобно мудрой пчеле, облетая цветы, собирал полезное из сочинений светских философов и предлагал это в своих поучениях для общего назидания. Может быть, и в этом случае Преподобный следовал примеру св. *Василия Великого*, наставления которого он изучал и старался исполнять на самом деле[4]. Из поучений преподобного Дорофея и его вопросов свв. Старцам ясно видно, что он хорошо знал произведения языческих писателей, но несравненно более писания святых Отцов и Учителей Церкви: Василия Великого, *Григория Богослова*, *Иоанна Златоустого*, *Климента Александрийского* и многих знаменитых подвижников первых веков христианства; а сожительство с великими старцами и труды подвижничества обогатили его опытным знанием, о чём свидетельствуют его поучения.

Хотя мы и не знаем о происхождении преподобного, но из бесед его с великими старцами видно, что он был человек достаточный, и ещё прежде вступления в монашество пользовался наставлениями знаменитых подвижников: святых Варсануфия и Иоанна. Это оказывается из ответа, данного ему св. Иоанном на вопрос о раздаче имения: «Брат! На первые вопросы отвечал я тебе как человеку, ещё требовавшему млека. Теперь же, когда ты говоришь о совершенном отречении от мира, то слушай внимательно, по слову Писания: «разшири уста твоя, и исполню я» (*Пс. 80, 11*)[5]. Из этого очевидно, что св. Иоанн давал ему советы ещё прежде совершенного отречения от мира. К сожалению, до нас не дошли все сии душеполезные слова святых старцев. Мы имеем только те из них, которые сохранились в книге ответов свв. Варсануфия и Иоанна.

Не знаем, какая причина побудила преподобного Дорофея оставить мир, но, рассматривая его поучения и в особенности вопросы святым Старцам, можно заключить, что он удалился из мира, имея в виду только одно – достигнуть Евангельского совершенства через исполнение заповедей Божиих. Он сам говорит о святых мужах в 1-м поучении своём: «Они поняли, что, находясь в мире, не могут удобно совершать добродетели и измыслили себе особенный образ жизни, особенный образ действования, – я говорю о монашеской жизни, – и начали убегать от мира и жить в пустынях».

Вероятно, на эту решимость имели благодетельное влияние и беседы святых Старцев; ибо, поступив в монастырь преп. Серида, Дорофей немедленно предал себя в совершенное послушание св. Иоанну Пророку, так что ничего не позволял себе делать без его совета[6]. «Когда я был в общежитии, – говорит о себе Преподобный, – я открывал все свои помыслы старцу авве Иоанну, и никогда, как я сказал, не решался сделать что-либо без его совета. Иногда помысл говорил мне: не то же ли (самое) скажет тебе Старец? Зачем ты хочешь беспокоить его? А я отвечал помыслу: анафема тебе, и рассуждению твоему, и разуму твоему, и мудрованию твоему, и ведению твоему, ибо что ты знаешь, то знаешь от демонов. И так я шёл и вопрошал Старца. И случалось иногда, что он отвечал мне то самое, что у меня было на уме. Тогда помысл говорит мне: ну что же? видишь, это то самое, что и я говорил тебе: не напрасно ли беспокоил ты Старца? А я отвечал помыслу: теперь оно хорошо, теперь оно от Духа Святаго; твоё же внушение лукаво, от демонов, и было делом страстного состояния души. И так никогда не попускал я себе повиноваться своему помыслу, не вопросив Старца».

Воспоминание о большом прилежании, с которым преп. Дорофей занимался светскими науками, поощряло его и в трудах добродетели. «Когда я вступил в монастырь, – пишет он в 10-м поучении своём, – то говорил сам себе: если при обучении светским наукам родилось во мне такое желание и такая горячность, и оттого, что я упражнялся в чтении, оно обратилось мне в навык; то тем более будет так при обучении добродетели, и из этого примера я почерпал много силы и усердия».

Картина его внутренней жизни и преуспеяния под руководством старцев открывается нам отчасти из его вопросов к духовным Отцам и Наставникам в благочестии; а в поучениях его находим некоторые случаи, свидетельствующие о том, как он понуждал себя к добродетели и как преуспел в ней. Обвиняя всегда самого себя, он старался покрывать недостатки ближних любовью, и проступки их в отношении к нему приписывал искушению или незлонамеренной простоте. Так в 4-м поучении своём Преподобный приводит несколько примеров, из которых видно, что, будучи сильно оскорбляем, он терпеливо переносил это, и, проведя, как он сам говорит, в общежитии 9 лет, никому не сказал оскорбительного слова.

Послушание, назначенное ему игуменом Серидом, состояло в том, чтобы принимать и успокаивать странников, и здесь не раз выказывалось его великое терпение и усердие к служению ближним и Богу. «Когда я был в общежитии, – говорит о себе преподобный Дорофей, – игумен, с советом старцев, сделал меня странноприимцем, а у меня незадолго перед тем была сильная болезнь. И так бывало: вечером приходили странники, и я проводил вечер с ними; потом приходили ещё погонщики верблюдов, и я служил им; часто и после того, как я уходил спать, опять встречалась другая надобность, и меня будили, а между тем наставал и час бдения. Едва только я засыпал, как канонарх уже будил меня; но от труда или от болезни я был в изнеможении, и сон опять овладевал мною так, что, расслабленный от жара, я не помнил сам себя и отвечал ему сквозь сон: хорошо, господин, Бог да помянет любовь твою, и да наградит тебя; ты приказал, – я приду, господин. Потом, когда он уходил, я опять засыпал и очень скорбел, что опаздывал идти в *церковь*. А как канонарху нельзя было ждать меня, то я упросил двух братий, одного – чтобы он будил меня, другого – чтобы он не давал мне дремать на бдении, и поверьте мне, братия, я так почитал их, как бы через них совершалось моё спасение, и питал к ним великое благоговение»[7].

Подвизаясь таким образом, преподобный Дорофей достиг высокой меры духовного возраста и, будучи сделан начальником больницы, которую брат его устроил в монастыре преподобного Серида, служил для всех полезным примером любви к ближнему и в то же время врачевал душевные язвы и немощи братии. Глубокое смирение его выражается и в самых тех словах, которыми он говорит о сём в 11-м поучении своём: «Когда я был в общежитии, не знаю, как братия заблуждались (касательно меня) и исповедовали мне помышления свои, и Игумен с советом старцев велел мне взять на себя эту заботу». Под его-то руководством преуспел в столь краткое время и тот простосердечный делатель послушания Досифей, описанию жизни которого посвящено несколько особых страниц сей книги. Имея с самого поступления в монастырь наставником своим св. Иоанна Пророка, преподобный Дорофей принимал от него наставления, как из уст Божиих, и считал себя счастливым, что в бытность свою в общежитии удостоился послужить ему, как сам он говорит об этом в поучении своём о Божественном страхе: «Когда я ещё был в монастыре аввы Серида, случилось, что служитель старца аввы Иоанна, ученика аввы Варсануфия, впал в болезнь, и авва повелел мне служить Старцу. А я и двери келлии его лобызал извне с таким же чувством, с каким иной поклоняется честному кресту, тем более был я рад служить ему». Подражая во всём примеру святых подвижников и исполняя делом благодатные наставления Отцов своих: Великого Варсануфия, Иоанна и игумена Серида, преподобный Дорофей был несомненно и наследником их духовных дарований. Ибо Промысл Божий не оставил его под спудом неизвестности, но поставил на свещнике настоятельства, тогда как он желал уединения и безмолвия, что видно из его вопросов Старцам[8].

По кончине аввы Серида и св. Иоанна Пророка, когда общий наставник их Великий Варсануфий совершенно заключился в своей келлии, преподобный Дорофей удалился из общежития аввы Серида и был настоятелем. Вероятно, к этому времени относятся поучения, говорённые им своим ученикам; эти поучения (в числе 21) и несколько посланий составляют всё, что осталось нам в наследие от писаний Преподобного, хотя свет учения его распространялся не только в обителях иноческих, но и в мире: ибо многие, привлекаемые славою его подвигов и добродетелей, прибегали к нему за советами и наставлениями, о чём свидетельствует неизвестный писатель послания, служащего предисловием к его поучениям (который, как можно судить по содержанию его послания, знал лично преподобного Дорофея и, вероятно, был учеником его). Он говорит, что Преподобный, сообразно с дарованием данным ему от Бога, исполнял святое и мироносное служение равным образом в отношении к богатым и нищим, мудрым и невеждам, женам и мужам, старцам и юным, скорбящим и радующимся, чужим и своим, мирским и монахам, властям и подвластным, рабам и свободным – он всем постоянно был всё и приобрёл очень многих.

К крайнему сожалению, до нас не дошло полного жизнеописания сего великого подвижника, которое, без сомнения, было бы весьма назидательно. Выбрав из его собственных писаний то немногое, что мы теперь предложили читателям, считаем нелишним присовокупить к сему и свидетельство св. *Феодора Студита* о подлинности и чистоте писаний преподобного Дорофея. В завещании своём св. Феодор говорит о сём так: «Принимаю всякую Богодухновенную книгу Ветхого и Нового Завета, также и жития и Божественныя писания всех Богоносных отцов, учителей и подвижников. Говорю же сие ради умовреднаго Памфила, который, придя с востока, оклеветал оных преподобных отцов, то есть Марка, Исаию, Варсануфия, Дорофея и Исихия; не тех Варсануфия и Дорофея, которые были единомысленны с акефалитами и с так называемым Декакератом (десяторогим) и были за сие преданы анафеме святым Софронием в его книге, ибо сии совершенно отличны от вышеупомянутых мною, которых я, по преданию отцов, принимаю, вопросив о сём священноначальствовавшего Святейшего Патриарха Тарасия и других достоверных Восточных Отцов; да и в учениях вышеупомянутых отцов я не нашёл не только ни малейшего нечестия, напротив, многую душевную пользу»[9].

Согласно с сим свидетельствует и другой древний писатель – Нил, слова которого напечатаны в виде предисловия в книге поучений преподобного аввы Дорофея, в греческом подлиннике и в славянском его переводе. «Известно да будет, – говорит он касательно сей душеполезной книги, – что было два Дорофея и два Варсануфия: одни недуговавшие учением Севира, а другие по всему православные и достигшие совершенства в подвигах (благочестия); сии-то самые и упоминаются в предлежащей книге, почему мы и принимаем оную с любовию, как произведение сего аввы Дорофея блаженного и достославного в Отцах».

СКАЗАНИЕ О БЛАЖЕННОМ ОТЦЕ ДОСИФЕЕ, УЧЕНИКЕ СВ. АВВЫ ДОРОФЕЯ

Блаженный поистине авва Дорофей, возлюбив иноческое по Богу житие, удалился в киновию[10] отца Серида, где нашёл многих великих подвижников, пребывавших в безмолвии, из коих превосходнее всех были два великие старца: св. Варсануфий и его ученик и сподвижник авва Иоанн, названный Пророком по дару прозорливости, который он имел от Бога. Им предал себя святый Дорофей в повиновение с полною уверенностию и беседовал с великим старцем чрез святого отца Серида; отцу же Иоанну Пророку сподобился и послужить. Вышеупомянутые святые Старцы нашли нужным, чтобы преподобный Дорофей устроил больницу и, поместившись там, сам имел о ней попечение, ибо братия очень скорбели о том, что, впадая в болезни, не имели никого, пекущегося о них. И так он, с помощью Божиею, устроил больницу, при пособии родного брата своего, который снабдил его всем нужным для её устройства, потому что был муж весьма христолюбивый и монахолюбивый.

И так авва Дорофей, как я сказал, с некоторыми другими благоговейными братиями служил больным и сам, и как начальник больницы имел надзор над сим заведением. Однажды послал за ним и призвал его к себе игумен авва Серид. Войдя к нему, он нашёл там некоторого юношу в воинской одежде, весьма молодого и красивого собою, который пришёл тогда в монастырь вместе с людьми князя, которых любил отец Серид. Когда авва

Дорофей вошёл, то авва Серид, отведя его в сторону, сказал ему: «Эти люди привели ко мне сего юношу, говоря, что он хочет остаться в монастыре и быть монахом, но я боюсь, не принадлежит ли он кому-нибудь из вельмож, и если украл что-нибудь или сделал что-либо подобное и хочет скрыться, а мы примем его, то попадём в беду, ибо ни одежда, ни вид его не показывают человека, желающего быть монахом». Юноша сей был сродник некоторого воеводы, жил в большой неге и роскоши (ибо сродники таких вельмож всегда живут в большой неге) и никогда не слыхал слова Божия. Однажды некоторые люди воеводы рассказывали при нём о Святом Граде Иерусалиме; услышав о нём, он возжелал видеть тамошнюю святыню и просил воеводу послать его посмотреть святые места. Воевода, не желая опечалить его, отыскал одного ближнего своего друга, отправляющегося туда, и сказал ему: «Сделай мне милость, возьми сего юношу с собою посмотреть святые места». Он же, приняв от воеводы сего молодого человека, оказывал ему всякую честь, берёг его и предлагал ему вкушать пищу вместе с собою и женою своею.

Итак, достигнув Святого Града и поклонившись святым местам, пришли они и в Гефсиманию, где было изображение Страшного Суда. Когда же юноша, остановясь пред сим изображением, смотрел на него со вниманием и удивлением, он увидел благолепную Жену, облечённую в багряницу, Которая стояла подле него и объясняла ему муку каждого из осуждённых и давала при том некоторые другие наставления от Себя. Юноша, слыша сие, изумлялся и дивился, ибо, как я уже сказал, он никогда не слыхал ни слова Божия, ни того, что есть Суд. И так он сказал Ей: «Госпожа! Что должно делать, чтобы избавиться от сих мук?» Она отвечала ему: «Постись, не ешь мясо и молись часто, и избавишься от мук». Давши ему сии три заповеди, багряноносная Жена стала невидима и более не являлась ему. Юноша обошёл всё то место, ища Её, полагая, что это была обыкновенная жена, но не нашёл Её: ибо то была Святая Мария Богородица. С тех пор юноша сей пребывал в умилении и хранил три заповеди, данные ему; а друг воеводы, видя, что он постится и не ест мяса, скорбел о сём за воеводу, ибо он знал, что воевода особенно берёг сего юношу. Воины же, которые были с ним, видя, что он так себя ведёт, сказали ему: «Юноша! То, что ты делаешь, неприлично человеку, хотящему жить в мире; если ты хочешь так жить, то иди в монастырь и спасёшь душу свою». А он, не зная ничего Божественного, ни того, что такое монастырь, и соблюдая только слышанное от оной Жены, сказал им: «Ведите меня, куда знаете, ибо я не знаю, куда идти». Некоторые из них были, как я сказал, любимы аввою Серидом и, придя в монастырь, привели сего юношу с собою. Когда же авва послал блаженного Дорофея поговорить с ним, авва Дорофей испытывал его и нашёл, что юноша не мог ничего другого сказать ему, как только: «Хочу спастись». Тогда он пришёл и сказал Авве: «Если тебе угодно принять его, не бойся ничего, ибо в нём нет ничего злого». Авва сказал ему: «Сделай милость, прими его к себе для его спасения, ибо я не хочу, чтобы он был посреди братий». Авва Дорофей, по благоговению своему, долго отказывался от сего, говоря: «Выше силы моей принять на себя чью-либо тяготу, и не моей это меры». Авва отвечал ему: «Я ношу и твою и его тяготу, о чём же ты скорбишь?» Тогда блаженный Дорофей сказал ему: «Когда ты решил таким образом, то возвести о сём старцу[11], если тебе угодно». Авва отвечал ему: «Хорошо, я скажу ему». И он пошёл и возвестил о сем великому Старцу. Старец же сказал блаженному Дорофею: «Прими сего юношу, ибо чрез тебя Бог спасёт его». Тогда он принял его с радостию и поместил его с собою в больнице. Имя его было Досифей.

Когда пришло время вкушать пищу, авва Дорофей сказал ему: «Ешь до сытости, только скажи мне, сколько ты съешь». Он пришёл и сказал ему: «Я съел полтора хлеба, а в хлебе было четыре литры»[12]. Авва Дорофей спросил его: «Довольно ли тебе сего, Досифей?» Тот отвечал: «Да, господине мой, мне довольно сего». Авва спросил его: «Не голоден ты, Досифей?» Он отвечал ему: «Нет, владыко, не голоден». Тогда авва Дорофей сказал ему: «В другой раз съешь один хлеб, а другую половину хлеба раздели пополам, съешь одну четверть, другую же четверть раздели надвое, съешь одну половину». Досифей исполнил так. Когда же авва Дорофей спросил его: «Голоден ли ты, Досифей?» Он отвечал: «Да, господине, немного голоден». Чрез несколько дней опять говорил ему: «Каково тебе, Досифей? Продолжаешь ли ты чувствовать себя голодным?» Он отвечал ему: «Нет, господине, молитвами твоими мне хорошо». Говорит ему Авва: «Итак, отложи и другую половину четверти». И он исполнил сие. Опять чрез несколько дней авва Дорофей спрашивает у него: «Каково тебе теперь, Досифей, не голоден ли ты?» Он отвечал: «Мне хорошо, господине». Говорит ему Авва: «Раздели и другую четверть надвое и съешь половину, а половину оставь». Он исполнил сие. И так с Божиею помощию, мало-помалу, от шести литр, а литра имеет двенадцать унций, он остановился на восьми унциях, то есть шестидесяти четырёх драхмах. Ибо и употребление пищи зависит от привычки.

Юноша сей был тих и искусен во всяком деле, которое исполнял; он служил в больнице больным, и каждый был успокоен его служением, ибо он всё делал тщательно. Если же случалось ему оскорбиться на кого-нибудь из больных и сказать что-либо с гневом, то он оставлял всё, уходил в келарню (кладовую) и плакал. Когда же другие служители больницы входили утешать его и он оставался неутешным, то они приходили к отцу Дорофею и говорили ему: «Сделай милость, отче, пойди и узнай, что случилось с этим братом: он плачет, и мы не знаем, отчего». Тогда авва Дорофей входил к нему и, найдя его сидящим на земле и плачущим, говорил ему: «Что такое, Досифей, что с тобою? О чём ты плачешь?» Досифей отвечал: «Прости меня, отче, я разгневался и худо говорил с братом моим». Отец отвечал ему на это: «Так-то, Досифей, ты гневаешься и не стыдишься, что гневаешься и обижаешь брата своего? Разве ты не знаешь, что он есть Христос и что ты оскорбляешь Христа?» Досифей преклонял с плачем голову и ничего не отвечал. И когда авва Дорофей видел, что он уже довольно плакал, то говорил ему тихо: «Бог простит тебя. Встань, отныне положим начало исправления себя; постараемся, и Бог поможет». Услышав это, Досифей тотчас же вставал и с радостию спешил к своему служению, как бы поистине от Бога получил прощение и извещение. Таким образом служащие в больнице, узнав его обыкновение, когда видели его плачущим, говорили: «Что-нибудь случилось с Досифеем, он опять в чём-нибудь согрешил», и говорили блаженному Дорофею: «Отче, войди в кладовую, там тебе есть дело». Когда же он входил и находил Досифея, сидящего на земле и плачущего, то догадывался, что он сказал кому-нибудь худое слово. И говорил ему: «Что такое, Досифей? Или ты опять оскорбил Христа? Или опять разгневался? Не стыдно ли тебе? Почему ты не исправляешься?» А тот продолжал плакать. Когда же авва Дорофей опять видел, что он насытился плачем, то говорил ему: «Встань, Бог да простит тебя; опять положи начало и исправься наконец». Досифей тотчас же с верою отвергал печаль оную и шёл на дело своё. Он очень хорошо постилал больным постели и имел такую свободу в исповедании своих помыслов, что часто, когда постилал постель и видел, что блаженный Дорофей проходит мимо, говорил ему: «Отче, отче, помысл говорит мне: ты хорошо постилаешь». И отвечал ему авва Дорофей: «О диво! Ты стал хорошим рабом, отличным постельничим[13], а хороший ли ты монах?»

Никогда авва Дорофей не позволял ему иметь пристрастие к какой-либо вещи или к чему бы то ни было: и всё, что он говорил, Досифей принимал с верою и любовью и во всём усердно слушал его. Когда ему нужна была одежда, авва Дорофей давал ему оную шить самому, и он уходил и шил её с большим старанием и усердием. Когда же он оканчивал её, блаженный призывал его и говорил: «Досифей, сшил ли ты ту одежду?» Он отвечал: «Да, отче, сшил и хорошо её отделал». Авва Дорофей говорил ему: «Поди и отдай её такому-то брату или тому-то больному». Тот шёл и отдавал её с радостию. Блаженный опять давал ему другую и также, когда тот сшивал и оканчивал её, говорил ему: «Отдай её сему брату». Он отдавал тотчас и никогда не поскорбел и не поропотал, говоря: «Всякий раз, когда я сошью и старательно отделаю одежду, он отнимает её от меня и отдаёт другому», но всё хорошее, что он слышал, исполнял с усердием.

Однажды некто из посылаемых на послушание вне монастыря принёс хороший и очень красивый нож. Досифей взял его и показал отцу Дорофею, говоря: «Такой-то брат принёс этот нож, и я взял его, чтобы, если повелишь, иметь его в больнице, потому что он хорош». Блаженный же Дорофей никогда не приобретал для больницы ничего красивого, но только то, что было хорошо в деле. И потому сказал Досифею: «Покажи, я посмотрю, хорош ли он?» Он подал ему, говоря: «Да, отче, он хорош». Авва увидел, что это действительно вещь хорошая, но так как не хотел, чтобы Досифей имел пристрастие к какой-либо вещи, то и не велел ему носить сего ножа и сказал: «Досифей! Ужели тебе угодно быть рабом ножу сему, а не рабом Богу? Или тебе угодно связать себя пристрастием к ножу сему? Или ты не стыдишься, желая, чтобы обладал тобою сей нож, а не Бог?» Он же, слыша это, не поднимал головы, но, поникнув лицем долу, молчал. Наконец, побранив его довольно, авва Дорофей сказал ему: «Пойди и положи нож в больнице и никогда не прикасайся к нему», и Досифей так остерегался прикасаться к ножу сему, что не дерзал его брать и для того, чтобы подать когда-нибудь другому, и тогда как другие служители брали его, он один не прикасался к нему. И никогда не сказал: «Не таков ли и я, как все прочие?», но всё, что он ни слышал от отца, исполнял с радостию.

Так провёл он недолгое время своего пребывания в монастыре, ибо он прожил в нём только пять лет и скончался в послушании, никогда и ни в чём не исполнив своей воли и не сделав ничего по пристрастию. Когда же он впал в болезнь и стал харкать кровью (отчего и умер), услышал он от кого-то, что недоваренные яйца полезны харкающим кровью. Это было известно и блаженному Дорофею, который заботился о его исцелении, но, по множеству дел, средство это не пришло ему на ум. Досифей сказал ему: «Отче, хочу сказать тебе, что я слышал о вещи, полезной для меня, но не хочу, чтобы ты дал мне её, потому что помысл о ней беспокоит меня». Дорофей отвечал ему на сие: «Скажи мне, чадо, какая эта вещь?» Он отвечал ему: «Дай мне слово, что ты не дашь её, потому что, как я сказал, помысл смущает меня о сем». Авва Дорофей говорит ему: «Хорошо, я сделаю, как ты желаешь». Тогда больной сказал ему: «Я слышал от некоторых, что недоваренные яйца полезны харкающим кровью; но Господа ради, если тебе угодно, чего ты прежде не дал мне сам от себя, того не давай мне и теперь ради моего помысла». Авва отвечал ему: «Хорошо, если ты не хочешь, то я не дам тебе, только не скорби». И он старался вместо яиц давать ему другие полезные для него лекарства, ибо Досифей прежде сказал, что помысл смущает его касательно яиц. Вот как он подвизался отсечь свою волю, даже и в такой болезни.

Он имел всегда и память Божию, ибо авва Дорофей заповедал ему постоянно говорить: «Господи Иисусе Христе, помилуй мя», и между этим: «Сыне Божий, помози ми»: так он всегда произносил эту молитву. Когда же болезнь его весьма усилилась, блаженный сказал ему: «Досифей, заботься о молитве, смотри, чтобы не лишиться её». Он отвечал: «Хорошо, отче, только молись о мне». Опять, когда ему сделалось ещё хуже, блаженный сказал ему: «Что, Досифей, как молитва? продолжается ли по-прежнему?» Он отвечал ему: «Да, отче, твоими молитвами». Когда же ему стало весьма трудно, и болезнь так усилилась, что его носили на простыне, авва Дорофей спросил у него: «Как молитва, Досифей?» Он отвечал: «Прости, отче, более не могу держать её». Тогда сказал ему авва Дорофей: «Итак, оставь молитву, только вспоминай Бога и представляй себе Его, как сущего пред тобою». Страдая сильно, Досифей возвестил о сём великому старцу[14], говоря: «Отпусти меня, более не могу терпеть». На сие старец отвечал ему: «Терпи, чадо, ибо близка милость Божия». Блаженный же Дорофей, видя, что он так сильно страдал, скорбел о сём, боясь, чтобы он не повредился умом. Через несколько дней Досифей опять возвестил о себе старцу, говоря: «Владыко мой, не могу более жить»; тогда старец отвечал ему: «Иди, чадо, с миром, предстань Святой Троице и молись о нас».

Услышав сей ответ старца, братия начали негодовать и говорить: «Что он сделал особенного, или каков был подвиг его, что он услышал сии слова?» Ибо они действительно не видели, чтобы Досифей особенно подвизался или вкушал пищу через день, как делали некоторые из бывших там, или чтобы он бодрствовал прежде обычного бдения, но и на самое бдение вставал не к началу; также не видели, чтобы он имел особенное воздержание, но, напротив, примечали, что если случайно оставалось от больных немного соку или рыбьих голов или чего-нибудь подобного, то он ел это. А там были иноки, которые, как я сказал, долгое время вкушали пищу через день и удваивали свои бдения и воздержание. Они-то, услышав, что старец послал таковой ответ юноше, пробывшему в монастыре только пять лет, смущались, не зная делания его и несомненного во всём послушания, что он никогда ни в чём не исполнил своей воли, что, если случалось когда-нибудь блаженному Дорофею сказать ему слово, смеясь над ним (и как бы что-нибудь приказывая), то он поспешно шёл и исполнял это без рассуждения. Например, сначала он по привычке говорил громко; блаженный Дорофей, смеясь над ним, однажды сказал ему: «Тебе нужен вукократ, Досифей? Хорошо, пойди же, возьми вукократ». Он, услышав это, пошёл и принёс чашу с вином и хлебом[15] и подал ему, чтобы принять благословение. Авва Дорофей, не понимая этого, посмотрел на него с удивлением, и сказал: «Чего ты хочешь?» Он отвечал: «Ты велел мне взять вукократ, так дай мне благословение». Тогда он сказал: «Бессмысленный, так как ты кричишь подобно готфам, которые кричат, когда напьются и рассердятся, то я и сказал тебе: возьми вукократ, ибо ты говоришь, как готф». Досифей же, услышав это, поклонился и отнёс обратно принесённое им.

Однажды пришёл он также спросить авву Дорофея об одном изречении Святого Писания, ибо ради чистоты своей он начал понимать Святое Писание. Блаженный же Дорофей не хотел, чтобы он вдавался в это, но чтобы лучше охранялся смирением. Итак, когда Досифей спросил его, он отвечал ему: «Не знаю». Но тот, не поняв намерения отца своего, опять пришёл и спросил его о другой главе. Тогда он сказал ему: «Не знаю, но пойди и спроси отца Игумена», и Досифей пошёл, уже нимало не рассуждая. Авва же Дорофей предварительно сказал Игумену: «Если Досифей придёт к тебе спросить что-нибудь из Писания, то побей его слегка». Итак, когда он пришёл и спросил Игумена, тот начал толкать его, говоря: «Зачем ты не сидишь спокойно в своей келлии и не молчишь, когда ты ничего не знаешь? Как смеешь ты спрашивать о таких предметах? Что не заботишься о нечистоте своей?» И, сказав ему ещё несколько подобных выражений, Игумен отослал его, дав ему и два лёгких удара по щекам. Досифей, возвратясь к авве Дорофею, показал ему свои щеки, покрасневшие от ударений, и сказал: «Вот я получил, чего спросил»[16]. Но не сказал ему: «Зачем ты сам не вразумил меня, а послал к отцу Игумену?» Он не сказал ничего подобного, но всё, что говорил ему отец его, принимал с верою и исполнял, не рассуждая. Когда же он вопрошал авву Дорофея о каком-либо помысле, то с такою уверенностью принимал слышанное и так соблюдал оное, что во второй раз уже не спрашивал Старца о том же помысле.

Итак, не понимая, как я сказал, чудного сего делания, некоторые из братии роптали о сказанном Досифею от великого старца. Когда же Бог восхотел явить славу, уготованную ему за святое его послушание, а также и дар ко спасению душ, который имел блаженный авва Дорофей, хотя и был ещё учеником, сподобившись так верно и скоро наставить Досифея к Богу, тогда в скором времени по блаженной кончине Досифея случилось следующее: один великий старец, из другого места пришедши к находившимся там в киновии аввы Серида братиям, возжелал видеть прежде почивших святых отцов сей киновии и помолился Богу, чтобы Он открыл ему о них. И увидел их всех вместе, стоящих как бы в лике, посреди же их был некоторый юноша. Старец после спросил: «Кто тот юноша, которого я видел среди святых отцов?» И когда он описал приметы лица его, то все узнали, что это был Досифей, и прославили Бога, удивляясь, от какой жизни и от какого прежнего пребывания в какую меру сподобился он достигнуть в столь короткое время тем, что имел послушание и отсекал свою волю. За них всех воздадим славу человеколюбивому Богу, ныне и присно и во веки веков. Аминь.

ПОУЧЕНИЕ 1. ОБ ОТВЕРЖЕНИИ МИРА

В начале, когда Бог сотворил человека (*Быт.2:7*), Он поместил его в раю, как говорит Божественное и Святое Писание, и украсил его всякою добродетелию, дав ему заповедь не вкушать от древа, бывшего посреди рая. И так он пребывал там в наслаждении райском: молитве, в созерцании, во всякой славе и чести, имея чувства здравые и находясь в том естественном состоянии, в каком был создан. Ибо Бог сотворил человека по образу Своему, т. е. бессмертным, самовластным и украшенным всякою добродетелию. Но когда он преступил заповедь, вкусивши плод древа, от которого Бог заповедал ему не вкушать, тогда он был изгнан из рая (*Быт. 3*), отпал от естественного состояния и впал в противоестественное и пребывал уже в грехе, в славолюбии, в любви к наслаждениям века сего и в прочих страстях, и был обладаем ими, ибо сам сделался рабом их чрез преступление. Тогда мало-помалу начало возрастать зло, и воцарилась смерть. Нигде не стало Богопочтения, а повсюду было неведение Бога. Только немногие, как сказали отцы наши, побуждаемые естественным законом, знали Бога, каковы были Авраам и прочие патриархи, и Ной, и Иаков, – короче сказать, очень немногие и весьма редкие знали Бога. Ибо тогда враг излил всю злобу свою; и поелику воцарился грех, то начались идолослужение, многобожие, чародейства, убийство и прочее диавольское зло. И тогда-то благий Бог, умилосердившись над Своим созданием, дал чрез Моисея написанный закон, в котором одно запретил, а другое повелел, как бы говоря: это делайте, а сего не делайте. Он дал заповедь и прежде всего говорит: «Господь Бог наш, Господь един есть» (*Втор.6:4*), чтобы чрез сие отвлечь ум их от многобожия. И опять говорит: «и возлюбиши Господа Бога твоего... от всея души твоея и от всея силы твоея» (*Втор.6:5*). И везде возвещает, что един Бог, и един Господь, и что нет иного. Ибо, сказав: «Возлюбиши Господа Бога твоего», Он показал, что един есть Бог и един Господь. И опять в Десятословии говоря: «Господу Богу твоему поклонишися, и тому Единому послужиши, и к Нему прилепишися, и именем Его кленешися» (*Втор.6:13*), потом присовокупляет: «да не будут тебе бози инии... ниже всяко подобие, елика на небеси горе, и елика на земли низу» (*Исх.20:3–4*), ибо люди служили всем тварям.

Итак, благий Бог дал закон в помощь для обращения от зла, для исправления оного; однако оно не исправилось. Послал пророков, но и они успеха не имели, ибо зло превозмогало, как говорит Исаия: «ни струп, ни язва, ни рана палящаяся: несть пластыря приложити, ниже елея, ниже обязания» (*Ис.1:6*). Как бы сказал: зло не частное, не на одном месте, но во всем теле, объяло всю душу, овладело всеми силами её, «несть пластыря приложити» и проч., т. е. всё стало подвластно греху, всем он обладает. И Иеремия также говорит: «врачевахом Вавилона, и не исцеле» (*Иер.51:9*), т. е. мы явили имя Твое, возвестили заповеди Твои, благодеяния и обетования, предсказали Вавилону нашествие врагов, но он не исцелел, т. е. не покаялся, не убоялся, не обратился от злых дел своих. Так и в другом месте говорит: «наказания не приясте» (*Иер.2:30*), т. е. вразумления или наставления. И в псалме сказано: «всякаго брашна возгнушася душа их, и приближишася до врат смертных» (*Пс.106:18*). Тогда наконец преблагий и человеколюбивый Бог послал Единородного Сына Своего; ибо один только Бог мог исцелить такую болезнь, и это было небезызвестно пророкам. Посему и пророк Давид ясно говорит: «седяй на херувимех, явися... воздвигни силу Твою, и прииди во еже спасти нас» (*Пс.79:2–3*), и: «Господи, приклони небеса, и сниди» (*Пс.143:5*), и тому подобное. И другие пророки различным образом изрекли многое: одни, моля, чтобы Он снишёл, другие, извещая, что Он непременно снидет.

Итак, пришёл Господь наш, сделавшись нас ради человеком, чтобы, как говорит св. Григорий, подобным исцелить подобное: душою – душу, плотию – плоть, ибо Он по всему, кроме греха, стал человеком. Он принял самое естество наше, начаток нашего состава, и сделался Новым Адамом, по образу Бога, создавшего первого Адама, обновил естественное состояние и чувства сделал опять здоровыми, какими они были вначале. Сделавшись человеком, восставил падшего человека, освободил его, порабощённого грехом и насильственно им обладаемого. Ибо с насилием и мучительски владел враг человеком, так что и не хотевшие грешить невольно согрешали, как говорит Апостол от лица нашего: «не еже бо хощу доброе, творю: но еже не хощу злое, сие содеваю» (*Рим.7:19*).

Итак, Бог, сделавшись ради нас человеком, освободил от мучительства вражия. Ибо Бог низложил всю силу врага, сокрушил самую крепость его и избавил нас от владычества его, и освободил нас от повиновения и рабства ему, если только мы сами не захотим согрешать произвольно. Потому что Он дал нам власть, как Он сказал, «наступати на змию, и на скорпию, и на всю силу вражию» (*Лк.10:19*), очистив нас святым крещением от всякого греха, ибо святое крещение отъемлет и истребляет всякий грех. Притом преблагий Бог, зная немощь нашу и предвидя, что мы и по святом крещении будем согрешать, как сказано в Писании, что «прилежит помышление человеку прилежно на злая от юности его» (*Быт.8:21*), дал нам, по благости Своей, святые заповеди, очищающие нас, дабы мы, если пожелаем, могли опять соблюдением заповедей очиститься не только от грехов наших, но и от самых страстей. Ибо иное суть страсти, и иное – грехи. Страсти суть: гнев, тщеславие, сластолюбие, ненависть, злая похоть и тому подобное. Грехи же суть самые действия страстей, когда кто приводит их в исполнение на деле, т. е. совершает телом те дела, к которым побуждают его страсти, ибо можно иметь страсти, но не действовать по ним.

Итак, Он дал нам, как я сказал, заповеди, очищающие нас и от самых страстей наших, от самых худых залогов, находящихся во внутреннем человеке нашем: ибо даёт ему силу различить добро и зло, возбуждает его, показывает ему причины, по которым он впадает в согрешения, и говорит: закон сказал: «не прелюбодействуй», а Я говорю: даже не похотствуй. Закон сказал: «не убивай», а Я говорю: даже не гневайся (*Мф. 5:21–22, 27–28*). Ибо если ты будешь похотствовать, хотя бы ты сегодня и не прелюбодействовал, похоть не перестанет внутренне смущать тебя, пока не вовлечёт и в самое действие. Если ты гневаешься и раздражаешься на брата своего, то когда-нибудь впадёшь и в злословие, потом начнёшь и коварствовать против него, и таким образом, мало-помалу идя вперёд, дойдёшь наконец и до убийства. Ещё закон говорит: «око за око, зуб за зуб», и прочее (*Лев. 24:20*). Христос же учит не только терпеливо переносить удар по ланите, но и со смирением обращать другую ланиту. Ибо тогда цель закона была научить нас не делать того, от чего сами не хотим пострадать: потому-то он и останавливал нас от делания зла страхом, чтобы самим не пострадать от того же. Ныне же требуется, как я сказал, изгнать самую ненависть, самое сластолюбие, самое славолюбие и прочие страсти. Словом, теперь цель Владыки нашего Христа есть научить нас, от чего мы впали во все грехи сии, от чего постигли нас такие злые дни. Итак, сперва, как я уже сказал, Он освободил нас святым крещением, подав нам свободу делать добро, если пожелаем, и не увлекаться уже, так сказать, насильственно ко злу: ибо того, кто порабощён грехами, они отягощают и увлекают, как и сказано, что каждый связывается узами своих грехов (*Притч. 5:22*).

Потом Он научает нас, как посредством святых заповедей очищаться и от самых страстей, чтобы чрез них не впасть опять в те же грехи. Наконец, показывает нам и причину, от которой приходит человек в небрежение и преслушание самих заповедей Божиих, и таким образом подаёт нам врачевство и противу сей причины, дабы мы возмогли сделаться послушными и спастись. Какое же это врачевство и какая причина небрежения? Послушайте, что говорит Сам Господь наш: «научитеся от Мене, яко кроток есмь и смирен сердцем: и обрящете покой душам вашим» (*Мф.11:29*). Вот здесь Он показал нам вкратце, одним словом, корень и причину всех зол, и врачевство от оных, — причину всего благого: показал, что возношение низложило нас, что невозможно иначе получить помилование как через противоположное ему, т. е. смиренномудрием. Ибо возношение рождает пренебрежение, преслушание и погибель, как и смиренномудрие рождает послушание и спасение души. Разумею же истинное смиренномудрие, не в словах только или во внешнем образе смирение, но собственно смиренный залог[17], утвердившийся в самом сердце. Итак, желающий найти истинное смирение и покой душе своей да научится смиренномудрию и увидит, что в нём всякая радость и всякая слава и весь покой, как и в гордости всё противное. Ибо от чего подверглись мы всем скорбям сим? Не от гордости ли нашей? Не от безумия ли нашего? Не от того ли, что мы не обуздываем злого произволения нашего? Не от того ли, что мы держимся горького своеволия нашего? Да и от чего же более? Не был ли человек, по сотворении своём, во всяком наслаждении, во всякой радости, во всяком покое, во всякой славе? Не был ли он в раю? Ему было повелено не делать сего, а он сделал. Видишь ли гордость? Видишь ли упрямство? Видишь ли непокорность?

После сего Бог, видя такое бесстыдство, говорит: он безумен, он не умеет наслаждаться радостию. Если он не испытает злоключений, то пойдёт ещё далее и совершенно погибнет. Ибо если не узнает, что такое скорбь, то не узнает и что такое покой. Тогда Бог воздал ему то, чего он был достоин, и изгнал его из рая. И человек был предан собственному своему самолюбию и собственной воле, чтобы они сокрушили кости его, чтобы он научился следовать не самому себе, но заповедям Божиим, чтобы самое злострадание преслушания научило его покою послушания, как сказано у пророка: «накажет тя отступление твое» (*Иер.2:19*). Однако благость Божия, как я часто говорил, не презрела своего создания, но опять увещевает, опять призывает: «Приидите ко Мне вси труждающиися и обремененнии, и Аз упокою вы» (*Мф.11:28*). Как бы говорит: вот вы трудились, вот вы пострадали, вот вы испытали злые следствия вашей непокорности; придите же теперь, обратитесь; придите, познайте немощь свою, дабы войти в покой и славу вашу. Придите, оживотворите себя смиренномудрием вместо высокоумия, которым вы себя умертвили. «Научитеся от Мене, яко кроток есмь и смирен сердцем: и обрящете покой душам вашим» (*Мф.11:29*). О, удивление, братия мои, что делает гордость! О, чудо, сколь сильно смиренномудрие! Ибо какая была нужда во всех сих превратностях? Если бы человек сначала смирился, послушал Бога и сохранил заповедь, то не пал бы.

Опять, по падении, Бог дал ему возможность покаяться и быть помилованным, но выя его осталась непреклонною. Ибо Бог пришёл, говоря ему: «Адаме, где еси?» (*Быт.3:9*) т. е. из какой славы в какой стыд перешёл ты? И потом, вопрошая его: зачем ты согрешил, зачем преступил заповедь, приготовлял его собственно к тому, чтобы он сказал: «прости». Но нет смирения! Где слово «прости»? Нет покаяния, но совсем противное. Ибо он прекословит и возражает: «жена, юже ми еси дал (прельсти мя)», и не сказал: «жена моя прельсти мя», но «жена, юже ми еси дал», как бы говоря: «эта беда, которую Ты навёл на главу мою» (*Быт.3:12*). Ибо так всегда бывает, братия мои: когда человек не хочет порицать себя, то он не усомнится обвинять и Самого Бога.

Потом Бог приходит к жене и говорит ей: почему и ты не сохранила заповеди? Как бы собственно внушал ей: скажи по крайней мере ты: «прости», чтобы смирилась душа твоя, и ты была помилована. Но опять не слышит слова «прости». Ибо и она отвечает: «змий прельсти мя» (*Быт.3:13*); как бы сказала: змий согрешил, а мне какое дело? Что вы делаете, окаянные? Покайтесь, познайте согрешение ваше, пожалейте о наготе своей. Но никто из них не захотел обвинить себя, ни в одном не нашлось и малого смирения. Итак, вы видите теперь ясно, до чего дошло устроение наше, вот в какие и коликия бедствия ввело нас то, что мы оправдываем самих себя, что держимся своей воли и следуем самим себе. Всё это исчадия гордости, враждебной Богу. А чада смиренномудрия суть: самоукорение, недоверие своему разуму, ненавидение своей воли; ибо через них человек сподобляется прийти в себя и возвратиться в естественное состояние через очищение себя святыми заповедями Христовыми. Без смирения нельзя повиноваться заповедям и достигнуть чего-либо благого, как сказал и авва Марк: «Без сокрушения сердечного невозможно освободиться от зла и приобресть добродетель».

Итак, через сокрушение сердечное человек делается послушным заповедям, освобождается от зла, приобретает добродетели и притом восходит в покой свой. Зная сие, и святые всячески старались смиренною жизнью соединить себя с Богом. Ибо были некоторые боголюбивые люди, которые по святом крещении не только пресекли действия страстей, но восхотели победить и самые страсти и быть бесстрастными, каковы были святые Антоний и Пахомий и прочие богоносные отцы. Они имели благое намерение очистить самих себя, как говорит Апостол, «от всякия скверны плоти и духа» (*2Кор.7:1*), ибо знали, что сохранением заповедей, как мы уже сказали, очищается душа и, так сказать, очищается ум, и прозревает, и приходит в естественное состояние; ибо «заповедь Господня светла, просвещающая очи» (*Пс.18:9*). Они поняли, что, находясь в мире, не могут удобно совершать добродетели, и измыслили себе особенный образ жизни, особенный порядок провождения времени, особенный образ действования, – словом, монашеское житие, и начали убегать от мира и жить в пустынях, подвизаясь в постах, в бдениях, спали на голой земле и терпели другое злострадание, совершенно отрекались от отечества и сродников, имений и приобретений: одним словом, распяли себя миру. И не только сохранили заповеди, но и принесли Богу дары; и объясню вам, как они это сделали.

Заповеди Христовы даны всем христианам, и всякий христианин обязан исполнять их; они, так сказать, дань, должная царю. И кто, отрекающийся давать дани царю, избег бы наказания? Но есть в мире великие и знатные люди, которые не только дают дани царю, но приносят ему и дары: таковые сподобляются великой чести, великих наград и достоинств. Так и Отцы: они не только сохранили заповеди, но и принесли Богу дары. Дары же сии суть девство и нестяжание. Это не заповеди, но дары; ибо нигде не сказано в Писании: не бери жены, не имей детей. Так же и Христос, говоря: «продаждь имение твое» (*Мф.19:21*), не дал этим заповеди; но когда приступил к нему законник и сказал: «Учителю благий, что благо сотворю, да имам живот вечный», Христос отвечал: ты знаешь заповеди: не убий, не прелюбодействуй, не укради, не лжесвидетельствуй на ближнего своего и проч. Когда же тот сказал: «вся сия сохраних от юности моея», Господь присовокупил: «аще хощеши совершен быти, иди, продаждь имение твое, и даждь нищим» и проч. (*Мф.19:16, 20–21*). Он не сказал: продай имение твое, как бы повелевая, но советуя, ибо слова: «аще хощеши», не суть слова повелевающего, но советующего.

Итак, как мы сказали, Отцы принесли Богу, вместе с иными добродетелями, и дары: девство и нестяжание и, как мы упомянули прежде, распяли себе мир. Но потом подвизались распять и себя миру, как говорит Апостол: «мне мир распяся, и аз миру» (*Гал.6:14*). Какое же между этим различие? Как мир распинается человеку и человек миру? Когда человек отрекается от мира и делается иноком, оставляет родителей, имения, приобретения, торговлю, даяние другим и приятие от них, тогда распинается ему мир, ибо он отверг его. Это и значат слова Апостола: «мне мир распяся»; потом он прибавляет: «и аз миру». Как же человек распинается миру? Когда, освободившись от внешних вещей, он подвизается и против самых услаждений, или против самого вожделения вещей и против своих пожеланий, и умертвит свои страсти, тогда и сам он распинается миру и сподобляется сказать с Апостолом: «мне мир распяся, и аз миру».

Отцы наши, как мы сказали, распяв себе мир, предались подвигам и распяли и себя миру; а мы думаем, что распяли себе мир потому только, что оставили его и пришли в монастырь; себя же не хотим распять миру, ибо любим ещё наслаждения его, имеем ещё пристрастие к снедям, к одеждам; если у нас есть какие-нибудь хорошие рабочие орудия, то мы пристрастны и к ним, и позволяем какому-нибудь ничтожному орудию произвести в нас оное мирское пристрастие, как сказал авва Зосима. Мы думаем, что, вышедши из мира и придя в монастырь, оставили всё мирское; но и здесь ради ничтожных вещей исполняем пристрастия мирские. Это происходит с нами от многого неразумия нашего, что, оставив великие и многоценные вещи, мы посредством каких-нибудь ничтожных исполняем страсти наши; ибо каждый из нас оставил то, что имел: имевший великое оставил великое, и имевший что-нибудь, и тот оставил, что имел, каждый по силе своей. И, приходя в монастырь, как я сказал, маловажными вещами исполняем пристрастие наше. Однако мы не должны так делать; но как мы отреклись от мира и вещей его, так должны отречься и от самого пристрастия к вещам и знать, в чём состоит сие отречение, и зачем мы пришли в монастырь, и что значит одеяние, в которое мы облеклись; должны сообразоваться с ним и подвизаться подобно отцам нашим.

Одеяние, которое мы носим, состоит из мантии, не имеющей рукавов, кожаного пояса, аналава и куколя, а всё это суть символы. И мы должны знать, что означают символы одеяния нашего. Итак, для чего мы носим мантию, не имеющую рукавов? Между тем как все другие имеют рукава, мы почему не имеем их? Рукава суть подобие рук, а руки принимаются для обозначения действия. Итак, когда приходит нам помысл сделать что-либо руками ветхого нашего человека, как например: украсть или ударить и вообще сделать руками нашими какой-либо грех, то мы должны обратить внимание на одеяние наше и вспомнить, что не имеем рукавов, т. е. не имеем рук, чтобы сделать какое-либо дело ветхого человека. Притом мантия наша имеет и некоторый знак багряного цвета. Что же значит сей багряный знак? Каждый царский воин имеет на своей епанче багряницу. Ибо так как царь носит багряную одежду, то и все воины его нашивают на епанчи свои багряницу, т. е. отличие царское, чтобы по этому узнавали их, что они принадлежат царю и ему служат. Так и мы носим багряный знак на мантии нашей, показывая, что мы стали воинами Христовыми и что обязаны терпеть все страдания, какие Он претерпел за нас. Ибо когда Владыка наш страдал, то Он был одет в багряную ризу, во-первых, как царь – ибо Он есть Царь царствующих и Господь господствующих, потом же и как поруганный оными нечестивыми людьми. Так и мы, имея багряный знак, даём обет, как я сказал, переносить все страдания Его. И как воин не должен оставлять службы своей для того, чтобы сделаться земледельцем или купцом, ибо иначе он лишится своего сана, как говорит Апостол: «никто же воин бывая обязуется куплями житейскими, да воеводе угоден будет» (*2Тим.2:4*); так и мы должны подвизаться и не заботиться ни о чём мирском, и служить единому Богу, дабы, как сказано, быть девою, прилежно занятою своим делом и безмолвною (*2Кор.11:2*).

Есть у нас и пояс. Для чего же мы носим его? Пояс, который мы носим, есть символ, во-первых, того, что мы готовы на дело: ибо каждый, желающий что-либо делать, сперва опоясывается и потом начинает дело, как и Господь говорит: «да будут чресла ваша препоясана» (*Лк.12:35*); во-вторых, для того, что как пояс взят от мёртвого тела, так и мы должны умертвить похоть нашу: ибо пояс носится на чреслах наших, где находятся и почки, в которых, как говорят, заключается похотная часть души, и сие то есть сказанное Апостолом: «умертвите... уды ваша, яже на земли, блуд, нечистоту» и проч. (*Кол.3:5*).

Имеем также и аналав, который полагается на плечах наших крестообразно. А сие значит, что мы носим на раменах наших знамение креста, как говорит Господь: «возмет крест свой, и по Мне грядет» (*Мк.8:34*). Что же есть крест? Не что иное, как совершенное умерщвление, которое совершается в нас верою во Христа. Ибо вера, как сказано в Отечнике[18], устраняет всегда препятствия и делает для нас удобным тот подвиг, который ведёт нас к таковому совершенному умерщвлению, т. е. чтобы человек умер для всего мирского. И если он оставил родителей, то пусть подвизается и против пристрастия к ним; также, если кто отрекся от имений и приобретений и вообще от какой-либо вещи, то он должен отречься от самого пристрастия своего к ней, как мы уже сказали; в сем-то и состоит совершенное отречение.

Надеваем мы и куколь, который есть символ смирения. Куколи носят малые и незлобивые младенцы, а человек совершеннолетний куколи не носит: мы же носим оный для того, чтобы младенчествовать злобою, как сказал Апостол: не «дети бывайте умы: но злобою младенствуйте» (*1Кор.14:20*). Что же значит младенчествовать злобою? Незлобивый младенец, если будет обесчещен, не гневается, и если почтён будет, не тщеславится. Если кто возьмёт принадлежащее ему, он не печалится: ибо младенчествует злобою и не мстит за оскорбления, и не ищет славы. Куколь есть также подобие благодати Божией, потому что как куколь покрывает и греет главу младенца, так и благодать Божия покрывает ум наш, как сказано в

Отечнике: «куколь есть символ благодати Бога, Спасителя нашего, покрывающей наше владычественное (ум) и охраняющей наше о Христе младенчество от демонов, старающихся всегда противиться нам и низвергать нас».

Вот мы имеем около чресл наших пояс, который означает умерщвление бессловесной похоти, и на плечах аналав, т. е. крест. Вот и куколь, который есть символ незлобия и младенчества о Христе. Итак, будем жить сообразно с одеянием нашим, чтобы, как сказали Отцы, не оказалось, что мы носим чуждое одеяние, но как мы оставили великое, так оставим и малое. Мы оставили мир, оставим и пристрастие к нему. Ибо пристрастия, как я сказал, и маловажными, и обыкновенными вещами, не стоющими никакого внимания, опять привязывают нас к миру и соединяют с ним, а мы не разумеем этого. Посему, если мы хотим совершенно измениться и освободиться от мира, то научимся отсекать хотения наши, и таким образом мало-помалу, с помощью Божиею, мы преуспеем и достигнем бесстрастия. Ибо ничто не приносит такой пользы людям, как отсечение своей воли, и поистине от сего человек преуспевает более, нежели от всякой другой добродетели. И как человек, который идёт путём, найдя на нём жезл[19] и взяв его, с помощью этого жезла проходит большую часть пути своего; так бывает и с тем, кто идёт путём отсечения своей воли. Ибо отсечением своей воли он приобретает беспристрастие, а от беспристрастия приходит, с помощью Божиею, и в совершенное бесстрастие. Можно и в краткое время отсечь десять хотений своих. И скажу вам, как это.

Положим, что кто-нибудь, пройдя небольшое расстояние, увидел что-либо и помысл говорит ему: «посмотри туда». А он отвечает помыслу: «истинно не стану смотреть», и отсекает хотение своё, и не смотрит. Или встречает празднословящих между собою и помысл говорит ему: «скажи и ты такое-то слово», а он отсекает хотение своё и не говорит. Или говорит ему помысл: «пойди, спроси повара, что он варит», а он нейдёт и отсекает хотение своё. Он видит что-нибудь, и помысл говорит ему: «спроси, кто принёс это», а он отсекает хотение своё и не спрашивает. Отсекая же таким образом свою волю, он приходит в навык отсекать её и, начиная с малого, достигает того, что и в великом отсекает её без труда и спокойно, и достигает наконец того, что вовсе не имеет своей воли, и что бы ни случилось, он бывает спокоен, как будто исполнилось его собственное желание. И тогда, как он не хочет исполнять свою волю, оказывается, что она всегда исполняется. Ибо кто не имеет своей собственной воли, для того всё, что с ним ни случается, бывает согласно с его волею. Таким образом выходит, что он не имеет пристрастия, а от беспристрастия, как я сказал, приходит в бесстрастие. Видите ли, в какое преуспеяние мало-помалу приводит отсечение своей воли.

Каков был прежде блаженный Досифей? От какой роскоши и неги пришел он? Он даже никогда не слыхал слова Божия, однако же вы слышали, в какую меру духовного возраста привело его в короткое время блаженное послушание и отсечение своей воли? Итак, Бог его прославил и не попустил таковой его добродетели придти в забвение, но открыл о ней одному святому старцу, который и видел Досифея посреди всех великих Святых, наслаждающегося их блаженством.

Расскажу вам и другое подобное событие, случившееся при мне, дабы вы узнали, что блаженное послушание и отсечение своей воли избавляет человека и от смерти. Однажды, когда я ещё был в обители аввы Серида, пришел туда ученик одного великого старца из страны Аскалонской с некоторым поручением от своего аввы. Старец дал ему заповедь возвратиться в свою келлию до вечера. Между тем поднялась сильная буря с дождём и громом, и протекавший вблизи поток поднялся в уровень с берегами. Брат, помня слова своего старца, хотел идти обратно, мы просили его остаться, полагая, что ему невозможно безопасно перейти поток; но он не согласился остаться с нами. Тогда мы сказали: пойдём вместе с ним до потока; когда он увидит его, то сам возвратится. Итак, мы пошли с ним, и, когда дошли до реки, он снял одежду свою, привязал её на голове своей, опоясался нарамником и бросился в реку, – в эту страшную быстрину. Мы стояли в ужасе, трепеща за него, как бы он не утонул; но он продолжал плыть и весьма скоро очутился на другой стороне, оделся в свою одежду, поклонился нам оттуда, прощаясь с нами, и пошёл скоро, продолжая путь свой. А мы стояли в изумлении и удивлялись силе добродетели: тогда как мы от страха едва могли смотреть на реку, он безопасно переплыл её за послушание своё.

Так же и тот брат, которого послал авва его, по их нуждам, в село к служившему им Бога ради, когда увидел, что дочь сего стала привлекать его к совершению греха, сказал только: «Боже, молитвами отца моего, спаси меня», и тотчас очутился на пути в скит, идя к отцу своему. Видите ли силу добродетели? Видите ли действие слова? Какая помощь заключается в том, чтобы призывать молитвы отца своего! Он сказал только: «Боже, молитвами отца моего, спаси меня», и тотчас очутился на пути. Обратите же внимание на смирение и благочестие обоих. Они были в стеснённом положении, и старец хотел послать брата к служившему им, но не сказал: «пойди», а спросил его: «хочешь ли идти?» Также и брат не сказал: «пойду», но отвечал ему: «как ты желаешь, отче, так и сделаю»; ибо он боялся и соблазниться, и ослушаться отца своего. Потом, когда нужда ещё более стеснила их, старец сказал ему: «встань и пойди, сын мой», и не сказал ему: «уповаю на Бога моего, что Он сохранит тебя», но: «уповаю на молитвы отца моего, что Бог сохранит тебя». Также и брат, когда увидел себя в искушении, не сказал: «Боже мой, спаси меня», но – «Боже! молитв ради отца моего, спаси меня». И каждый из них уповал на молитвы отца своего.

Видите ли, как они послушание совокупили со смирением? Ибо как в запряжённой колеснице один конь не может опередить другого, иначе сломается колесница, так и послушанию нужно, чтобы с ним сопряжено было смирение. Но кто может сподобиться сей благодати, если, как я сказал, не понудит себя отсечь свою волю и не предаст себя, Бога ради, своему отцу, ни в чём не сомневаясь, но делая всё, что ни говорят они (т. е. отцы), с полною верою, как бы слушая Самого Бога. Кто иной достоин быть помилованным? Кто достоин спастись?

Рассказывают, что однажды святой Василий, посещая свои монастыри, сказал одному из своих игуменов: «Имеешь ли ты у себя кого-нибудь из спасающихся?» Авва отвечал ему: «Твоими святыми молитвами, владыко, все мы желаем спастись». Св. Василий сказал ему опять: «Имеешь ли кого-нибудь из спасающихся, говорю я?» Тогда игумен понял силу вопроса, ибо сам был муж духовный, и сказал: «Да, имею». Святой Василий говорит ему: «Приведи его сюда». И игумен позвал такового брата. Когда же он пришёл, святой сказал ему: «Дай мне воды умыться». Тот пошёл и принёс ему умыться. Умывшись, святой Василий взял сам умывальницу с водою и сказал брату: «На, умойся и ты». И брат принял умовение от святого без всякого сомнения. Испытав его в этом, святой сказал ему опять: «Когда я войду в святилище, приди и напомни мне, я рукоположу тебя». И он опять послушался его без рассуждения; и когда увидел святого Василия в алтаре, пошёл и напомнил ему, и тот посвятил его и взял с собою. Ибо кому подобало быть с сим святым и богоносным мужем, как не такому благословенному брату? А вы не имеете опыта в несомненном послушании, оттого и не знаете покоя, от него происходящего.

Однажды я спросил старца авву Варсануфия: «Владыко, Писание говорит, что «многими скорбями подобает нам внити во царствие Божие» (*Деян.14:22*), а я вижу, что не имею никакой скорби; что мне делать, чтобы не погубить души своей?» Потому что я не имел никакой печали. Если случалось мне иметь какой-нибудь помысл, то я брал дощечку и писал к Старцу (когда я ещё не служил ему, то вопрошал его письменно[20]), и прежде чем я оканчивал писать, чувствовал уже облегчение и пользу: так велико было мое беспечалие и спокойствие. А я, не зная силы этой добродетели и слыша, что «многими скорбьми подобает нам внити во царствие Божие», боялся, что не имел скорби. Итак, как я объяснил это старцу, он отвечал мне: «Не скорби, тебе не о чём беспокоиться: каждый предавший себя в послушание отцам имеет такое беспечалие и покой». Богу же нашему да будет слава во веки. Аминь.

ПОУЧЕНИЕ 2. О СМИРЕННОМУДРИИ

Некто из старцев сказал: «Прежде всего нужно нам смиренномудрие, чтобы быть готовыми на каждое слово, которое слышим, сказать: «прости»; ибо смиренномудрием сокрушаются все стрелы врага и сопротивника». Исследуем, какое значение имеет слово старца; почему он говорит, что прежде всего нужно нам смиренномудрие, а не сказал, что прежде нужно воздержание? Ибо Апостол говорит: «подвизайся, от всех воздержится» (*1Кор.9:25*). Или почему не сказал старец, что прежде всего нужен нам страх Божий? Ибо в Писании сказано: «начало премудрости страх Господень» (*Пс.110:10*) и опять: «страхом же Господним уклоняется всяк от зла» (*Притч.15:27*). Почему не говорит он, что прежде всего нужна нам милостыня или вера? Ибо сказано: «милостынями и верою очищаются греси» (*Притч.15:27*), и Апостол говорит: «без веры невозможно угодити Богу» (*Евр.11:6*). Итак, если без веры невозможно угодити Богу, и милостынями и верою очищаются грехи, и если страхом Господним уклоняется всяк от зла, и начало премудрости страх Господень, и подвизающийся от всего должен воздерживаться, то как же старец говорит, что прежде всего нужно нам смиренномудрие и оставил всё другое столь нужное? Старец хочет показать нам сим, что ни самый страх Божий, ни милостыня, ни вера, ни воздержание, ни другая какая-либо добродетель не может быть совершена без смиренномудрия. Вот почему говорит он: «Прежде всего нужно нам смиренномудрие, —

чтобы быть готовыми на каждое слово, которое слышим, сказать: «прости»; ибо смиренномудрием сокрушаются все стрелы врага и противника». Вот видите, братия, как велика сила смиренномудрия; видите, какое имеет действие слово: «прости».

Почему же диавол называется не только врагом, но и противником? Врагом называется потому, что он человеконенавистник, ненавистник добра и клеветник; противником же называется потому, что он старается препятствовать всякому доброму делу. Хочет ли кто помолиться: он противится и препятствует ему злыми воспоминаниями, пленением ума и унынием. Хочет ли кто подать милостыню: он препятствует сребролюбием и скупостию. Хочет ли кто бодрствовать: он препятствует леностью и нерадением, и так-то он сопротивляется нам во всяком деле, когда хотим сделать доброе. Поэтому он и называется не только врагом, но и противником. Смиренномудрием же сокрушаются все оружия врага и противника. Ибо поистине велико смиренномудрие, и каждый из святых шествовал его путем, а трудом сокращал путь свой, как говорит Псалмопевец: «виждь смирение мое и труд мой, и остави вся грехи моя» *(Пс.24:18)* и: «смирихся, и спасе мя» (Господь) *(Пс.114:5)*. Впрочем, смирение и одно может ввести нас в царствие, как сказал старец авва Иоанн, но только медленно.

Итак, смиримся немного и мы, и спасёмся. Если мы, как немощные, не можем трудиться, то постараемся смириться; и верую в милость Божию, что и за то малое, совершаемое нами со смирением, будем и мы в местах святых, много потрудившихся и работавших Богу. Пусть мы немощны и не можем трудиться: но неужели мы не можем смириться? Блажен, братия, кто имеет смирение, – велико смирение. Хорошо также означил один святой имеющего истинное смирение так: «Смирение ни на кого не гневается и никого не прогневляет, и считает это совершенно чуждым себе». Велико, как мы сказали, смирение, ибо оно одно сопротивляется тщеславию и хранит от него человека. А разве не гневаются также за имения или за брашна? Как же старец говорит, что смирение ни на кого не гневается и никого не прогневляет? Смирение велико, как мы сказали, и сильно привлечь в душу благодать Божию. Благодать же Божия, пришедши, покрывает душу от двух тяжких вышеупомянутых страстей. Ибо что может быть более тяжким, как гневаться и прогневлять ближнего? как некто и сказал: «Монахам вовсе не свойственно гневаться, равно и прогневлять других». Ибо, поистине, если такой (т. е. гневающийся или прогневляющий других) вскоре не покроется смирением[21], то он мало-помалу приходит в состояние бесовское, смущая других и смущаясь сам. Посему-то сказал старец, что смирение не гневается и не прогневляет. Но что я говорю, будто смирение покрывает только от двух страстей, – оно покрывает душу и от всякой страсти, и от всякого искушения.

Когда святой Антоний увидел распростертыми все сети диавола и, вздохнув, вопросил Бога: «кто же избегнет их?», то отвечал ему Бог: «смирение избегает их», а что ещё более удивительно, присовокупил: «они даже и не прикасаются ему». Видишь ли благодать сей добродетели? Поистине нет ничего крепче смиренномудрия, ничто не побеждает его. Если со смиренным случится что-либо скорбное, он тотчас обращается к себе, тотчас осуждает себя, что он достоин того, и не станет укорять никого, не будет на другого возлагать вину; и таким образом переносит случившееся без смущения, без скорби, с совершенным спокойствием, а потому и не гневается, и никого не прогневляет. Итак, хорошо сказал Святой, что прежде всего нужно нам смиренномудрие.

Смирения же два, так же как и две гордости. Первая гордость есть та, когда кто укоряет брата, когда осуждает и бесчестит его как ничего не значащего, а себя считает выше его, – таковый, если не опомнится вскоре и не постарается исправиться, то мало-помалу приходит и во вторую гордость, так что возгордится и против Самого Бога, и подвиги и добродетели свои приписывает себе, а не Богу, как будто сам собою совершил их, своим разумом и тщанием, а не помощию Божиею. Поистине, братия мои, знаю я одного, пришедшего некогда в сие жалкое состояние. Сначала, если кто из братий говорил ему что-либо, он уничижал каждого и возражал: «Что значит такой-то? нет никого достойного, кроме Зосимы и подобного ему». Потом начал и сих осуждать и говорить: «Нет никого достойного, кроме Макария». Спустя немного начал говорить: «Что такое Макарий? нет никого достойного, кроме Василия и Григория». Но скоро начал осуждать и сих, говоря: «Что такое Василий? и что такое Григорий? нет никого достойного, кроме Петра и Павла». Я говорю ему: «Поистине, брат, ты скоро и их станешь уничижать». И поверьте мне, чрез несколько времени он начал говорить: «Что такое Петр? и что такое Павел? Никто ничего не значит, кроме Святой Троицы». Наконец, возгордился он и против Самого Бога и таким образом лишился ума. Посему-то должны мы, братия мои, подвизаться всеми силами нашими против первой гордости, дабы мало-помалу не впасть и во вторую, т. е. в совершенную гордыню.

Гордость же бывает мирская и монашеская: мирская гордость есть та, когда кто гордится пред братом своим, что он богаче или красивее его, или что носит лучшую, нежели тот, одежду, или что он благороднее его. Итак, когда мы видим, что тщеславимся сими преимуществами, или тем, что монастырь наш больше или богаче других, или что в нём много братии, то мы должны знать, что находимся ещё в мирской гордости. Случается также, что тщеславятся какими-либо природными дарованиями: иной, например, тщеславится тем, что у него хорош голос и что он хорошо поёт, или что он скромен, усердно работает и добросовестен в служении. Сии преимущества лучше первых, однако и это мирская гордость. Монашеская же гордость есть та, когда кто тщеславится, что он упражняется во бдении, в посте, что он благоговеен, хорошо живёт и тщателен. Случается также, что иной и смиряется для славы. Всё сие относится к монашеской гордости. Можно нам вовсе не гордиться; если же кто сего совсем избежать не может, то хоть бы гордился преимуществом монашеских дел, а не чем-либо мирским.

Вот мы сказали, что такое первая гордость, и что вторая; сказали также, что такое мирская гордость, и что монашеская. Рассмотрим теперь, в чём состоят и два смирения. Первое смирение состоит в том, чтобы почитать брата своего разумнее себя и по всему превосходнее и, одним словом, как сказали святые Отцы, чтобы «почитать себя ниже всех». Второе же смирение состоит в том, чтобы приписывать Богу свои подвиги, – сие есть совершенное смирение святых. Оно естественно рождается в душе от исполнения заповедей. Ибо как деревья, когда на них бывает много плодов, то самые плоды преклоняют ветви книзу и нагибают их; ветвь же, на которой нет плодов, стремится вверх и растёт прямо. Есть же некоторые деревья, которые не дают плода, пока их ветви растут вверх; если же кто возьмет камень, привесит к ветви и нагнёт её книзу, тогда она даёт плод: так и душа, когда смиряется, тогда приносит плод, и чем более приносит плода, тем более смиряется. Так и святые, чем более приближаются к Богу, тем более видят себя грешными.

Помню, однажды мы имели разговор о смирении, и один из знатных граждан города Газы, слыша наши слова, что чем более кто приближается к Богу, тем более видит себя грешным, удивлялся и говорил: как это может быть? И, не понимая, хотел узнать, что значат эти слова? Я сказал ему: «Именитый господин, скажи мне, за кого ты считаешь себя в своём городе?» Он отвечал: «Считаю себя за великого и первого в городе». Говорю ему: «Если же ты пойдёшь в Кесарию, за кого будешь считать себя там?» Он отвечал: «За последнего из тамошних вельмож». «Если же, – говорю ему опять, – ты отправишься в Антиохию, за кого ты будешь там себя считать?» «Там, – отвечал он, – буду считать себя за одного из простолюдинов». «Если же, – говорю, – пойдёшь в Константинополь и приблизишься к царю, там за кого ты станешь считать себя?» И он отвечал: «Почти за нищего». Тогда я сказал ему: «Вот так и святые, чем более приближаются к Богу, тем более видят себя грешными». Ибо Авраам, когда увидел Господа, назвал себя землёю и пеплом (*Быт.18:27*); Исаия же сказал: «окаянный... и нечистый есмь аз» (*Ис.6:5*); также и Даниил, когда был во рву со львами, Аввакуму, принёсшему ему хлеб и сказавшему: приими обед, который послал тебе Бог, отвечал: итак, вспомнил обо мне Бог (*Дан.14:37–38*). Какое смирение имело сердце его! Он находился во рву посреди львов и был невредим от них, и притом не один раз, но дважды, и после всего этого он удивился и сказал: итак, вспомнил обо мне Бог.

Видите ли смирение святых, и каковы их сердца? Даже и посылаемые от Бога на помощь людям, они отказывались, по смирению, избегая славы. Как облечённый в шёлковую одежду, если набросить на него нечистое рубище, отбегает, чтобы не замарать своего драгоценного одеяния, так и святые, будучи облечены в добродетели, убегают человеческой славы, чтобы не осквернитьcя ею. А ищущие славы подобны нагому, который желает найти хотя малое рубище или иное что-либо, дабы покрыть свой стыд: так и необлечённый в добродетели ищет славы человеческой. Итак, святые, будучи посылаемы Богом на помощь людям, по смирению отказывались от сего. Моисей говорил: «молюся ти... поставити иного могущаго, аз бо есмь гугнив и косноязычен» (*Исх.4:13, 10*). Иеремия же говорил: «юнейший есмь аз» (*Иер.1:6*). И, одним словом, каждый из святых приобрел сие смирение, как мы сказали, чрез исполнение заповедей. Но что такое сие смирение и как оно рождается в душе, никто не может выразить словами, если человек не научится сему из опыта; из одних же слов нельзя сему научиться.

Некогда авва Зосима говорил о смирении, а какой-то софист, тут находившийся, слыша, что он говорил, и желая понять это в точности, спросил его: «Скажи мне, как ты считаешь себя грешным, разве ты не знаешь, что ты свят? разве не знаешь, что имеешь добродетели? Ведь ты видишь, как исполняешь заповеди: как же ты, поступая так, считаешь себя грешным?» Старец же не находился, какой ему дать ответ, а только говорил: «Не знаю, что сказать тебе, но считаю себя грешным». Софист настаивал на своём, желая узнать, как сие может быть. Тогда Старец, не находя, как ему это объяснить, начал говорить ему с своею святою простотою: «Не смущай меня; я подлинно считаю себя таким».

Видя, что Старец недоумевает, как отвечать софисту, я сказал ему: «Не то же ли самое бывает и в софистическом, и врачебном искусствах? Когда кто хорошо обучится искусству и занимается им, то, по мере упражнения в оном, врач или софист приобретает некоторый навык, а сказать не может и не умеет объяснить, как он стал опытен в деле: душа приобрела навык, как я уже сказал, постепенно и нечувствительно, чрез упражнение в искусстве. Так и в смирении: от исполнения заповедей бывает некоторая привычка к смирению, и нельзя выразить это словом». Когда авва Зосима услышал это, он обрадовался, тотчас обнял меня и сказал: «Ты постиг дело, оно точно так бывает, как ты сказал». И софист, услышав эти слова, остался доволен и согласен с ними.

И старцы сказали нам нечто, помогающее нам уразуметь смирение. Самое же состояние, в которое душа приходит от смирения, никто не мог объяснить. Так, когда авва Агафон приближался к кончине, и братия сказали ему: «И ты ли боишься, отче?» – он отвечал: «Сколько мог, я понуждал себя сохранять заповеди, но я человек, и по чему могу знать, угодно ли дело моё Богу? Ибо иной суд Божий, и иной человеческий». Вот, он открыл нам глаза, чтобы уразуметь смирение, и указал путь, как его достигнуть: а как оно бывает в душе, как я уже многократно говорил, никто не мог сказать, ни постигнуть через одни слова; разве только от дел душа может научиться сему несколько. А что приводит нас к смирению, о том сказали Отцы. Ибо в Отечнике написано: один брат спросил старца: что есть смирение? Старец отвечал: «Смирение есть дело великое и Божественное; путём же к смирению служат телесные труды, совершаемые разумно; также, чтобы считать себя ниже всех и постоянно молиться Богу – это путь к смирению; самое же смирение Божественно и непостижимо».

Почему же старец говорит, что телесные труды приводят душу в смирение? Каким образом телесные труды делаются душевными добродетелями? То, чтобы считать себя ниже всех, как мы уже сказали, сопротивляется демонам и первой гордости: ибо как может считать себя большим брата своего, или гордиться перед кем-либо, или укорить, или уничижить кого-либо тот, кто почитает себя ниже всех? Также и молиться непрестанно – явно противиться второй гордости: ибо очевидно, что смиренный и благоговейный, зная, что невозможно совершить никакой добродетели без помощи и покрова Божия, не перестаёт всегда молиться Богу, чтобы Он сотворил с ним милость. Ибо непрестанно молящийся Богу если и сподобится совершить что-либо, знает, почему он совершил сие и не может возгордиться, и не приписывает это своей силе, но все свои успехи относит к Богу, всегда благодарит Его и всегда призывает Его, трепеща, как бы ему не лишиться такой помощи, и не обнаружилась его немощь и бессилие. Итак, он со смирением молится и молитвою смиряется и чем более преуспевает всегда в добродетели, тем более всегда смиряется; а по мере того как смиряется, получает помощь и преуспевает чрез смиренномудрие.

Но почему старец говорит, что телесные труды приводят к смирению? Какое отношение имеют телесные труды к расположению души? Я объясню вам это. Так как душа, по преступлении заповеди, предалась, как говорит святой Григорий, прелести сластолюбия и самозакония и возлюбила телесное, и некоторым образом стала как бы нечто единое с телом, и вся сделалась плотию, как сказано: «не имать дух мой пребывати в человецех сих... зане суть плоть» (*Быт. 6:3*), и бедная душа как бы состраждет телу и сочувствует во всём, что делается с телом. Посему-то и сказал старец, что и телесный труд приводит душу в смирение. Ибо иное расположение души у человека здорового, и иное у больного, иное у алчущего, и иное у насытившегося. Также опять иное расположение души у человека, едущего на коне, иное у сидящего на престоле, и иное у сидящего на земле, иное у носящего красивую одежду, и иное у носящего худую. Итак, труд смиряет тело, а когда тело смиряется, то вместе с ним смиряется и душа. Следовательно, хорошо сказал старец, что телесный труд приводит к смирению. Посему, когда Евагрий подвергся брани от хульных помыслов, то он, как муж разумный, зная, что хула происходит от гордости, и что когда смиряется тело, то вместе с ним смиряется и душа, провёл сорок дней на открытом воздухе, так что тело его, как говорит его жизнеописатель, стало производить червей, подобно тому как случается у диких животных; и такой труд он подъял не ради хулы, но ради смирения. Итак, хорошо сказал старец, что и телесные труды приводят к смирению. Благий Бог да подаст нам смирение, ибо оно избавляет человека от многих зол и покрывает его от великих искушений. Богу слава и держава во веки. Аминь.

ПОУЧЕНИЕ 3. О СОВЕСТИ

Когда Бог сотворил человека, то Он всеял в него нечто Божественное, как бы некоторый помысл, имеющий в себе, подобно искре, и свет и теплоту; помысл, который просвещает ум и показывает ему, *что* доброе, и *что* злое: сие называется совестью, а она есть естественный закон. Это те кладези, которые, как толкуют святые Отцы, искапывал Исаак, а Филистимляне засыпали (*Быт.26*). Последуя сему закону, то есть совести, патриархи и все святые прежде написанного закона угодили Богу. Но когда люди, чрез грехопадение, зарыли и попрали её, тогда сделался нужен закон написанный, стали нужны святые пророки, нужно сделалось самое пришествие Владыки нашего Иисуса Христа, чтобы открыть и воздвигнуть её (совесть), чтобы засыпанную оную искру снова возжечь хранением святых Его заповедей.

Ныне же в нашей власти или опять засыпать её, или дать ей светиться в нас и просвещать нас, если будем повиноваться ей. Ибо когда совесть наша говорит нам сделать что-либо, а мы пренебрегаем сим, и когда она снова говорит, а мы не делаем, но продолжаем попирать её, тогда мы засыпаем её, и она не может уже явственно говорить нам от тяготы, лежащей на ней, но, как светильник, сияющий за завесою, начинает показывать нам вещи темнее. И как в воде, помутившейся от многого ила, никто не может узнать лица своего, так и мы, по преступлении, не разумеем, *что* говорит нам совесть наша, так что нам кажется, будто её вовсе нет у нас. Однако нет человека, не имеющего совести, ибо она есть, как мы уже сказали, нечто Божественное и никогда не погибает, но всегда напоминает нам полезное, а мы не ощущаем сего, потому что, как уже сказано, пренебрегаем ею и попираем её.

Посему-то Пророк оплакивает Ефрема и говорит: «Соодоле Ефрем соперника своего, попра суд» (*Ос.5:11*). Соперником же называет совесть. Поэтому и в Евангелии сказано: «Буди увещаваяся с соперником твоим скоро, до́ндеже еси на пути с ним: да не предаст тебе соперник судии, и судия тя предаст слузе, и в темницу вержен будеши. Аминь глаголю тебе: не изыдеши оттуду, до́ндеже воздаси последний кодрант» (*Мф.5:25–26*). Но почему же совесть называется соперником? Соперником называется она потому, что сопротивляется всегда злой нашей воле и напоминает нам, *что* мы должны делать, но не делаем; и опять, чего не должны делать, и делаем, и за это она осуждает нас, потому и Господь называет её соперником и заповедует нам, говоря: «буди увещаваяся с соперником твоим скоро, до́ндеже еси на пути с ним»... Путь, как говорит Василий Великий, есть мир сей.

Итак, потщимся, братия, хранить совесть нашу, пока мы находимся в этом мире, не допустим, чтобы она обличала нас в каком-либо деле: не будем попирать её отнюдь ни в чем, хотя бы то было и самое малое. Знайте, что от пренебрежения сего малого и в сущности ничтожного мы переходим и к пренебрежению великого. Ибо если кто начнёт говорить: «Что за важность, если я скажу это слово? что за важность, если я съем эту безделицу? что за важность, если я посмотрю на ту или на эту вещь?» – от этого: «Что за важность в том, что за важность в другом» впадает он в худой навык[22] и начинает пренебрегать великим и важным и попирать свою совесть, а таким образом закосневая во зле, находится в опасности придти и в совершенное нечувствие. Поэтому берегитесь, братия, пренебрегать малым, берегитесь презирать его как малое и ничтожное; оно не малое, ибо чрез него образуется худой навык. Будем же внимать себе и заботиться о лёгком, пока оно легко, чтобы оно не стало тяжким: ибо и добродетели и грехи начинаются от малого и приходят к великому добру и злу. Поэтому заповедует нам Господь блюсти свою совесть и как бы особенно увещевает каждого из нас, говоря: «Посмотри, что ты делаешь, несчастный! Опомнись, помирись с соперником твоим, пока ты на пути с ним». Потом указывает бедственные последствия от несоблюдения сей заповеди: «да не предаст тебе соперник судии, и судия тя предаст слузе, и в темницу ввержен будеши». А затем что? – «Аминь глаголю тебе: не изыдеши оттуду, дóндеже воздаси последний кодрант». Ибо совесть обличает нас, как я уже сказал, и в добре, и в зле, и показывает нам, *что* делать; и опять она же осудит нас в будущем веке, поэтому и сказано: «да не предаст... судии», и прочее.

А хранение совести многоразлично: ибо человек должен сохранять её в отношении к Богу, к ближнему и к вещам. В отношении к Богу хранит совесть тот, кто не пренебрегает Его заповедями и даже в том, чего не видят люди и чего никто не требует от нас, он хранит совесть свою к Богу в тайне. Например, обленился ли кто в молитве или страстный помысл вошел в сердце его, а он не воспротивился ему и не восстягнул себя, но принял его; также, если кто, видя ближнего, делающего или говорящего что-либо, и как обыкновенно случается, осудил его; короче сказать, всё, что бывает в тайне, чего никто не знает, кроме Бога и совести нашей, должны мы хранить – и сие-то есть хранение совести в отношении к Богу. А хранение совести в отношении к ближнему требует, чтобы не делать отнюдь ничего такого, что, как мы знаем, оскорбляет или соблазняет ближнего делом, или словом, или видом, или взором: ибо и видом, как я часто повторяю, даже и взором можно оскорбить брата. Короче сказать: человек не должен делать ничего такого, о чём знает, что он делает это с намерением оскорбить ближнего: сим оскверняется совесть его, сознавая, что это сделано с тем, чтобы повредить брату или опечалить его – и сие-то значит хранить свою совесть в отношении к ближнему.

А хранение совести в отношении к вещам состоит в том, чтобы не обращаться небрежно с какою-либо вещию, не допускать ей портиться и не бросать её как-нибудь, а если увидим что-либо брошенное, то не должно пренебрегать сим, хотя бы оно было и ничтожно, но поднять и положить на своё место. Не должно также обходиться нерассмотрительно с своею одеждою: ибо случается, что иной мог бы носить одежду[23] неделю или две, или даже месяц, а он часто моет её преждевременно и тем портит её, и вместо того чтобы носить её пять месяцев или более, он частым мытьем приводит её в ветхость и негодность – а это против совести. Также и в отношении постели, часто иной мог бы довольствоваться одной подушкой, а он ищет большой постели; или имеет власяницу, но хочет переменить её и приобрести другую, новую или более красивую, по тщеславию или от уныния. Иной опять может обойтись одним покрывалом, а он ищет другого, лучшего, иногда даже и спорит, если не получит его. А если он ещё станет примечать за братом своим и говорить: «Зачем у него есть, а у меня нет?» – то такой далёк от преуспеяния. Также если кто-либо развесит свою одежду или покрывало на солнце и поленится вовремя снять их и допустит им от зноя портиться – то и это против совести. Также и в пище, иной может удовлетворить своей потребности малым количеством какого-либо овоща, или чечевицей, или немногими маслинами, а он не хочет этого, но ищет другой пищи, вкуснейшей и лучшей – это всё против совести. Отцы же говорят, что монах никогда не должен допускать, чтобы совесть обличала его в какой-либо вещи. Итак, необходимо нам, братия, внимать себе всегда и охранять себя от всего этого, чтобы не подвергнуться тому бедствию, от которого Сам Господь предостерегает нас, как мы выше сказали. Да подаст нам Бог слышать и исполнять сие, чтобы слова отцов наших не послужили нам на осуждение.

ПОУЧЕНИЕ 4. О СТРАХЕ БОЖИЕМ

Святой Иоанн говорит в Соборных посланиях своих: «совершенна любы вон изгоняет страх» (*1Ин.4:18*). Что хочет сказать нам чрез сие святой Апостол? О какой любви говорит он нам и о каком страхе? Ибо пророк Давид говорит в псалме: «бойтеся Господа вси святии Его» (*Пс.33:10*), и много других подобных изречений находим мы в Божественных Писаниях. Итак, если и святые, столько любящие Господа, боятся Его, то как же святой Иоанн говорит: «совершенна любы вон изгоняет страх»? Святой хочет нам показать этим, что есть два страха: один первоначальный, а другой совершенный, и что один свойствен, так сказать, начинающим быть благочестивыми, другой же есть страх святых совершенных, достигших в меру совершенной любви. Например, кто исполняет волю Божию по страху мук, как мы сказали, ещё новоначальный: ибо он не делает добра для самого добра, но по страху наказания. Другой же исполняет волю Божию из любви к Богу, любя Его собственно для того, чтобы благоугодить Ему: сей знает, в чём состоит существенное добро, он познал, что значит быть с Богом. Сей-то имеет истинную любовь, которую Святой называет совершенною. И эта любовь приводит его в совершенный страх, ибо таковый боится Бога и исполняет волю Божию уже не по страху наказания, уже не для того чтобы избегнуть мучений, но потому, что он, как мы сказали, вкусив самой сладости пребывания с Богом, боится отпасть, боится лишиться её. И сей совершенный страх, рождающийся от этой любви, изгоняет первоначальный страх: посему-то Апостол и говорит: «совершенна любы вон изгоняет страх».

Однако невозможно достигнуть совершенного страха иначе, как только первоначальным страхом. Ибо трояким образом, как говорит Василий Великий[24], можем мы угодить Богу: или благоугождаем Ему, боясь муки, и тогда находимся в состоянии раба; или, ища награды, исполняем повеления Божии ради собственной пользы, и посему уподобляемся наёмникам; или делаем добро ради самого добра, и тогда мы находимся в состоянии сына. Ибо сын, когда приходит в совершенный возраст и в разум, исполняет волю отца своего не потому, что боится быть наказанным, и не для того, чтобы получить от него награду, но собственно потому и хранит к нему особенную любовь и подобающее отцу почтение, что любит его и уверен, что всё имение отца принадлежит и ему. Таковой сподобляется услышать: «уже неси раб, но сын... и наследник Божий Иисус Христом» (*Гал.4:7*). Таковой уже не боится, как мы сказали, Бога, конечно, тем первоначальным страхом, но любит Его, как и святой Антоний говорит: я уже не боюсь Бога, но люблю Его[25].

И Господь, сказав Аврааму, когда он привёл для жертвоприношения Ему сына своего: «ныне бо познах, яко боишися ты Бога» (*Быт.22:12*), сим означил тот совершенный страх, который рождается от любви. Ибо иначе как бы он сказал: «ныне познах», когда (Авраам) уже сделал столько из послушания Богу, – оставил всё своё и переселился в чужую землю к народу, служившему идолам, где не было и следа Богопочитания, и сверх всего этого навёл на него Бог такое страшное искушение – жертвоприношение сына, и после сего сказал ему: «ныне познах, яко боишися ты Бога». Очевидно, что Он говорил здесь о совершенном страхе, свойственном святым, которые уже не по страху мучения и не для получения награды исполняют волю Божию, но, любя Бога, как мы многократно говорили, боятся сделать что-либо против воли Бога, ими любимого. Посему-то и говорит Апостол: «любы вон изгоняет страх», ибо они уже не по страху действуют, но боятся, потому что любят. В сём состоит совершенный страх.

Но невозможно (как мы уже сказали выше) достигнуть совершенного страха, если кто прежде не приобретает первоначального. Ибо сказано: «начало премудрости страх Господень» (*Притч.1:7*), и ещё сказано: «страх Божий есть начало и конец» (*Сир.1:15, 18*). Началом назван первоначальный страх, за которым следует совершенный страх святых. Первоначальный страх свойствен нашему душевному состоянию. Он сохраняет душу от всякого зла, как полировка – медь, ибо сказано: «страхом же Господним уклоняется всяк от зла» (*Притч.15:27*). Итак, если кто уклоняется от зла по страху наказания, как раб, боящийся господина, то он постепенно приходит и к тому, чтобы делать благое добровольно, и мало-помалу начинает, как наёмник, надеяться некоторого воздаяния за свое благое делание. Ибо когда он постоянно будет избегать зла, как мы сказали, из страха, подобно рабу, и делать благое в надежде награды, подобно наёмнику, то, пребывая, по благодати Божией, во благом и соразмерно сему соединяясь с Богом, он получает вкус благого и начинает понимать, в чём истинное добро, и уже не хочет разлучаться с ним. Ибо кто может разлучить такового от любви Христовой? – как сказал Апостол (*Рим. 8:35*).

Тогда достигает он в достоинство сына и любит добро ради самого добра, и боится, потому что любит. Сей-то есть великий и совершенный страх. Поэтому и Пророк, уча нас отличать один страх от другого, сказал: «приидите, чада, послушайте мене, страху Господню научу вас. Кто есть человек хотяй живот, любяй дни видети благи?» (*Пс.33:12–13*). Обратите внимание ваше на каждое слово Пророка, как каждое речение его имеет свою силу. Сперва говорит он: «приидите ко Мне», призывая нас к добродетели, потом прилагает и «чада». Чадами называют святые тех, которые их словами обращаются от греха к добродетели, как и Апостол говорит: «Чадца моя, имиже паки болезную, дóндеже вообразится Христос в вас» (*Гал.4:19*). Потом, призвав нас и приготовив к тому обращению, Пророк говорит: «страху Господню научу вас».

Видите ли дерзновение Святого? Мы, когда хотим сказать что-либо доброе, всегда говорим: «Хотите ли, мы беседуем с вами несколько о страхе Божием, или о другой какой-либо добродетели?» Святой же Пророк не так, но с дерзновением говорит: «приидите, чада, послушайте мене, страху Господню научу вас. Кто есть человек хотяй живот, любяй дни видети благи?» Потом, как бы услышав от кого-либо в ответ: я желаю, научи меня, как жить и видеть дни благие, он научает, говоря: «удержи язык твой от зла, и устне твои, еже не глаголати льсти» (*Пс.33:14*). Итак, он прежде всего отсекает действие зла страхом Божиим.

Удерживать язык свой от зла значит не уязвлять чем-либо совести ближнего, не злословить, не раздражать. А устнами своими «не глаголати льсти» значит не обольщать ближнего[26].

Потом Пророк прибавляет: «уклонися от зла». Сперва сказал он о некоторых частных грехах: о злословии, обмане, а потом говорит вообще о всяком зле. «Уклонися от зла», т. е. избегай вообще всякого зла, уклоняйся от всякого дела, ведущего ко греху. Опять, сказав это, он не остановился на сём, но прибавил: «и сотвори благо». Ибо случается, что иной не делает зла, но и добра не делает; иной также не обижает, но не оказывает и милосердия; иной не ненавидит, но и не любит. Итак, хорошо сказал Пророк: «уклонися от зла, и сотвори благо» (*Пс.33:15*). Вот он показывает нам ту постепенность трёх устроений душевных, о которой мы упоминали выше. Страхом Божиим он научил уклоняться от зла и тогда уже повелевает начать благое. Ибо когда кто сподобится освободиться от зла и удалится от него, тогда он естественно совершает доброе, наставляемый святыми.

Сказав о сем столь хорошо и последовательно, он продолжает: «взыщи мира и пожени и». Не сказал только «взыщи», но усильно стремись за ним, чтобы достигнуть его. Следите внимательно умом вашим за сею речью и примечайте точность, наблюдаемую Святым. Когда кто сподобится уклониться от зла и потом будет стараться, с помощию Божиею, делать благое, тотчас восстают на него брани вражеские, и он подвизается, трудится, сокрушается, не только боясь возвратиться опять на злое, как мы сказали о рабе, но и надеясь, как было упомянуто, награды за благое, подобно наёмнику. И таким образом, терпя нападения от врага, борясь с ним и сопротивляясь ему, он делает благое, но с большою скорбию, с великим трудом. Когда же он получит помощь от Бога и приобретёт некоторый навык в добре, тогда видит он покой, тогда вкушает мир, тогда ощущает, *что* значит печаль брани и *что* – радость и веселие мира. И потом уже ищет мира, усильно стремится к нему, чтобы достигнуть его, приобрести совершенно и водворить его в себе.

Что может быть блаженнее души, сподобившейся придти во сию меру духовного возраста? Таковой, как мы неоднократно говорили, находится в достоинстве сына; ибо поистине «блажени миротворцы: яко тии сынове Божии нарекутся» (*Мф. 5:9*). Кто может отселе побудить душу сию делать добро ради чего-либо иного, кроме наслаждения тем самым добром? Кто может знать радость сию, кроме того, кто испытал её? Тогда-то таковой, как мы уже несколько раз говорили, познает и совершенный страх. Вот мы слышали теперь, в чём состоит совершенный страх святых и в чём состоит первоначальный страх, свойственный нашему душевному устроению, и с чего человек начинает и чего достигает через страх Божий. Теперь мы желаем узнать и то, как вселяется в нас страх Божий, и хотим сказать, что нас отлучает от страха Божия.

Отцы сказали, что человек приобретает страх Божий, если имеет память смерти и память мучений; если каждый вечер испытывает себя, как он провёл день, и каждое утро, – как прошла ночь; если не будет дерзновенен в обращении и, наконец, если будет находиться в близком общении с человеком, боящимся Бога. Ибо говорят, что один брат спросил некоторого старца: «Что мне делать, отче, для того, чтобы бояться Бога?» Старец отвечал ему: «Иди, живи с человеком, боящимся Бога, и тем самым, что он боится Бога, научит он и тебя бояться Бога». Отгоняем же страх Божий от себя тем, что делаем противное сему: не имеем ни памяти смертной, ни памяти мучений; тем, что не внимаем самим себе и не испытываем себя, как проводим время, но живём нерадиво и обращаемся с людьми, не имеющими страха Божия, и тем, что не охраняемся от дерзновения. Сие последнее хуже всего: это совершенная погибель. Ибо ничто так не отгоняет от души страх Божий, как дерзость. Посему, когда спросили авву Агафона о дерзости, он сказал: «Она подобна сильному жгучему ветру, от которого, когда он подует, все бегут, и который портит всякий плод на деревьях»[27]. Видишь ли, брат, силу сей страсти? Видишь ли лютость её? И когда его опять спросили, ужели так вредна дерзость? – он отвечал: «Нет страсти вреднее дерзости, ибо она есть мать всех страстей». Весьма хорошо и разумно сказал он, что она есть мать всех страстей, потому что она отгоняет страх Божий от души. Ибо если «страхом же Господним уклоняется всяк от зла» (*Притч.15:27*), то, конечно, где нет страха Божия, там всякая страсть. Бог да избавит души наши от всегубительной страсти – дерзости.

Дерзость бывает многообразна: можно быть дерзким и словом, и осязанием, и взором. От дерзости иной впадает в празднословие, говорит мирское, делает смешное и побуждает других к непристойному смеху. Дерзость и то, когда кто прикоснется другого без нужды, когда поднимет руку на кого-либо смеющегося, толкает кого-нибудь, вырвет у него что-нибудь из рук, бесстыдно смотрит на кого-нибудь: всё это делает дерзость, всё это происходит от того, что в душе нет страха Божия, и от сего человек мало-помалу приходит и в совершенное нерадение[28].

Посему-то, когда Бог давал заповеди закона, Он сказал: «благоговейны сотворите сыны Израилевы» (*Лев.15:31*), ибо без благоговения и стыда человек не чтит и Самого Бога и не хранит ни одной заповеди. Посему-то нет ничего вреднее дерзости; посему-то она и есть мать всех страстей, что она изгоняет благоговение, отгоняет страх Божий и рождает пренебрежение; а от того, что мы дерзки друг с другом и не стыдимся один другого, случается, что мы и злословим, и оскорбляем друг друга. Бывает, что кто-нибудь из нас увидит что неполезное, он отходит и осуждает это, и влагает то в сердце другому брату своему и не только сам повреждается, но вредит и брату своему, вливая в сердце его злой яд; и часто случается, что ум того брата был занят молитвою или иным добрым делом, а этот приходит и увлекает его в пустословие, и не только лишает его пользы, но и вводит в искушение: а нет ничего тяжелее, ничего пагубнее, как вредить не только себе, но и ближнему.

Потому хорошо нам, братия, иметь благоговение, бояться вредить себе и другим, почитать друг друга и остерегаться даже смотреть друг другу в лицо, ибо и это, как сказал некто из старцев, есть вид дерзости. И если случится кому видеть, что брат его согрешает, не должно презреть его и умолчать о сём, попуская ему погибнуть, не должно также ни укорять, ни злословить его, но с чувством сострадания и страхом Божиим должно сказать тому, кто может исправить его, или сам видевший пусть скажет ему с любовию и смирением, говоря так: «Прости, брат мой, если не ошибаюсь, мы не хорошо это делаем». И если он не послушает, скажи другому, о котором знаешь, что он имеет к нему доверие, или скажи старцу его, или авве, смотря по важности согрешения, чтобы они его исправили, и потом будь спокоен. Но говори, как мы сказали, с целию исправить брата своего, а не ради празднословия или злословия, и не для укорения его, не из желания обличить его, не для осуждения, и не притворяясь, что исправляешь его, а внутри имея что-либо из упомянутого. Ибо, поистине, если кто скажет и самому авве его, но говорит не для исправления ближнего или не для избежания собственного вреда, то это грех, ибо это злословие; но пусть он испытает сердце своё, не имеет ли оно какого-либо пристрастного движения, и если так, то пусть не говорит.

Если же он, рассмотрев себя внимательно, увидит, что хочет сказать из сострадания и для пользы, а внутренно смущается некоторым страстным помыслом, то пусть он скажет авве со смирением и о себе, и о ближнем, говоря так: совесть моя свидетельствует мне, что я хочу сказать для исправления брата, но чувствую, что имею внутри какой-то смешанный помысл, не знаю, оттого ли, что имел некогда неприятность с этим братом, или это искушение, препятствующее мне сказать о брате для того, чтобы не последовало его исправления — и тогда авва скажет ему, должен ли он сказать или нет. Бывает же, что иной говорит не для пользы брата своего, но по опасению собственного вреда, и не потому, что помнит какое-либо зло, но рассказывая просто так, из празднословия. Но к чему такое злословие? Часто и брат узнаёт, что о нём говорили, смущается, от чего приходит скорбь и ещё больший вред. А когда кто говорит, как мы сказали, единственно ради пользы брата, то Бог не попустит, чтобы произошло смущение, чтобы последовала скорбь или вред.

Итак, постарайтесь, как мы сказали, удерживать язык свой, чтобы не сказать чего-либо худого ближнему и никого не соблазнять ни словом, ни делом, ни взглядом, ни другим каким-либо образом, и не будьте удобораздражительны, чтобы, когда кто-нибудь из вас услышит от брата своего неприятное слово, не возмущаться тотчас гневом, не отвечать ему дерзко и не оставаться в оскорблении на него: это неприлично хотящим спастись, неприлично подвизающимся. Приобретите страх Божий и с благоговением встречайте друг друга, каждый преклоняя главу свою пред братом своим, как мы сказали. **Каждый смиряйся перед Богом и перед братом своим и отсекай свою волю.** Поистине хорошо, если кто, делая какое-либо и доброе дело, предпочтёт в нём брата своего и уступит ему: таковой получит большую пользу перед тем, кому он уступит. Не знаю, сделал ли я когда что-либо доброе, но если Бог покрыл меня, то знаю, что покрывал потому, что я никогда не считал себя лучшим брата своего, но всегда ставил брата своего выше себя.

Когда я ещё был в монастыре аввы Серида, случилось, что служитель старца аввы Иоанна, ученика аввы Варсануфия, впал в болезнь, и Авва повелел мне служить Старцу. А я и двери келлии его лобызал извне с таким же чувством, с каким иной поклоняется честному кресту, тем более был я рад служить ему. Да и кто не пожелал бы сподобиться послужить такому Святому? Самое слово его было достойно удивления. Каждый день, когда я, окончив мое служение, делал перед ним поклон, чтобы получить от него прощение и уйти, он всегда говорил мне что-нибудь; Старец имел обыкновение повторять четыре изречения и, как я сказал, всякий вечер, когда мне надлежало уходить, он всегда говорил мне, сверх всего иного, одно из сих четырёх изречений и начинал так: «сказал я однажды», – ибо у Старца было обыкновение ко всякой речи прибавлять, «сказал я однажды, брат, – Бог да сохранит любовь, – отцы сказали: чрез сохранение совести в отношении к ближнему[29] рождается смиренномудрие».

Опять в другой вечер он говорил мне: «Сказал я однажды, брат, – Бог да сохранит любовь, – отцы сказали: никогда не должно предпочитать свою волю воле брата своего». Иной раз он опять говорил: «Сказал я однажды, брат, – Бог да сохранит любовь, – отцы сказали: бегай от всего человеческого и спасёшься». И опять говорил он: «Сказал я однажды, брат, – Бог да сохранит любовь, – отцы сказали: «друг друга тяготы носите, и тако исполните закон Христов» (*Гал.6:2*). Каждый вечер, когда я уходил, Старец всегда давал мне одно из этих четырёх наставлений, подобно тому, как кто-либо дает наставление отправляющемуся в путь; и так они служили охранением всей моей жизни. Однако несмотря на то, что я имел такую любовь к Святому и столько заботился о служении ему, лишь только я узнал, что один из братии скорбит, желая служить ему, пошёл я к Авве и просил его, говоря: «Этому брату приличнее меня послужить Святому, если сие угодно тебе, господине Авва». Но ни Авва, ни сам Старец не дозволили мне сего, однако я сделал прежде по силе своей всё, что мог, дабы предпочесть брата. И проведя там девять лет, не знаю, сказал ли я кому-нибудь худое слово, хотя я имел послушание, – чтобы не сказал кто-нибудь, что я не имел его. И, поверьте, я очень помню, как один брат, идя вслед за мною от больницы до самой церкви, поносил меня, а я шёл впереди его, не говоря ни слова. Когда же Авва узнал это, – не знаю, кто сказал ему о сём, – и хотел наказать брата, я пошёл и пал ему в ноги, говоря: «Ради Господа, не наказывай его, я согрешил, брат нисколько не виноват».

И другой также, по искушению ли, или от простоты, Бог знает почему, немалое время каждую ночь пускал свою воду над моею головою, так что и самая постель моя бывала омочена ею. Также и некоторые другие из братий приходили ежедневно и вытрясали свои постилки перед моей келлией, и я видел, что множество клопов набиралось в моей келлии, так что я не в силах был убивать их, ибо они были бесчисленны от жара. Потом же, когда я ложился спать, все они собирались на меня, и я засыпал только от сильного утомления; когда же вставал от сна, находил, что всё тело моё было изъедено, однако же я никогда не сказал кому-нибудь из них: не делай этого, или зачем ты это делаешь? И я не помню, чтобы я когда-либо произнёс слово, могущее смутить или оскорбить брата. Научитесь и вы «друг друга тяготы носити», научитесь благоговеть друг перед другом; и если кто из вас услышит от кого-нибудь неприятное слово, или если потерпит что сверх ожидания, то он не должен тотчас малодушествовать[30], или тотчас возмущаться гневом, чтобы во время подвига и пользы не оказался он имеющим сердце расслабленное, беззаботное, нетвёрдое, не могущее выдержать никакого приражения, как бывает с дыней: если хотя малый сучок коснётся её, тотчас делает в ней повреждение, и она гниёт.

Напротив, имейте сердце твёрдое, имейте великодушие: пусть ваша любовь друг к другу побеждает всё случающееся. И если кто-нибудь из вас имеет послушание, или какое-либо дело у садовника, или келаря, или повара, или вообще у кого-нибудь из служащих с вами, то да постараются, и тот, кто поручает дело, и тот, кто исполняет его, прежде всего сохранять своё собственное устроение, и пусть они никогда не позволяют себе уклониться от заповеди Божией или в смущение, или в упорство, или в пристрастие, или в какое-либо своеволие и самооправдание; но каково бы то ни было дело, малое или великое, не должно пренебрегать им и не радеть о нём, ибо пренебрежение вредно; но не должно также и предпочитать исполнение дела своему устроению, чтобы усилиться исполнить дело, хотя бы то было и со вредом душе. При всяком встречающемся деле, хотя бы оно было крайне нужно и требовало тщания, не хочу, чтобы вы делали что-либо со спорами или смущением, но будьте уверены, что всякое дело, которое вы делаете, велико ли оно, как вы сказали, или мало, есть восьмая часть искомого; а сохранить своё устроение, если и случится от этого не исполнить дела, есть три восьмых с половиною[31].

Видите ли, какое различие? Итак, если вы делаете какое-либо дело и хотите совершенно и всецело исполнить его, то постарайтесь исполнить самое дело, что, как я сказал, есть восьмая часть искомого, и вместе сохранить свое устроение неповреждённым, что составляет три восьмых с половиною. Если же для того, чтобы исполнить дело вашего служения, будет надобность увлечься, отступить от заповеди и повредить себе или другому, споря с ним, то не следует терять три восьмых с половиною для того, чтобы сохранить одну восьмую. Посему, если вы узнаете, что кто-нибудь так поступает, то знайте, что такой неразумно исполняет своё служение, но или из тщеславия, или из человекоугодия спорит и томит и себя, и ближнего, чтобы после услышать, что никто не мог его победить.

О! удивительно какое великое мужество! Это не победа, братия, это потеря, это погибель, если кто спорит и соблазняет брата своего для того, чтобы исполнить дело своего служения. Это значит из-за восьмой части потерять три восьмых с половиною. Если останется неисполненным дело служения, – потеря невелика; спорить же и соблазнять брата, не давая ему нужного, или предпочесть дело служения и отступить от заповеди Божией – это великий вред: вот что значит восьмая часть и три восьмых с половиною. Поэтому говорю вам, если и я пошлю кого-нибудь из вас по какой-либо надобности, и он увидит, что возникает смущение или другой какой вред, оставьте дело и никогда не вредите себе самим или друг другу; но пусть дело это останется и не будет исполнено, только не смущайте друг друга, ибо теряете вы три восьмых с половиною и терпите большой вред, а это явное неразумие.

Говорю же я вам это не для того, чтобы вы тотчас предавались малодушию и оставляли дело или пренебрегали им и легко бросали его и попирали совесть свою, желая избежать скорби, и опять не для того, чтобы ослушивались, и чтобы каждый из вас говорил: я не могу этого сделать, мне это вредит, это меня расстраивает. Ибо таким образом вы никогда не исполните никакого служения и не возможете сохранить заповеди Божией. Но старайтесь всеми силами вашими с любовию исполнять всякое служение ваше, со смиренномудрием, преклоняясь друг перед другом, почитая и прося друг друга, ибо нет ничего сильнее смиренномудрия. Однако если когда кто увидит, что сам он или ближний его скорбит, то оставьте дело, которое производит соблазн, уступайте друг другу, не настаивайте на своём до того, чтобы последовал вред: ибо лучше, как я тысячекратно говорил вам, пусть дело не исполнится так, как вы хотите, но будет так, как случится и как требует того нужда, нежели, чтобы от усилия вашего или самооправдания, хотя бы они и были благовидны, вы смущали или оскорбляли друг друга и чрез то теряли многое ради малого.

Случается же часто, что иной теряет и то и другое, и совершенно ничего не исполнит, ибо таково свойство любящих спорить. С самого начала все дела, которые мы делаем, делаем для того, чтобы получить от них пользу. Какая же польза, если мы не смиряемся друг перед другом, но напротив смущаем и оскорбляем друг друга! Разве вы не знаете, что сказано в Отечнике: «От ближнего — жизнь и смерть». Поучайтесь всегда в этом, братия, следуйте словам святых старцев, старайтесь с любовью и страхом Божиим искать пользы своей и братий ваших: таким образом можете от всего случающегося с вами получать пользу и преуспевать с помощью Божиею. Сам Бог наш, как человеколюбец, да дарует нам страх Свой, ибо сказано: «Бога бойся и заповеди Его храни» (*Еккл.12:13*), потому что это требуется от всякого человека. Самому же Богу нашему да будет слава и держава во веки. Аминь.

ПОУЧЕНИЕ 5. О ТОМ, ЧТО НЕ ДОЛЖНО ПОЛАГАТЬСЯ НА СВОЙ РАЗУМ

Премудрый Соломон говорит в Притчах: «имже несть управления, падают аки листвие; спасение же есть во мнозе совете» (*Притч.11:14*). Видите ли, братия, силу его изречения? Видите ли, чему учит нас Святое Писание? Оно увещевает нас не полагаться на самих себя, не считать себя разумными, не верить тому, что можем сами управлять собою, ибо мы имеем нужду в помощи, нуждаемся в наставляющих нас по Боге. Нет несчастнее и ближе к погибели людей, не имеющих наставника в пути Божием. Ибо что значит сказанное: «имже несть управления, падают аки листвие»? Лист сначала всегда бывает зелен, цветущ и красив, потом постепенно засыхает, падает и, наконец, им пренебрегают и попирают его. Так и человек, никем не управляемый, сначала всегда имеет усердие к посту, ко бдению, безмолвию, послушанию и к другим добрым делам; потом усердие это мало-помалу охладевает, и он, не имея никого, кто бы наставлял его, поддерживал и воспламенял в нём это усердие, подобно листу, нечувствительно иссыхает, падает и становится, наконец, подвластным и рабом врагов, и они делают с ним, что хотят.

О тех же, которые открывают свои помышления и поступки и делают всё с советом, Писание говорит: «спасение... есть во мнозе совете» (*Притч.11:14*). Не говорит: «в совете многих», то есть чтобы с каждым советоваться, но что должно советоваться обо всём, конечно, с тем, к кому имеем доверие, и не так, чтобы одно говорить, а другое умалчивать, но всё открывать и обо всём советоваться; такому и есть верное спасение «во мнозе совете». Ибо если человек открывал не всё, что до него касается, и особенно если он был обладаем худым навыком или был в худом сообществе, то диавол находит в нём одно (какое-либо) пожелание или одно самооправдание, и сим низлагает его.

Когда диавол видит, что кто-нибудь не хочет согрешить, то он не столько неискусен в делании зла, чтобы стал внушать ему какие-либо явные грехи, и не говорит ему: иди, сотвори блуд, или пойди, укради; ибо он знает, что мы этого не хотим, а он не считает нужным внушать нам то, чего мы не хотим, но находит в нас, как я сказал, одно пожелание или одно самооправдание, и тем под видом доброго вредит нам. Поэтому опять сказано: «лукавый злодействует, егда сочетается с праведным» (*Притч.11:15*). Лукавый есть диавол, и тогда он злодействует, «егда сочетается с праведным», т. е. когда сочетается с самооправданием нашим, тогда он становится более крепким, тогда более вредит, тогда более действует. Ибо когда мы держимся своей воли и следуем оправданиям нашим, тогда, делая, по-видимому, доброе дело, мы сами себе расставляем сети и даже не знаем, как погибаем. Ибо как можем мы уразуметь волю Божию или взыскать её, если верим самим себе и держимся своей воли? Посему-то авва Пимен и говорил, что воля наша есть медная стена между человеком и Богом. Видите ли силу сего изречения? И ещё присовокупил он: она есть как бы камень, противостоящий, сопротиводействующий воле Божией.

Итак, если человек оставит свою волю, тогда может и он сказать: «Богом моим прейду стену. Бог мой, непорочен путь Его» (*Пс.17:30–31*). Весьма достаточно сказано! Ибо тогда только человек видит непорочный путь Божий, когда оставит свою волю. Когда же повинуется своей воле, то не видит, что непорочны пути Божии; но если услышит что-либо, относящееся к наставлению, он тотчас порицает это, уничижает, отвращается от сего и действует напротив: ибо как ему перенести что-либо или послушаться чьего-либо совета, если он держится своей воли!

Далее говорит старец о самооправдании: «Если же и самооправдание поможет воле, то человек совершенно развращается». Удивительно, какая последовательность в словах святых Отцов! Подлинно, когда оправдание соединится с волею, то это есть совершенная смерть, великая опасность, великий страх; тогда окончательно падает несчастный. Ибо кто заставит такового верить, что другой человек более его знает, что ему полезно? Тогда он совершенно предаётся своей воле, своему помыслу, и наконец враг, как хочет устраивает его падение. Поэтому сказано: «лукавый злодействует, егда сочетавается с праведным, ненавидит же гласа утверждения». Ибо не только самое наставление ненавидит лукавый, но даже и самого голоса, произносящего оное, не может слышать, даже ненавидит и самый голос наставления, т. е. то самое, когда говорят что-либо служащее к наставлению. Прежде чем вопрошающий о полезном начнёт действовать (по данному совету), прежде нежели враг уразумеет, исполнит ли он или не исполнит слышанное, враг ненавидит уже то самое, чтобы спрашивать кого-нибудь или слышать что-либо полезное; самый голос, самый звук таковых слов он ненавидит и отвращается от них. И сказать ли почему? Он знает, что злодейство его обнаружится тотчас, как только станут спрашивать и говорить о полезном. И ничего он так не ненавидит и не боится, как быть узнанным, потому что тогда он уже не может коварствовать, как хочет. Ибо если душа утверждается тем, что человек спрашивает всё о себе и слышит от кого-либо опытного: «Это делай, а сего не делай; это хорошо, а это нехорошо; это самооправдание, это своеволие», и слышит также: «Теперь не время сему делу», а иной раз слышит: «Теперь время», тогда диавол не находит, каким образом вредить человеку или как низложить его, потому что он всегда, как я уже сказал, советуется и со всех сторон ограждает себя, и таким образом исполняется на нём слово: «спасение есть во мнозе совете».

Лукавый же не хочет сего, но ненавидит, ибо он хочет делать зло и больше о тех радуется, «имже несть управления». Почему? Потому что они «падают аки листвие». Вспомни того брата, которого любил лукавый и о котором говорил он авве Макарию: «Имею одного брата, который, когда видит меня, вертится как мотовило». Таких он любит, о таких всегда радуется, которые живут без наставления и не поручают себя человеку, могущему помогать им и руководить их о Боге. Разве не ко всем братиям приходил тогда демон, которого видел Святой носящим различные снеди в тыквах? Разве не всех он посещал?[32] Но каждый из них, понимая его козни, шёл к своему духовному отцу и открывал ему свои помышления, и находил помощь во время искушения, а потому лукавый и не мог одолеть их. Только одного несчастного нашёл он, который следовал самому себе и ни от кого не имел помощи, и потому лукавый поступал с ним, как с igralischem, и, уходя, благодарил его и проклинал других. Когда же враг сказал авве Макарию это дело и имя брата, Святой пошёл к нему и нашёл, что причиною его погибели было то, что он не хотел исповедовать свои помышления; нашёл, что он не имел обыкновения открывать их кому-либо. Посему-то враг и вертел им, как хотел. И брат, вопрошаемый святым Старцем: «Как ты пребываешь, брат?» – отвечал: «Молитвами твоими, хорошо». И когда Святой опять спросил: «Не борют ли тебя помыслы?» – он отвечал: «Пока мне хорошо». И не хотел ничего исповедать, пока Святой искусно не заставил его открыть свои помыслы и, сказав ему слово Божие, утвердил его и возвратился.

По обыкновению своему, враг пришёл опять, желая низвергнуть сего брата, но посрамился, ибо нашёл его исправленным и не мог уже более над ним издеваться, и потому удалился, не успев ничего сделать; удалился посрамлённый и этим братом. Посему, когда Святой опять спросил демона: «Как пребывает тот брат, твой друг?» — он уже не назвал его другом, но врагом, и проклинал его, говоря: «И тот развратился, и тот не повинуется мне, но даже стал всех свирепее». Видишь ли, почему ненавидит враг «гласа утверждения»? Потому что всегда желает нашей погибели. Видишь ли, почему он любит полагающихся на себя? Потому что они помогают диаволу, и сами себе строят козни. Я не знаю другого падения монаху, кроме того, когда он верит своему сердцу. Некоторые говорят: от того падает человек, или от того; а я, как уже сказал, не знаю другого падения, кроме сего: когда человек последует самому себе.

Видел ли ты падшего, — знай, что он последовал самому себе. Нет ничего опаснее, нет ничего губительнее сего. Бог сохранил меня, и я всегда боялся сего бедствия. Когда я был в общежитии, я открывал все свои помыслы старцу авве Иоанну и никогда, как сказал, не решался сделать что-либо без его совета. И иногда говорил мне помысл: «Не то же ли самое скажет тебе Старец? зачем ты хочешь беспокоить его?» А я отвечал помыслу: «Анафема тебе и рассуждению твоему, и разуму твоему, и мудрованию твоему, и ведению твоему; ибо что ты знаешь, то знаешь от демонов». И так я шёл и вопрошал Старца. И случалось иногда, что он отвечал мне то самое, что у меня было на уме. Тогда помысл говорил мне: «Ну что же? Видишь, это то самое, что я говорил тебе: не напрасно ли беспокоил ты Старца?» И я отвечал помыслу: «Теперь оно хорошо, теперь оно от Духа Святого; твоё же внушение лукаво, от демонов, и было делом страстного устроения души». Итак, никогда не попускал я себе повиноваться своему помыслу, не вопросив старца. И поверьте мне, братия, что я был в великом покое, в полном беспечалии, так что я даже и скорбел об этом, как я уже говорил вам о сем; ибо слыша, что «многими скорбьми подобает нам внити во царствие Божие» (*Деян.14:22*) и, видя, что у меня нет никакой скорби, я боялся и был в великом недоумении, не зная причины такового спокойствия, пока Старец не объяснил мне этого, сказав: не скорби, ибо каждый предающий себя в послушание отцам, имеет сей покой и беспечалие.

Постарайтесь же и вы, братия, вопрошать и не надеяться на себя. Познайте, какое в сём деле беспечалие, какая радость, какое спокойствие. Но поелику я сказал, что я никогда не скорбел, то послушайте и о том, что со мной случилось тогда.

Когда я ещё был там в общежитии, нашла на меня однажды великая и нестерпимая скорбь, и я был в таком страдании и стеснении, что готов был даже предать и самую душу мою: скорбь же сия происходила от коварства демонского. И такое искушение, наносимое демонами от зависти, бывает тяжко для человека, но маловременно: оно мрачно, тяжко, безутешно, ниоткуда не представляется успокоения, но отовсюду угнетение. Однако скоро посещает душу благодать Божия, ибо если бы не посетила благодать Божия, то никто не мог бы перенести сего. И я был, как сказал, в таком искушении, в такой тесноте. В один день, когда стоял на дворе монастырском, изнемогая и моля о сём Бога, внезапно взглянул я внутрь церкви и увидел некоего мужа, по виду – епископа, который как бы нёс Святые Дары[33] и входил в святой алтарь.

Я никогда не приближался к страннику или приходящему без нужды или повеления; но тогда меня влекло что-то, и я пошёл за ним. Вошедши, он долго стоял с воздетыми руками, и я стоял сзади его, молясь в страхе: ибо от видения его напал на меня страх и ужас. По окончании молитвы он обратился и пошёл ко мне, и по мере того, как он приближался ко мне, я ощущал, что скорбь и ужас удалялись от меня. Потом, став передо мною, он простер руку свою, прикоснулся к моей груди и, ударяя в нее перстами своими, сказал: «Терпя потерпех Господа, и внят ми и услыша молитву мою: и возведе мя от рова страстей и от брения тины: и постави на камени нозе мои и исправи стопы моя: и вложи во уста моя песнь нову, пение Богу нашему» (*Пс.39:2–4*). Все эти стихи произнес он по трижды, ударяя, как я сказал, в грудь мою, и так вышел. Тотчас после сего водворились в сердце моём сладчайший свет, радость, утешение и великое веселие, и я стал уже не тем, чем был прежде. Когда он вышел, я поспешил вслед за ним, желая найти его, но не нашёл, ибо он сделался невидим.

С того времени, по милости Божией, я не ощущал уже, чтобы беспокоила меня скорбь или страх, но Господь покрыл меня доныне ради молитв оных святых старцев. Сие сказал я вам, братия, для того, чтобы вы знали, какое спокойствие и беспечалие имеет тот, кто не следует самому себе и с какою безопасностью, с какою твёрдостию живёт, кто не полагается на себя и не верит своему помыслу, но во всём, что до него касается, возлагает упование на Бога, и на тех, которые могут наставлять его по Боге. Итак, научитесь и вы, братия, вопрошать, научитесь не полагаться на самих себя, не верить тому, что вам говорит помысл ваш. Хорошо смирение – в нём покой и радость[34]. К чему напрасно сокрушать себя? Нельзя спастись иначе, как сим образом.

Однако иной может подумать: если кто не имеет человека, которого он мог бы вопрошать, то что в таком случае должно ему делать? Правда, если кто хочет истинно, всем сердцем, исполнить волю Божию, то Бог никогда его не оставит, но всячески наставит по воле Своей. Поистине, если кто направит сердце своё по воле Божией, то Бог просветит и малое дитя сказать ему волю Свою. Если же кто не хочет искренно творить волю Божию, то хотя он и к пророку пойдет, и пророку положит Бог на сердце отвечать ему, сообразно с его развращённым сердцем, как говорит Писание: «и пророк аще прельстится и речет слово, Аз Господь прельстих пророка того» (*Иез.14:9*). Посему мы должны всею силою направлять себя к воле Божией и не верить своему сердцу. Но если будет и доброе дело, и мы услышим от какого-либо святого мужа, что оно точно доброе, то мы и должны почитать его добрым, однако не верить самим себе, что хорошо исполняем его и что оно должно непременно хорошо совершиться. Но мы должны исполнять его по силе своей и опять сказывать и то, как мы его исполняем, и узнавать, хорошо ли мы его исполнили; и после того не должны оставаться беззаботными, но ожидать и Божиего суда, как сказал святой авва Агафон, когда его спросили: «Ужели и ты, отче, боишься?» – он отвечал: «Я исполнял волю Божию по силе своей, но не знаю, угодно ли дело моё Богу; ибо иной суд Божий и иной человеческий». Господь Бог да покроет нас от бедствия, постигающего тех, которые уповают на самих себя, и да сподобит нас держаться пути отцов наших, благоугодивших имени Его. Ибо Ему подобает всякая слава, честь и поклонение во веки. Аминь.

ПОУЧЕНИЕ 6. О ТОМ, ЧТОБЫ НЕ СУДИТЬ БЛИЖНЕГО

Если бы мы помнили, братия, слова святых старцев, если бы мы всегда поучались в них, то мы не предавались бы так легко беспечности о себе: ибо если бы мы, как они сказали, не нерадели о малом и о том, что нам кажется ничтожным, то не впадали бы в великое и тяжкое. Я всегда говорю вам, что от сих незначительных грехов, оттого, что говорим: «Какая важность в том или в другом», образуется в душе злой навык, и человек начинает нерадеть и о великом.

Знаете ли, какой тяжкий грех осуждать ближнего? Ибо что тяжелее сего? Что столько ненавидит Бог? От чего столько отвращается?

Как и отцы сказали, что нет ничего хуже осуждения. Однако и в такое великое зло человек приходит от сего же нерадения о ничтожном по-видимому. Ибо от того, что человек дозволил себе малое зазрение ближнего, от того, что говорит: «Что за важность, если послушаю, что говорит сей брат? Что за важность, если и я скажу одно вот такое-то слово? Что за важность, если я посмотрю, что будет делать сей брат или тот странник?» – от сего самого ум начинает оставлять свои грехи без внимания и замечать грехи ближнего.

И от сего потом происходит, что мы осуждаем, злословим, уничижаем ближних и наконец впадаем и в то самое, что осуждаем. Ибо от того, что человек не заботится о своих грехах и «не оплакивает, – как сказали отцы, –

своего мертвеца», не может он преуспеть ни в чём добром, но всегда обращает внимание на дело ближнего. А ничто столько не прогневляет Бога, ничто так не обнажает человека и не приводит в оставление от Бога, как злословие или осуждение, или уничижение ближнего.

Иное же дело злословить или порицать, иное осуждать, и иное уничижать. Порицать – значит сказать о ком-нибудь: такой-то солгал, или разгневался, или впал в блуд, или сделал что-либо подобное. Вот такой злословил брата, т. е. сказал пристрастно о его согрешении. А осуждать – значит сказать: такой-то лгун, гневлив, блудник. Вот сей осудил самое расположение души его, произнёс приговор о всей его жизни, говоря, что он таков-то, и осудил его, как такого – а это тяжкий грех. Ибо иное сказать: «он разгневался», и иное сказать: «он гневлив» и, как я сказал, произнести таким образом приговор о всей его жизни.

А грех осуждения столько тяжелее всякого другого греха, что Сам Христос сказал: «лицемере, изми первее бревно из очесе твоего, и тогда прозриши изъяти сучец из очесе брата твоего» (*Лк.6:42*), и грех ближнего уподобил сучку, а осуждение – бревну. Так-то тяжело осуждение, превосходящее всякий грех.

И фарисей оный, молясь и благодаря Бога за свои добродетели, не солгал, но говорил истину, и не за то был осуждён; ибо мы должны благодарить Бога, когда сподобились сделать что-либо доброе, потому что Он помог и содействовал нам в этом. За сие фарисей не был осуждён, как я сказал, что он благодарил Бога, исчисляя свои добродетели, и не за то он был осуждён, что сказал: «несмь якоже прочии человецы»; но когда он обратился к мытарю и сказал: «или якоже сей мытарь» (*Лк.18:11*), тогда он подвергся осуждению, ибо он осудил самое лицо, самое расположение души его и, кратко сказать, всю жизнь его.

Посему мытарь и вышел «оправдан... паче онаго» (*Лк.18:14*).

Нет ничего тяжелее, как я много раз говорил, нет ничего хуже осуждения, презрения или уничижения ближнего. Почему мы не осуждаем лучше самих себя и наши грехи, которые мы достоверно знаем и за которые должны будем дать ответ пред Богом? Зачем восхищаем себе суд Божий? Чего хотим от Его создания? Не должны ли мы трепетать, слыша, что случилось с великим оным старцем, который, узнав о некоем брате, что он впал в блуд, сказал: «О, худо он сделал!» Или вы не знаете, какое ужасное событие повествуется о нём в Отечнике? Святой Ангел принес к нему душу согрешившего и сказал ему: «Посмотри, тот, кого ты осудил, умер; куда же повелишь ты поместить его, в царство или муку?»

Есть ли что страшнее сей тяготы? Ибо что иное значат слова Ангела к старцу, как не сие: поелику ты судия праведных и грешных, то скажи, что повелишь о смиренной душе сей? помилуешь ли ты её, или предашь мучению? Святой старец, поражённый сим, все остальное время жизни своей провёл в стенаниях, слезах и в безмерных трудах, молясь Богу, чтобы Он простил ему тот грех, – и всё это уже после того, как он, пав на лице свое к ногам святого Ангела, получил прощение. Ибо сказанное Ангелом: «Вот Бог показал тебе, какой тяжкий грех осуждение, чтобы ты более не впал в него», уже означало прощение; однако душа старца до самой смерти его не хотела более утешиться и оставить свой плач.

Итак, чего хотим и мы от нашего ближнего? Чего хотим от чужой тяготы? Есть у нас о чём заботиться, братия! Каждый да внимает себе и своим грехам. Одному Богу принадлежит власть оправдывать и осуждать, поелику Он знает и душевное устроение каждого и силу, и образ воспитания, и дарования, и телосложение и способности; и сообразно с этим судит каждого, как Он Сам Един знает. Ибо иначе судит Бог дела епископа и иначе правителя мирского, иначе судит дела игумена и иначе ученика, иначе старого и иначе юного, иначе больного и иначе здорового.

И кто может знать все суды сии? Только Един, сотворивший всех, всё создавший и всё ведущий.

Помню, я слышал, что некогда было такое происшествие. В некоторый город пришел корабль с невольниками, а в городе том жила одна святая дева, весьма внимавшая себе. Она, услышав, что пришел оный корабль, очень обрадовалась, ибо желала купить себе маленькую девочку, и думала: возьму и воспитаю её, как хочу, чтобы она вовсе не знала пороков мира сего. Она послала за хозяином корабля того и, призвав его к себе, узнала, что у него есть две маленькие девочки, именно такие, каких она желала, и тотчас с радостью отдала она цену за одну из них и взяла её к себе. Когда же хозяин корабля удалился из того места, где пребывала оная святая, и едва отошёл немного, встретила его одна блудница, совершенно развратная, и, увидев с ним другую девочку, захотела взять её; условившись с ним, отдала цену, взяла девочку и ушла с ней. Видите ли тайну Божию?

Видите ли суд Божий? Кто может объяснить это? Итак, святая дева взяла ту малютку, воспитала её в страхе Божием, наставляя её на всякое благое дело, обучая её иноческому житию и, кратко сказать, во всяком благоухании святых заповедей Божиих. Блудница же, взявши ту несчастную, сделала её орудием диавола. Ибо чему могла оная зараза научить её, как не погублению души своей? Итак, что мы можем сказать о страшной сей судьбе? Обе были малы, обе проданы, не зная сами, куда идут, и одна оказалась в руках Божиих, а другая впала в руки диавола. Можно ли сказать, что Бог равно взыщет как с одной, так и с другой? Как это возможно! Если обе впадут в блуд или в иной грех, можно ли сказать, что обе они подвергнутся одному суду, хотя и обе впали в одно и то же согрешение? Возможно ли это? Одна знала о суде, о царстве Божием, день и ночь поучалась в словах Божиих; другая же, несчастная, никогда не видала и не слышала ничего доброго, но всегда, напротив, всё скверное, всё диавольское: как же возможно, чтобы обе были судимы одним судом?

Итак, никакой человек не может знать судеб Божиих, но Он един ведает всё и может судить согрешение каждого, как Ему единому известно. Действительно случается, что брат погрешает по простоте, но имеет одно доброе дело, которое угодно Богу более всей жизни: а ты судишь и осуждаешь его, и отягощаешь душу свою. Если же и случилось ему преткнуться, почему ты знаешь, сколько он подвизался и сколько пролил крови своей прежде согрешения; теперь согрешение его является пред Богом, как бы дело правды? Ибо Бог видит труд его и скорбь, которые он, как я сказал, подъял прежде согрешения, и милует его. А ты знаешь только сие согрешение, и тогда как Бог милует его, ты осуждаешь его и губишь душу свою. Почему ты знаешь, сколько слёз он пролил о сём пред Богом?

Ты видел грех, а покаяния его не видел.

Иногда же мы не только осуждаем, но и уничижаем ближнего, ибо иное, как я сказал, осуждать и иное уничижать.

Уничижение есть то, когда человек не только осуждает другого, но презирает его, т. е. гнушается ближним и отвращается от него как от некоей мерзости: это хуже осуждения и гораздо пагубнее. Хотящие же спастись не обращают внимания на недостатки ближних, но всегда смотрят на свои собственные и преуспевают. Таков был тот, который, видя, что брат его согрешил, вздохнул и сказал: «Горе мне! Как он согрешил сего дня, так согрешу и я завтра».

Видишь ли твёрдость? Видишь ли настроение[35] души? Как он тотчас нашёл средство избегнуть осуждения брата своего! Ибо сказав: «так и я завтра», он внушил себе страх и попечение о том, что и он в скором времени может согрешить, и так избежал осуждения ближнего.

Притом не удовлетворился этим, но и себя повергнул под ноги его, сказав: «и он (по крайней мере) покается о грехе своём, а я не покаюсь, как должно, не достигну покаяния, не в силах буду покаяться». Видишь просвещение Божественной души? Он не только успел избежать осуждения ближнего, но и себя самого повергнул под ноги его. Мы же, окаянные, без разбора осуждаем, гнушаемся, уничижаем, если что-либо видим, или услышим, или только подозреваем; и что ещё хуже, мы не останавливаемся на своем собственном вреде, но, встречая и другого брата, тотчас говорим ему: то и то случилось, и вредим ему, внося в сердце его грех[36].

И не боимся мы Сказавшего: «горе напояющему подруга своего развращением мутным» (*Авв.2:15*), но совершаем бесовское дело и нерадим о сем. Ибо что иное делать бесу, как не смущать и не вредить? А мы оказываемся помощниками бесов на погибель свою и ближнего: ибо кто вредит душе, тот содействует и помогает демонам, а кто приносит ей пользу, тот помогает святым Ангелам. От чего же мы впадаем в сие, как не от того, что нет в нас любви? Ибо если бы мы имели любовь, то с соболезнованием и состраданием смотрели бы на недостатки ближнего, как сказано: «любы покрывает множество грехов» (*1Пет.4:8*). «Любы... не мыслит зла, вся покрывает» и пр. (*1Кор.13:5–7*).

Итак, если бы, как я сказал, мы имели любовь, то сия любовь покрыла бы всякое согрешение, как и святые делают, видя недостатки человеческие. Ибо разве святые слепы и не видят согрешений? Да и кто столько ненавидит грех, как святые? Однако они не ненавидят согрешающего и не осуждают его, не отвращаются от него, но сострадают ему, скорбят о нём, вразумляют, утешают, врачуют его, как больной член, и делают всё для того, чтобы спасти его. Как рыбаки, когда закинут уду в море и, поймав большую рыбу, чувствуют, что она мечется и бьётся, то не вдруг сильно влекут её, ибо иначе прервётся вервь и они совсем потеряют рыбу, но пускают вервь свободно и послабляют ей идти, как хочет; когда же увидят, что рыба утомилась и перестала биться, тогда мало-помалу притягивают её; так и святые долготерпением и любовию привлекают брата, а не отвращаются от него и не гнушаются им. Как мать, имеющая безобразного сына, не только не гнушается им и не отвращается от него, но и украшает его с любовию, и всё, что ни делает, делает для его утешения; так и святые всегда покрывают, украшают, помогают, чтобы и согрешающего со временем исправить, и никто другой не получил от него вреда, и им самим более преуспеть в любви Христовой.

Что сделал святой Аммон, как однажды братия пришли к нему в смущении и сказали ему: «Пойди и посмотри, отче, у такого-то брата в келлии женщина»? Какое милосердие показала, какую любовь имела святая оная душа! Понявши, что брат скрыл женщину под кадкою, он пошёл и сел на оную и велел им искать по всей келлии. Когда же они ничего не нашли, он сказал им: «Бог да простит вас». И так он постыдил их, утвердил и оказал им великую пользу, научив их не легко верить обвинению на ближнего; и брата оного исправил, не только покрыв его по Боге, но и вразумив его, когда нашёл удобное к тому время. Ибо, выслав всех вон, он взял его за руку и сказал ему: «Подумай о душе своей, брат». Брат сей тотчас устыдился, пришёл в умиление и тотчас подействовало на душу его человеколюбие и сострадание старца.

Итак, приобретём и мы любовь, приобретём снисходительность к ближнему, чтобы сохранить себя от пагубного злословия, осуждения и уничижения, и будем помогать друг другу, как своим собственным членам. Кто, имея рану на руке своей, или на ноге, или на другом каком члене, гнушается собою или отсекает член свой, хотя бы он и гноился? Не скорее ли очищает он его, омывает, накладывает на него пластырь, обвязывает, окропляет святой водой, молится и просит святых помолиться о нём, как сказал и авва Зосима? Одним словом, никто не оставляет своего члена в небрежении, не отвращается от него, ни даже от зловония его, но делает всё для того, чтобы излечить его. Так должны и мы сострадать друг другу, должны помогать друг другу, сами и посредством других сильнейших, и всё придумывать и делать для того, чтобы помогать и себе, и один другому; ибо мы члены друг друга, как говорит Апостол: «Такожде мнози едино тело есмы о Христе, а по единому друг другу уди» (*Рим.12:5*), и: «аще страждет един уд, с ним страждут вси уди» (*1Кор.12:26*).

Чем кажутся вам общежития?

Не суть ли они одно тело, и все составляющие общежитие члены друг друга?

Правящие и наставляющие суть глава; наблюдающие и исправляющие – очи; пользующие словом – уста; слушающие их – уши; делающие – руки, а ноги суть посылаемые и исполняющие служение. Глава ли ты? – Наставляй. Око ли? – Наблюдай, смотри. Уста ли? – Говори, пользуй. Ухо ли? – Слушай.

Рука ли? – Делай. Нога ли? – Служи. Каждый да служит телу по силе своей, и старайтесь постоянно помогать друг другу: или учением, влагая слово Божие в сердце брату, или утешением во время скорби, или подаянием помощи в деле служения. И, одним словом, каждый, как я сказал, по силе своей, старайтесь иметь единение друг с другом; ибо чем более кто соединяется с ближним, тем более соединяется он с Богом.

И чтобы вам яснее понять силу сказанного, предложу вам сравнение, преданное от отцов. Представьте себе круг, начертанный на земле, средина которого называет центром, а прямые линии, идущие от центра к окружности, называются радиусами. Теперь вникните, что я буду говорить: предположите, что круг сей есть мир, а самый центр круга – Бог; радиусы же, т. е. прямые линии, идущие от окружности к центру, суть пути жизни человеческой. Итак, на сколько святые входят внутрь круга, желая приблизиться к Богу, на столько, по мере вхождения, они становятся ближе и к Богу, и друг к другу; и сколько приближаются к Богу, столько приближаются и друг к другу; и сколько приближаются друг к другу, столько приближаются и к Богу. Так разумейте и об удалении. Когда удаляются от Бога и возвращаются ко внешнему, то очевидно, что в той мере, как они исходят от средоточия и удаляются от Бога, в той же мере удаляются и друг от друга; и сколько удаляются друг от друга, столько удаляются и от Бога. Таково естество любви: на сколько мы находимся вне и не любим Бога, на столько каждый удален и от ближнего. Если же возлюбим Бога, то сколько приближаемся к Богу любовью к Нему, столько соединяемся любовью и с ближним; и сколько соединяемся с ближним, столько соединяемся с Богом.

Господь Бог да сподобит нас слышать полезное и исполнять оное; ибо по мере того, как мы стараемся и заботимся об исполнении слышанного, и Бог всегда просвещает нас и научает воле Своей. Ему слава и держава во веки веков. Аминь.

ПОУЧЕНИЕ 7. О ТОМ, ЧТОБЫ УКОРЯТЬ СЕБЯ, А НЕ БЛИЖНЕГО

Исследуем, братия, от чего происходит, что иногда кто-либо, услышав оскорбительное слово, не обращает на него внимания и переносит оное без смущения, как будто вовсе и не слыхал его; иногда же, как только услышит, тотчас смущается. Какая причина такого различия? И одна ли причина этого различия или многие? Я нахожу, что это имеет многие причины, но есть одна, так сказать, рождающая все другие причины. И скажу вам, как это бывает. Во-первых, случается, что иной после молитвы или доброго упражнения находится, так сказать, в добром расположении духа и потому снисходит брату своему и не смущается его словами. Случается также, что иной имеет пристрастие к кому-нибудь и потому без огорчения переносит всё, от него наносимое. Бывает также, что иной презирает желающего оскорбить его и потому не обращает внимания на его обиды, не считает его за человека и потому не вменяет ни во что всё, что тот говорит или делает. И скажу вам нечто такое, чему вы удивитесь.

В общежитии, прежде моего удаления оттуда, был один брат, которого я никогда не видал смутившимся или скорбящим, или разгневанным на кого-либо, тогда как я замечал, что многие из братии часто досаждали ему и оскорбляли его. А этот юноша так переносил оскорбления от каждого из них, как будто никто вовсе не смущал его. Я же всегда удивлялся чрезвычайному незлобию его и желал узнать, как он приобрёл сию добродетель. Однажды отвёл я его в сторону и, поклонившись ему, просил его сказать мне, какой помысл он всегда имеет в сердце своём, что, подвергаясь оскорблениям или перенося от кого-либо обиду, он показывает такое долготерпение. Он отвечал мне презрительно без всякого смущения: «Мне ли обращать внимание на их недостатки, или принимать от них обиды как от людей? Это — лающие псы»[37].

Услышав это, я преклонил голову и сказал себе: нашёл путь брат сей, и, перекрестясь, удалился от него, моля Бога, чтобы Он покрыл меня и его.

Итак, случается, как я сказал, что кто-либо не приходит в смущение и от презрения ближнего, а это явная погибель. Если же кто смущается на оскорбляющего его брата, то сие происходит или от того, что он в это время находится не в хорошем расположении духа, или от того, что имеет неприязнь против него. Этому есть много и других причин, о которых уже было говорено. Но главная причина всякого смущения, если мы основательно исследуем, есть то, что мы не укоряем самих себя. Оттого проистекает всякое подобное расстройство, оттого мы никогда не находим покоя. И нечего удивляться, когда слышим от всех святых, что нет другого пути, кроме сего. Мы видим, что никто, минуя путь сей, не обрёл покоя, а мы надеемся получить спокойствие, или полагаем, что идём правым путём, никогда не желая укорять самих себя. Поистине, если человек совершит и тьмы добродетелей, но не будет держаться сего пути, то он никогда не перестанет оскорбляться и оскорблять других, теряя чрез то все труды свои. Напротив, какую радость, какое спокойствие имеет тот, кто укоряет самого себя! Куда бы ни пошёл укоряющий себя, как сказал авва Пимен, какой бы ни приключился ему вред или бесчестие или иная какая-либо скорбь, он уже предварительно считает себя достойным всякой скорби и никогда не смущается. Есть ли что беспечальнее такого состояния?

Но если кто-нибудь скажет: если брат оскорбляет меня, и я, испытав себя, найду, что я не подал ему никакого повода к сему, то как могу укорить себя? Поистине, если кто-либо испытает себя со страхом Божиим, то найдёт, что он всячески сам подал повод или делом, или словом, или видом. Если же он видит, как говорит, что он в настоящее время не подал ему вовсе никакого повода, то верно он когда-нибудь в другое время оскорбил его, или в этом, или в другом деле, или, вероятно, опечалил другого брата и должен был пострадать за сие, или часто и за иной какой-либо грех. Потому если кто, как я сказал, со страхом Божиим рассмотрит самого себя и строго испытает свою совесть, то он непременно найдёт себя виновным.

Случается также, что иной, как кажется ему, пребывает в мире и безмолвии: но когда брат скажет ему оскорбительное слово, то он смущается, и потому полагает себя вправе скорбеть на него, говоря: если бы он не пришёл и не смутил бы меня своими словами, то я не согрешил бы. Вот смешное суждение! Вот обольщение диавольское! Разве тот, кто сказал ему слово, вложил в него страсть? Он только показал ему ту, которая уже была в нём, для того чтобы он, если хочет, покаялся в ней. Такой подобен гнилому хлебу, который снаружи хорош, а внутри заплесневел, и когда кто-либо разломит его, то обнаруживается его гнилость. Так и этот — пребывал, как ему казалось, в мире, но страсть была внутри его, а он не знал о сём; брат сказал ему одно слово и обнаружил гнилость, сокровенную внутри его. Итак, если он хочет получить помилование, то пусть покается, очистится, преуспеет; и пусть видит, что он ещё должен благодарить брата, как доставившего ему таковую пользу. Ибо искушения не будут уже одолевать его, как прежде; но насколько он преуспеет, настолько они окажутся для него легчайшими: ибо по мере того как душа преуспевает, она становится более крепкою и приобретает силу переносить находящие на неё искушения. Как сильное животное, если на него навьючат большое бремя, спокойно несёт его, и когда случится ему споткнуться, то встаёт тотчас и вовсе не чувствует, что споткнулось; если же, напротив, животное бессильно, то и лёгкое бремя отягощает его, и когда оно упадёт, нужна большая помощь, чтобы поднять его.

Так бывает и с душою: по мере того как она творит грех, она изнемогает от него, ибо грех расслабляет и приводит в изнеможение того, кто предается ему; и потому всё приключающееся с таковым отягощает его. Если же человек преуспевает в добре, то, по мере преуспеяния, ему делается более лёгким то, что некогда было тяжело. Посему-то, если мы во всём, что с нами ни случается, считаем виновными самих себя, а не других, то это приносит нам много добра и доставляет великое спокойствие и преуспеяние, и тем более должны мы это делать, что ничего не бывает с нами без промысла Божия.

Если кто говорит: «Как я могу не скорбеть, если нуждаюсь в вещи и не получаю её, тогда как она мне необходимо нужна?», то даже и в таком случае он не имеет права укорять кого-нибудь или скорбеть на кого-либо. Ибо если он действительно нуждается в вещи, как говорит, и не получает её, то он должен сказать: «Христос знает более меня, должен ли я получить желаемое, и Он будет мне вместо сей вещи, или вместо сей пищи». Сыны Израилевы ели манну в пустыне сорок лет; и хотя вид манны был один и тот же, но для каждого она была тем, в чём он имел нужду: кому нужно было солёное, для того она была солёна; кому нужно было сладкое, для того она была сладка, и, одним словом, каждому она была тем, что было сообразно с его потребностью. Так, если кому нужно яйцо, а он не получает его, но получает только овощи, то пусть скажет помыслу своему: «Если бы мне было полезно получить яйцо, то Бог непременно послал бы мне его; однако Он может сделать, что и самые эти овощи заменят мне яйцо». И верую Богу, что сие будет ему вменено в мученичество. Ибо если кто поистине достоин покоя, то и сарацинскому (варварскому) сердцу Бог возвестит сотворить с ним милость, смотря по его надобности. Если же кто недостоин успокоения или оно неполезно ему, то хотя бы он и новое небо, и новую землю сотворил, не найдёт покоя. Однако иногда человек находит покой и сверх своей потребности, а иногда не получает и необходимого. Поелику Бог, как милостивый, каждому подаёт, что ему нужно. Но бывает, что Он посылает человеку более нужного ему: сим показывает избыток человеколюбия Своего и научает его благодарению; когда же не посылает ему и нужного, то словом Своим (*Мф. 4:4*) заменяет действие той вещи, в которой человек нуждается, и научает его терпению.

Итак, во всяком случае должны мы взирать горе[38]. Добро ли нам кто-нибудь сделает или злое потерпим от кого-либо, мы должны взирать горе и благодарить Бога за всё, случающееся с нами, всегда укоряя самих себя и говоря, как сказали отцы, что если случится с нами нечто доброе – то это дело Божия промысла, а если злое – то это за грехи наши. Ибо поистине всё, что мы ни терпим, терпим за грехи наши. Святые если и страдают, то страдают за имя Божие или для того, чтобы обнаружились добродетели их на пользу многим, или для того, чтобы умножились венцы и награда их от Бога. Но можем ли мы, окаянные, сказать это о себе, мы, которые так согрешаем ежедневно, и, удовлетворяя страстям нашим, оставили правый путь, указанный отцами – путь самоукорения, и идём кривым путем – укорения ближнего? И каждый из нас старается во всяком деле сложить вину на брата своего и на него возложить всю тяготу: каждый небрежёт и не соблюдает ни одной заповеди, а от ближнего требует исполнения заповедей.

Однажды пришли ко мне два брата, скорбевшие один на другого, и старший говорил о младшем: «Когда я приказываю ему что-либо сделать, он скорбит, и я тоже скорблю, думая, что если бы он имел ко мне доверие и любовь, то принимал бы слова мои с уверенностью» [39].

Младший же сказал: «Прости, авва, он говорит мне вовсе не со страхом Божиим, но повелевает, как властелин, и я думаю, что потому и не располагает к доверию[40] сердце моё, как говорят отцы». Заметьте, как оба они укоряют друг друга, и ни один из них не укорил себя. Также и других двое скорбели друг на друга и, поклонившись один другому, не получили успокоения. И один говорил: «Он не от сердца поклонился мне, и потому я не успокоился[41], ибо так сказали отцы».

Другой же говорил: «Так как он не был приготовлен любовью ко мне, когда я просил у него прощения, то посему и я не успокоился». Видишь ли, господине, какое смешное суждение! Видишь ли, какое превращение понятий! Бог знает, как я ужасаюсь, что и самые изречения отцов наших мы употребляем сообразно с лукавою волею нашею и к погибели душ наших. Каждому из них надлежало возложить вину на самого себя, и один должен был сказать: поелику я не от сердца поклонился брату моему, то посему Бог и не расположил его ко мне; а другой должен был сказать: так как я не был приготовлен любовью к брату моему прежде, нежели он просил прощения, то посему Бог и не расположил его ко мне. Так же следовало поступить и двум вышеупомянутым — один должен был сказать: я говорю властительски, и потому Бог не располагает брата моего в доверии ко мне; а другой должен был помышлять: брат мой со смирением и любовию приказывает мне, но я непослушен и не имею страха Божия. И ни один из них не нашёл пути к самоукорению, напротив, каждый возлагал вину на ближнего. Вот почему мы и не преуспеваем, вот почему и не получаем ни от чего пользы, но всё время наше проводим в противлении друг другу и мучим сами себя. Поелику каждый оправдывает себя, каждый, как я прежде сказал, позволяет себе ничего не соблюдать, а от ближнего требует исполнения заповеди, потому мы и не можем придти в познание доброго; ибо, если хотя мало научимся чему-либо, тотчас и от ближнего требуем того же, укоряя его и говоря: он должен был это сделать; почему же он так не сделал? Почему мы лучше от себя не требуем исполнения заповедей, и не укоряем себя в несоблюдении их?

Где тот старец, который, когда его спросили: «Что главное из найденного тобою на пути сём, отче», – отвечал: «То, чтобы во всём укорять себя». Это и вопросивший похвалил и сказал ему: «Нет иного пути, кроме сего». Так и авва Пимен сказал со стенанием: «Все добродетели вошли в дом сей, кроме одной, без которой трудно устоять человеку». И когда его спросили: «Какая это добродетель?», он отвечал: «Та, чтобы человек во всём укорял себя»[42]. И святой Антоний сказал: «Великий подвиг[43] человека состоит в том, чтобы он пред лицом Божиим возлагал всё согрешение своё на себя и ожидал бы искушения до последнего издыхания».

И везде находим мы, что отцы, сохранив сие и возложив на Бога всё, даже и самое малое, обрели покой. Таков был тот святой старец, которому во время болезни брат влил в пищу вместо мёда льняное масло, которое очень вредно. Однако же старец ничего не сказал, но ел молча и в первый, и во второй раз, и нисколько не укорил служившего ему брата, не сказал, что он небрежен, и не только не сказал этого, но даже никаким словом не опечалил его. Когда же брат узнал, *что* он сделал, и начал скорбеть, говоря: «Я убил тебя, авва, и ты возложил сей грех на меня тем, что промолчал», то с какою кротостью он отвечал ему: «Не скорби, чадо, если бы Богу угодно было, чтобы я ел мёд, то ты влил бы мне мёду». И, таким образом, он возложил это на Бога.

Какое дело Богу до сего, монах? Брат ошибся, а ты говоришь: «если бы Богу было угодно»; какое участие Бога в сем деле? Однако он говорит: поистине если бы Богу было угодно, чтобы я ел мёд, то брат и влил бы мне мёду. Вот, хотя старец был в такой болезни и столько дней не мог принять пищи, однако же не поскорбел на брата, но возложил дело на Бога и успокоился. И хорошо сказал старец, ибо он знал, что если бы Богу угодно было, чтобы он ел мёд, то и зловонное льняное масло претворил бы Он в мёд. Мы же в каждом деле устремляемся на ближнего, порицая и укоряя его как нерадивого и не по совести поступающего. Как только услышим хотя одно слово, тотчас перетолковываем его, говоря: если бы он не хотел смутить меня, то он не сказал бы этого. Где пророк Давид, который сказал о Семее: «Оставите его, и тако да проклинает, яко Господь рече ему проклинати Давида» (*2Цар.16:10*). Мужу ли убийце говорил Бог, чтобы он проклинал пророка? Как, ужели Господь сказал ему сие? Но пророк, имея разум духовный и зная, что милости Божией ничто так не привлекает на душу, как искушения, и особенно наносимые и налагаемые во время скорби и нужды, сказал: «Оставите его проклинати мя» (Давида), «яко рече ему Господь» (*2Цар.16:11*). Для чего? «Негли призрит Господь на смирение мое, и возвратит ми благая вместо клятвы его» (*2Цар.16:12*). Видишь ли, как разумно поступал пророк? Посему-то он и остановил хотевших отмстить проклинающему и говоря: «что мне и вам, сынове Саруины? Оставите его, и тако да проклинает, яко Господь рече ему» (*2Цар.16:10*). Мы же не хотим сказать о брате нашем, что Господь ему сказал, но если услышим оскорбительное слово, то поступаем подобно собаке, в которую когда кто-нибудь бросит камнем, то она оставляет бросившего и бежит грызть камень. Так делаем и мы: оставляем Бога, попускающего напастям находить на нас к очищению грехов наших, и обращаемся на ближнего, говоря: зачем он мне это сказал? Зачем он мне это сделал? И тогда как мы могли бы получить большую пользу от подобных случаев, мы делаем противное, и вредим сами себе, не разумея, что промыслом Божиим всё устраивается на пользу каждого.

Господь Бог да вразумит нас молитвами святых, ибо Ему всякая слава, честь и поклонение во веки. Аминь.

ПОУЧЕНИЕ 8. О ЗЛОПАМЯТНОСТИ

Отцы сказали, что монахам несвойственно гневаться, также и оскорблять кого-либо, и ещё: «Кто преодолел гнев, тот преодолел демонов, а кто побеждается сею страстию, тот вовсе чужд иноческой жизни» и проч. Что же должны мы сказать о себе, когда мы не только не оставляем раздражительности и гнева, но и предаемся злопамятности? Что нам делать, как не оплакивать такое жалкое и нечеловеческое устроение душ наших? Итак, будем внимать себе, братия, и постараемся с помощью Божиею избавиться от горечи этой губительной страсти.

Случается, что, когда между братиями произойдёт смущение или возникнет неудовольствие, один из них поклонится другому, прося прощения, но и после сего продолжает скорбеть и иметь помыслы против брата. Таковой не должен пренебрегать сим, но пресечь оные вскоре, ибо это есть злопамятность; а она, как я сказал, требует от человека многого внимания, чтобы в оной не закоснеть и не погибнуть. Кто поклонился, прося прощения, и сделал это ради заповеди, тот в настоящее время исцелил гнев, но против злопамятности ещё не подвизался, и потому продолжает скорбеть на брата. Ибо иное злопамятность, иное гнев, иное раздражительность и иное смущение; и чтобы вы лучше поняли сие, скажу вам пример. Кто разводит огонь, тот берет сначала малый уголёк: это слово брата, нанесшего оскорбление. Вот это пока ещё только малый уголёк: ибо что такое слово брата твоего? Если ты его перенесёшь, то ты и погасил уголёк. Если же будешь думать: «Зачем он мне это сказал, и я ему скажу то и то, и если бы он не хотел оскорбить меня, он не сказал бы этого, и я непременно оскорблю его», – вот ты и подложил лучинки или что-либо другое, подобно разводящему огонь, и произвёл дым, который есть смущение. Смущение же есть то самое движение и возбуждение помыслов, которое воздвигает и раздражает сердце. Раздражение же есть отомстительное восстание на опечалившего, которое обращается в дерзость, как сказал блаженный авва Марк: «Злоба, питаемая помышлениями, раздражает сердце, убиваемая же молитвою и надеждою сокрушает его».

Если бы ты перенёс малое слово брата твоего, то погасил бы, как я уже сказал, этот малый уголёк прежде, чем произошло смущение; однако же и его, если хочешь, можешь удобно погасить, пока оно ещё не велико, молчанием, молитвою, одним поклоном от сердца. Если же ты будешь продолжать дымить, то есть раздражать и возбуждать сердце воспоминанием: «Зачем он мне это сказал, я и ему скажу то и то», то от сего самого стечения и, так сказать, столкновения помыслов согревается и разгорается сердце, и происходит воспламенение раздражительности, ибо раздражительность есть жар крови около сердца, как говорит св. Василий Великий.

Вот как происходит раздражительность. Её также называют острожелчием (вспыльчивостью). Если хочешь, можешь погасить и её, прежде чем произойдёт гнев. Если же ты продолжаешь смущать и смущаться, то уподобляешься человеку, подкладывающему дрова на огонь и ещё более разжигающему его, отчего образуется много горящего уголья, и это есть гнев. Так же сказал и авва Зосима, когда его спросили, что значит изречение: «Где нет раздражительности, там безмолвствует вражда». Ибо если кто-либо в начале смущения, когда оно начинает, как мы сказали, дымиться и бросать искры, поспешит укорить себя и поклониться ближнему, прося прощения, прежде нежели разгорится раздражительность, то он сохранит мир. Также когда возгорится раздражительность, если он не замолчит, но будет продолжать смущаться и возбуждать себя, то он делается, как мы сказали, подобным тому, кто подкладывает дрова на огонь, и они горят, пока наконец образуется много горящего уголья. И как горящее уголье, когда оно угаснет и будет собрано, может лежать несколько лет без повреждения, и даже, если кто польёт его водою, оно не подвергается гниению: так и гнев, если закоснеет, обращается в злопамятность, от которой человек не освободится, если не прольёт крови своей[44].

Вот я вам показал различие: понимаете ли? Вот вы слышали, что такое начальное смущение и что раздражительность, что такое гнев и что злопамятность. Видите ли, как от одного слова доходят до такого зла? Ибо если бы ты сначала укорил самого себя, терпеливо перенёс слово брата твоего и не хотел бы отомстить ему за себя и на одно слово сказать два или пять слов и воздать злом за зло, то избавился бы от всех этих зол. Посему и говорю вам: всегда отсекайте страсти, пока они ещё молоды, прежде нежели они вкоренятся и укрепятся в вас и станут удручать вас, ибо тогда придётся вам много пострадать от них: потому что иное дело вырвать малую былинку, и иное – искоренить большое дерево.

Ничему столько не удивляюсь, как тому, что мы сами не понимаем, *что* поём. Ибо мы поём ежедневно, проклиная себя, и не понимаем сего. Не должны ли мы понимать того, *что* поём? Мы всегда говорим: «аще воздах воздающим ми злая, да отпаду убо от враг моих тощ» (*Пс.7:5*). Что значит: «да отпаду»? Пока кто стоит, он имеет силу сопротивляться врагу своему: то он поражает, то его поражают; то он одолевает, то его одолевают; но он всё ещё стоит. Если же ему случится пасть, то как он может, лежа на земле, бороться со врагом своим? А мы молимся о себе, чтобы нам не только пасть от врагов своих, но и «да тщи отпадем». Что значит: «отпасти от враг своих тщу»? Мы сказали, что «пасть» значит не иметь более силы сопротивляться, но лежать на земле; а быть «тщу» значит не иметь ничего доброго, чтобы и каким-нибудь образом можно было встать. Ибо кто в силах встать, тот может приложить попечение о себе и каким-либо образом снова вступить в бой. Потом говорим: «да поженет убо враг душу мою, и да постигнет» (*Пс.7:6*); не только «да поженет», но и «да постигнет»; да будем ему покорны, да повинуемся ему во всём и в каждом деле, да одолеет он нас, если мы воздаем злом делающим нам злое. И не только об этом молимся, но «и поперет в землю живот» (наш). Что такое «живот» (наш)?

Жизнь наша суть добродетели, и мы молимся, чтобы враг попрал в землю жизнь нашу. Да будем совершенно земными, и все мудрование наше да будет пригвождено к земле. «И славу» (нашу) «в персть вселит»: что же слава наша, если не то ведение, какое приобретается душою чрез хранение святых заповедей? Итак, мы просим, чтобы враг обратил «славу» (нашу), как говорил Апостол, «в студ наш», чтобы в прах вселил её и сделал жизнь нашу и славу нашу земными, дабы мы ничего не мудрствовали по Богу, но всё только телесное, плотское, как те, о которых Бог сказал: «не имать Дух Мой пребывати в человецех сих... зане суть плоть» (*Быт.6:3*). Видите, когда мы поём всё сие, мы проклинаем самих себя, если воздаём злом за зло. А как часто воздаём мы злом за зло и не заботимся о сём, но оставляем это без внимания!

Воздать же злом за зло можно не только делом, но и словом, и видом. Иной думает, что он на деле не воздаёт злом за зло, но оказывается, что он, как я сказал, воздаёт словом или видом, поелику случается, что кто-либо одним видом, или движением, или взором смущает брата своего; ибо можно и одним взглядом или телодвижением оскорбить брата своего, и это также есть воздаяние злом за зло. Другой старается не мстить за зло ни делом, ни словом, ни видом, ни движением, но в сердце своём имеет неудовольствие на брата своего и скорбит на него.

Видите ли, какое различие душевных устроений! Другой хотя не имеет скорби на брата своего, но если услышит, что кто-нибудь оскорбил того в чём-либо, или его побранили, или уничижили, и он радуется, слыша это, то оказывается, что и он таким образом воздает злом за зло в сердце своём. Другой не питает злобы в сердце своём и не радуется, слыша об уничижении оскорбившего его, даже печалится, если ему нанесут оскорбление, однако же не радуется и благополучию его; но если видит, что того прославляют и тому угождают, то он скорбит: и это есть также, хотя и легчайший, однако же вид злопамятности. Каждый из нас должен радоваться успокоению брата своего и всё сделать, чтобы почтить его.

Мы сказали в начале слова, что иной, и поклонившись брату своему, всё ещё продолжает скорбеть на него; и говорили, что он, сделав поклон, исцелил этим гнев, но ещё не подвизался против злопамятности. Иной же, если случится кому-либо оскорбить его, и они поклонятся друг другу и примирятся между собою, живёт в мире с тем и не имеет против него никакого помысла в сердце своём; когда же через несколько времени тому опять случится сказать что-либо оскорбительное для него, то он начинает вспоминать и прежнее и смущаться не только о втором, но и о прежнем. Сей подобен человеку, имеющему рану и положившему на неё пластырь, и хотя он в настоящее время заживил рану и она заросла, но место ещё болезненно; и если кто-нибудь бросит в него камешком, то место сие повреждается скорее всего тела и тотчас начинает источать кровь. То же самое претерпевает и оный человек: была у него рана, и он приложил пластырь, то есть сделал поклон, и подобно первому исцелил рану, то есть гнев; и начал также усиливаться против злопамятности, стараясь не питать ни одного помысла в сердце своём, ибо сие значит, что рана зарастает. Но она ещё не совершенно зажила: есть ещё остаток злопамятности, который составляет верхнее закрытие раны, и от него удобно возобновляется вся рана, если человек получит хотя лёгкий ушиб.

Итак, должно подвизаться, чтобы очистить совершенно и внутренний гной, дабы больное место совсем заросло, и чтобы не осталось никакого безобразия и вовсе нельзя было узнать, что на этом месте была рана. Как же можно сего достигнуть? Молясь от всего сердца об оскорбившем и говоря: Боже! помоги брату моему и мне, ради молитв его. Таким образом человек и молится за брата своего (а это есть знак сострадания и любви), и смиряется, прося себе помощи, ради молитв его: а где сострадание, любовь и смирение, что может там успеть раздражительность, или злопамятность, или другая страсть?

И авва Зосима сказал: «Если диавол подвигнет все хитрости злобы своей со всеми демонами своими, то все коварства его упразднятся и сокрушатся от смирения по заповеди Христовой». А другой старец сказал: «Молящийся за врага будет незлопамятен». Исполняйте это на деле и тогда хорошо уразумеете то, что слышите; ибо поистине, если не будете исполнять этого, не можете одними словами научиться сему. Какой человек, желая научиться искусству, постигает его из одних слов? Нет, сперва он работает и портит, работает и уничтожает своё дело: и так мало-помалу, трудами и терпением научается искусству с помощью Бога, взирающего на его труд и произволение. А мы хотим искусству искусств научиться одними словами, не принимаясь за дело. Возможно ли это? Итак, будем внимать себе, братия, и трудиться со тщанием, пока ещё имеем время.

Бог да даст нам помнить и исполнять то, что слышим; да не послужит сие нам к осуждению в день суда Господня. Богу подобает слава, честь и поклонение во веки веков. Аминь.

ПОУЧЕНИЕ 9. О ТОМ, ЧТО НЕ ДОЛЖНО ЛГАТЬ

Хочу вам, братия, воспомянуть несколько о лжи, ибо я вижу, что вы не очень стараетесь удерживать язык свой, от чего мы легко увлекаемся во многое зло. Заметьте, братия мои, что во всяком деле, как я всегда говорю вам, можно приобрести навык и к доброму, и к злому: итак, нужно большое внимание, чтобы нам не быть окраденными ложью, ибо лжец не имеет общения с Богом. Ложь чужда Богу. В Писании сказано, что «ложь от лукаваго», и что «он ложь есть и отец лжи» (*Ин.8:44*). Вот, отцем лжи назван диавол, а истина есть Бог, ибо Он Сам говорит: «Аз есмь путь, и истина и живот» (*Ин.14:6*). Видите посему, от Кого мы отлучаем себя и с кем соединяемся ложью: очевидно с лукавым. Итак, если мы поистине хотим спастись, то мы должны всею силою и со всем усердием любить истину и охранять себя от всякой лжи, чтобы она не отлучила нас от истины и жизни.

Есть три различных вида лжи: иной лжёт мыслию, другой лжёт словом, а иной лжёт самою жизнию своею. Мыслию лжёт тот, кто принимает за истину свои предположения, т. е. пустые подозрения на ближнего; такой, когда видит, что кто-нибудь беседует с братом своим, делает свои догадки и говорит: он обо мне беседует. Если прекращают беседу, он опять предполагает, что ради его прекратили беседу. Если кто скажет слово, то он подозревает, что оно сказано для оскорбления его. Вообще в каждом деле он постоянно таким образом замечает за ближним, говоря: он ради меня это сделал, он ради меня это сказал, он это сделал для того-то. Таковой лжёт мыслию, ибо он ничего истинного не говорит, но всё по одному подозрению, а от сего происходят любопытство, злословие, подслушивания[45], вражда, осуждения.

Бывает, что иной предположит нечто, и это случайно оказывается истинным; а он после сего, желая, как он говорит, исправлять себя, уже постоянно за всем замечает, думая: если кто-нибудь говорит обо мне, то мне надобно знать, какое моё согрешение, за которое он меня осуждает, и я буду исправляться. Во-первых, уже и начало сего от лукавого, ибо он начал ложью: не зная подлинно, придумал то, чего не знал; а как «может... древо зло плоды добры творити»? (*Мф.7:18.*) Если же он в самом деле желает исправиться, то, когда ему брат скажет: не делай этого, или зачем ты это сделал, он не должен смущаться, но поклониться и поблагодарить его, и тогда он исправится. Ибо если Бог увидит, что таково его произволение, то Он никогда не оставит его в заблуждении, но пошлет кого-нибудь, могущего его исправить. А говорить: я верю своим догадкам для исправления себя, и с сею целию подслушивать и любопытствовать, — это есть самооправдание, внушаемое диаволом, который желает строить нам козни.

Некогда в бытность мою в общежитии было мне такое диавольское искушение, что я стал было по движениям и по походке человека заключать о его душевном устроении, и со мною встретился следующий случай. Однажды, когда я стоял, прошла мимо меня женщина с ведром воды; сам не знаю, как я увлёкся и посмотрел ей в глаза, и тотчас помысл внушил мне, что она блудница; но лишь только пришёл мне сей помысл, я стал очень скорбеть и сказал о сем старцу, авве Иоанну: «Владыко, что я должен делать, когда я невольно замечаю чьи-либо движения и походку, и помысл говорит мне о душевном устроении сего человека?» И Старец отвечал мне так: «Что же? Разве не бывает, что иной имеет естественный недостаток, однако с великим усилием и трудами исправляет его?

Потому и нельзя из этого заключать чьего-либо душевного устроения. Итак, никогда не верь своим догадкам, ибо кривое правило и прямое делает кривым. Мнения[46] человеческие ложны и вредят тому, кто предаётся им». И так с тех пор, когда помысл говорил мне о солнце, что это солнце, или о тьме, что это тьма, я не верил ему, ибо нет ничего тяжелее, как верить своим мнениям[47]. Это если укоренится в нас, то доводит до такого вреда, что мы думаем действительно видеть вещи, коих нет и быть не может. И скажу вам о сем удивительный случай, который произошел при мне, когда я ещё находился в общежитии.

Там был у нас один брат, которого очень беспокоила сия страсть, и он так следовал своим догадкам, что был уверен в каждом предположении своём; ему казалось, что дело происходит непременно так, как представляет ему помысл его, и не может быть иначе. Зло со временем усилилось, и демоны довели его до такого заблуждения, что однажды, как он, вошедши в сад, высматривал, – ибо он всегда подсматривал и подслушивал, – ему показалось, что он видит, будто один из братии крадёт и ест смоквы; а была пятница, и ещё не было даже второго часа. Итак, уверив себя, что он действительно видел это, он скрылся и ушёл молча. Потом, в час Литургии, он опять стал замечать, что будет делать во время причащения брат, только что укравший и евший смоквы. И когда он увидел, что тот умывает руки, дабы войти приобщиться, он побежал и сказал Игумену: «Посмотри, такой-то брат идёт приобщаться Божественных Таин вместе с братиями, но не вели ему давать Святых Даров, ибо я видел сегодня утром, как он крал смоквы из сада и ел».

А между тем брат оный вошёл уже к Святому Причащению с большим благоговением и умилением, ибо он был из благоговейных. Когда же Игумен увидел его, то подозвал к себе, прежде чем тот подошёл к священнику, преподающему Святые Дары, и, отведя его в сторону, спросил: «Скажи мне, брат, что ты сделал сегодня?». Тот удивился и сказал ему: «Где, владыко?» Игумен продолжал: «Когда ты утром вошёл в сад, что ты там делал?» Брат, удивлённый этим, отвечал ему опять: «Владыко, я сегодня и не видел сада, и даже не был утром здесь, в киновии, но теперь только возвратился из пути, ибо тотчас по окончании всенощного бдения эконом послал меня на такое-то послушание». А место того послушания, о котором он говорил, было очень далеко, и брат с трудом поспел к самому времени Литургии. Игумен призвал эконома и спросил его: «Куда ты посылал этого брата?» Эконом отвечал то же, что и брат сказал, т. е. что он посылал его в такое-то село. Игумен спросил: «Почему же ты не привёл его принять от меня благословение?» Тот, поклонившись, отвечал: «Прости меня, владыко, ты отдыхал после бдения, и потому я не привёл его принять от тебя благословение». Когда Игумен таким образом удостоверился, то отпустил сего брата идти причаститься и, призвав того, который верил своим подозрениям, наложил на него епитимию и отлучил его от Святого Причащения. И мало того, он, созвав всю братию, по окончании Литургии, со слезами рассказал им о случившемся и обличил брата пред всеми, желая достигнуть сим троякой пользы: во-первых, посрамить диавола и обличить сеющего такие подозрения; во-вторых, чтобы чрез сие посрамление был прощён грех брата и чтобы он получил от Бога помощь на будущее время; и в-третьих, чтобы утвердить братию — никогда не верить своим мнениям. И много поучив о сём и нас и брата, он сказал, что нет ничего вреднее подозрительности, и доказывал это случившимся примером.

И много подобного сказали отцы, предохраняя нас от вреда верить своим подозрениям. Итак, постараемся же, братия, никогда не верить своим самомышлениям. Ибо поистине ничто так не удаляет человека от Бога и от внимания к своим грехам и не побуждает его всегда любопытствовать о неполезном ему, как сия страсть: от сего не бывает ничего доброго, а множество смущений;

от сего человек никогда не находит возможности приобрести страх Божий. Если же по причине порочности нашей посеваются в нас лукавыя помышления, то тотчас должно обращать их в добрые, и они не повредят нам; ибо если верить своим догадкам, то им и конца не будет, и они никогда не попустят душе быть мирною. Вот это ложь мыслию.

А словом лжёт тот, кто, например, от уныния поленившись встать на бдение, не говорит: «Прости меня, что я поленился встать»; но говорит: «У меня был жар, я до крайности утомился работою, не в силах был встать, был нездоров», и говорит десять лживых слов для того, чтобы не сделать одного поклона и не смириться. И если он в подобном случае не укорит себя[48], то беспрестанно изменяет слова свои и спорит, чтобы не понести укоризны.

Также когда случится ему иметь какой-нибудь спор с братом своим, то он не перестаёт оправдываться и говорить: «Но ты сказал, но ты сделал, но я не говорил, но такой-то сказал», и то, и другое, чтобы только не смириться. Опять, если он пожелает чего-нибудь, то не хочет сказать: «Я этого желаю», но всё извращает слова свои, говоря: «У меня такая-то болезнь, и это мне нужно; это мне приказано», и лжёт до тех пор, пока не удовлетворит своему желанию. И как всякий грех происходит или от сластолюбия, или от сребролюбия, или от славолюбия, так и ложь бывает от сих трёх причин. Человек лжёт или для того, чтобы не укорить себя и не смириться, или для того, чтобы исполнить желание своё, или ради приобретения, и не перестаёт делать извороты и ухищряться в словах до тех пор, пока не исполнит желания своего. Такому человеку никогда не верят, но хотя он и правду скажет, никто не может дать ему веры, и самая правда его оказывается невероятною.

Иногда случается такое дело, что бывает крайность скрыть мало, и если кто не скроет мало, то дело приносит большое смущение и скорбь. Когда встретится такая крайность, и видит кто-либо себя в такой нужде, то может посему изменить слово для того, чтобы не вышло, как я сказал, большого смущения и скорби, или обиды. Но когда случится такая великая необходимость уклониться от слова правды, то и тогда человек не должен оставаться беспечальным, а каяться и плакать перед Богом и считать такой случай временем искушения. И на такое уклонение решаться не часто, а разве однажды из многих случаев. Ибо как бывает с терияком и слабительным: если кто часто их принимает, то они вредят; если же кто примет однажды в год по великой нужде, то они приносят ему пользу; так должно поступать и в этом деле: кто хочет по необходимости изменить слово, то он должен делать это не часто, но разве в исключительном случае, однажды во много лет, когда видит, как я сказал, великую необходимость, и это самое, допускаемое весьма редко, пусть делает со страхом и трепетом, показывая Богу и произволение своё, и необходимость, и тогда он будет прощён, но вред он все-таки получает. Вот мы сказали, что значит лгать мыслию, и что — лгать словом. Теперь хотим сказать, что значит лгать и самою жизнию своею.

Жизнию своею лжёт тот, кто, будучи блудником, притворяется воздержным; или, будучи корыстолюбив, говорит о милостыни и хвалит милосердие, или, будучи надменен, дивится смиренномудрию. И не потому удивляется добродетели, что желает похвалить её, ибо если бы он говорил с сею мыслию, то он сперва со смирением сознался бы в своей немощи, говоря: «Горе мне, окаянному, я сделался чуждым всякого блага», и тогда уже, по сознании своей немощи, стал бы он хвалить добродетель и удивляться ей. И опять он не с тою целию хвалит добродетель, чтобы не соблазнять другого, ибо он должен был бы в сем случае думать так: «Поистине я окаянен и страстен, но зачем мне соблазнять других? Зачем наносить вред душе иного и налагать на себя и другую тяжесть?» И тогда, хотя бы он в том вышеупомянутом и согрешил, однако же коснулся бы и добра; ибо осуждать себя есть дело смирения, а щадить ближнего есть дело милосердия. Но лжец не по какой-либо из упомянутых причин удивляется, как я сказал, добродетели; но или для того похищает имя добродетели, чтобы покрыть свой стыд, и говорит о ней, как будто и сам он совершенно таков, или часто для того, чтобы повредить кому-нибудь и обольстить его. Ибо ни одна злоба, ни одна ересь, ни сам диавол не может никого обольстить иначе, как только под видом добродетели. Апостол говорит, что сам диавол «преобразуется в Ангела светла», потому неудивительно, что и «слуги его преобразуются в служителей правды» (*2Кор.11:14–15*).

Так и лживый человек, или боясь стыда, – чтобы не смириться, или, как мы сказали, желая обольстить кого-нибудь и повредить ему, говорит о добродетелях и хвалит их, и удивляется им, как будто сам поступал так и знает их по опыту: таковой лжёт самою жизнию своею. Это не простой человек, но двойственный, ибо иной он внутри, и иной снаружи, и жизнь его двойственна и лукава. Вот мы сказали о лжи, что она от лукавого, сказали и об истине, что истина есть Бог.

Итак, братия, будем избегать лжи, чтобы избавиться от части лукавого, и постараемся усвоить себе истину, чтобы иметь единение с Богом, сказавшим: «Аз есмь... истина» (*Ин.14:6*). Господь Бог да сподобит нас истины Своей; ибо Ему подобает слава, держава, честь и поклонение во веки веков. Аминь.

ПОУЧЕНИЕ 10. О ТОМ, ЧТО ДОЛЖНО ПРОХОДИТЬ ПУТЬ БОЖИЙ РАЗУМНО И ВНИМАТЕЛЬНО

Позаботимся о себе, братия, будем внимательны. Кто нам даст время сие, если мы понапрасну потеряем его? Поистине мы будем искать сих дней и не найдём их. Авва Арсений всегда говорил себе: «Арсений, для чего ты вышел из мира?» А мы находимся в такой гибельной лености, что не знаем даже, чего мы тогда желали, и потому не только не преуспеваем, но и скорбим всегда. Это происходит с нами от того, что не имеем внимания в сердце нашем. И подлинно, если бы мы хотели немного подвизаться, то мы не скорбели бы много и не испытывали бы трудностей; ибо если кто вначале понуждает себя, то, продолжая подвизаться, он мало-помалу преуспевает и потом с покоем совершает добродетели; поелику Бог, видя, что он понуждает себя, подаёт ему помощь. Итак, будем и мы понуждать себя, положим доброе начало, усердно пожелаем доброго; ибо хотя мы ещё не достигли совершенства, но самое сие желание есть уже начало нашего спасения; от этого желания мы начнём, с помощию Божиею, и подвизаться, а через подвиг получаем помощь к стяжанию добродетелей. Посему-то некто из отцов сказал: «Дай кровь и приими дух», т. е. подвизайся и получишь навык в добродетели.

Когда я обучался светским наукам, мне казалось это сначала весьма тягостным, и когда я приходил взять книгу, я был в таком же положении, как человек, идущий прикоснуться к зверю; когда же я продолжал понуждать себя, Бог помог мне, и прилежание обратилось мне в такой навык, что от усердия к чтению я не замечал, что ел, или что пил, или как спал. И никогда не позволял завлечь себя на обед с кем-нибудь из друзей моих и даже не вступал с ними в беседу во время чтения, хотя и был общителен и любил своих товарищей. Когда же учитель отпускал нас, я омывался водою, ибо иссыхал от безмерного чтения, и имел нужду каждый день освежаться водою; приходя же домой, я не знал, что буду есть, ибо не мог найти свободного времени для распоряжений касательно самой пищи моей, но у меня был верный человек, который готовил мне, что он хотел. А я ел, что находил приготовленным, имея книгу подле себя на постели, и часто углублялся в неё. Также и во время сна она была подле меня на столе моем, и, уснув немного, я тотчас вскакивал для того, чтобы продолжать чтение. Опять вечером, когда я возвращался домой после вечерни, я зажигал светильник и продолжал чтение до полуночи, и вообще был в таком состоянии, что от чтения вовсе не знал сладости покоя.

Итак, когда я вступил в монастырь, то говорил сам себе: «Если при обучении внешнему любомудрию родилось во мне такое желание и такая горячность от того, что я упражнялся в чтении, и оно обратилось мне в навык, то тем более будет так при обучении добродетели», и из этого примера я почерпал много силы и усердия. Так, если кто хочет приобрести добродетель, то он не должен быть нерадивым и рассеянным. Ибо как желающий обучиться плотничеству не занимается иным ремеслом, так и те, которые хотят научиться деланию духовному, не должны заботиться ни о чём другом, но день и ночь поучаться в том, как бы приобрести оное. А иначе приступающие к сему делу не только не преуспевают, но и сокрушаются, неразумно утруждая себя. Ибо кто не внимает себе и не подвизается, тот легко уклоняется от добродетели: потому что добродетели суть средина, тот царский путь, о котором один святой старец[49] сказал: «Ходите путём царским, и считайте поприща вёрсты».

Итак, добродетели, как я сказал, суть средина между излишеством и недостатком. Поэтому и сказано в Писании: «не совратитися ни на десно, ни на лево» (*Втор.5:32*). И святой Василий говорит: «Прав сердцем тот, чей помысл не уклоняется ни в излишество, ни в недостаток, но направляется только к средине добродетели». Зло само по себе есть ничто, ибо оно не есть какое-либо существо и не имеет никакого состава. Нет, но душа, уклонившись от добродетели, делается страстною и рождает грех, потому и томится им, не находя в нём для себя естественного успокоения. И дерево разве имеет по естеству червей внутри себя? Но заводится в нём малая гнилость; от этой гнилости рождается червь, и сей самый червь съедает дерево. Также и медь сама производит ржавчину, и сама опять поедается ржавчиною. И одежды сами производят моль, и эта же моль, от них происшедшая, их съедает и портит. Так и душа сама производит зло, которое прежде вовсе не существовало, и не имеет, как я сказал, никакого состава, и опять сама мучится от зла; и хорошо сказал святой Григорий: «Огонь есть порождение вещества, и поедает вещество, как и злых зло». То же самое видим и в телесной болезни: когда кто живет беспорядочно и не бережёт здоровья, то происходит избыток или недостаток чего-нибудь в теле, и потом человек делается от сего больным: а прежде этого вовсе не существовало болезни, и она не была когда-либо чем-нибудь самобытным, и опять, по исцелении тела, болезнь уже вовсе не существует. Так что и зло есть недуг души, лишившейся свойственного ей и по естеству ей принадлежащего здравия, которое есть добродетель. Потому мы и сказали, что добродетели суть средина: так, мужество находится посреди страха и наглости; смиренномудрие — посреди гордости и человекоугодия; также и благоговение — посреди стыда и бесстыдства, подобно сему и прочие добродетели.

Итак, когда человек удостоился приобрести сии добродетели, то он бывает благоугоден пред Богом, и хотя все видят, что он ест, пьёт и спит, как и прочие люди, но таковой благоугоден Богу за добродетели, которые имеет. А кто не внимает себе и не охраняет себя, тот легко уклоняется от сего пути или направо, или налево, т. е. или в излишество, или в недостаток, и производит в себе недуг, который составляет зло. Вот это царский путь, коим шествовали все святые.

Поприща же (вёрсты) суть различные устроения, которые каждый всегда должен считать и замечать непрестанно: где он, до какой версты достиг, и в каком устроении находится? Именно: мы подобны людям, которые имели намерение идти во Святой Град (Иерусалим); выйдя из одного города, некоторые прошли пять вёрст и остановились, другие прошли десять, иные совершили и половину пути, а иные нимало не прошли по нём, но пребывают вне ворот, в смрадном предместье его. Из тех же, которые находятся на пути, случается, что некоторые пройдут две версты и, заблудившись, возвращаются, или, прошедши две версты вперёд, отходят пять назад; другие же дошли до самого города, но остались вне его и не вошли внутрь города. То же бывает с нами: ибо некоторые из нас оставили мир и вступили в монастырь с намерением стяжать добродетели: и одни сделали немногое и остановились; иные больше, а другие совершили половину дела и остановились; иные вовсе ничего не сделали, но, думая, что вышли из мира, остались в мирских страстях и в злосмрадии их; иные совершают немного доброго и опять разоряют это; а некоторые разоряют и более того, что совершили. Другие же хотя и совершили добродетели, но имели гордость и уничижали ближнего, а потому не вошли во град, но пребывают вне его. Следовательно, и эти не достигли своей цели, ибо хотя они дошли до самых ворот града, но остались вне его, а потому и сии не исполнили своего намерения.

Итак, каждый из нас должен замечать, где он находится: вышел ли он из своего города, но остановился вне ворот в смрадном предместье его; или прошёл мало, или много; или достиг до половины пути; или идёт две версты вперед и две назад; или дошел до града и взошёл в Иерусалим; или хотя и достиг до града, но не мог войти в него. Каждый пусть рассматривает своё состояние, где он находится.

Есть три устроения души в человеке: он или действует по страсти, или сопротивляется ей, или искореняет её. Действует по страсти тот, кто приводит её в исполнение, удовлетворяет ей. Сопротивляется ей тот, кто не действует по ней и не отсекает её, но, любомудрствуя[50], как бы минует страсть, однако имеет её в себе. А искореняет страсть тот, кто подвизается и делает противное страсти.

Но эти три устроения имеют великую обширность. Например, назовите какую угодно страсть, и мы разберём её. Хотите ли, скажем о гордости? Хотите ли, скажем о блуде, или хотите лучше, чтобы мы поговорили о тщеславии? Ибо мы весьма побеждаемся им. По тщеславию человек не может слышать слово от брата своего. Иной, когда услышит одно слово, смущается или отвечает пять слов или десять на одно слово, и враждует и огорчается. И когда спор прекратится, он продолжает иметь помыслы на сказавшего ему оное слово, и помнит зло, и жалеет, что он не сказал более того, что сказал, и готовит в себе ещё худшие слова, чтобы сказать ему. И постоянно говорит: «Зачем я не сказал ему того-то, зачем он мне это сказал, и я ему то-то скажу», и постоянно гневается. Вот одно устроение. Это значит, что зло обратилось в навык. Бог да избавит нас от такого устроения, ибо оно непременно подлежит муке, потому что всякий грех, исполняемый на деле, подлежит аду, и хотя бы таковой человек захотел покаяться, он не может один преодолеть страсти, если не получит помощи от некоторых святых, как сказали и отцы. Посему-то я всегда говорю вам: старайтесь отсекать страсти, прежде нежели они обратятся вам в навык.

Другой, когда услышит слово, хотя и смущается и также отвечает пять слов или десять на одно, и жалеет, что не сказал и других трёх худших, и скорбит и помнит зло, но по истечении нескольких дней изменяется. Другой проводит неделю в таком состоянии и переменяется, а иной изменяется и через день. Другой же оскорбляет, ссорится, смущается, смущает, и тотчас обращается. Видите, сколько различных устроений! Однако все сии люди, пока они исполняют страсть, подлежат аду.

Скажем и о тех, которые сопротивляются страсти. Иной, когда услышит слово, печалится, но не о том, что его оскорбили, а о том, что он не перенёс сей обиды: таковой находится в состоянии подвизающихся и сопротивляющихся страсти. Другой подвизается и трудится, но, наконец, побеждается понуждением страсти. Иной не хочет отвечать оскорбительно, но увлекается привычкою. Другой старается не сказать отнюдь ничего обидного, но скорбит о том, что ему досадили, однако осуждает себя за то, что скорбит, и раскаивается в сём. Иной не огорчается оскорблением, но и не радуется о нём. Вот эти все сопротивляются страсти. Но два из них имеют отличие от прочих. Кто побеждается в подвиге и кто увлекается привычкою, тем угрожает опасность подвергнуться беде действующих по страсти[51].

Сказал же я о них, что и они в числе сопротивляющихся страсти, ибо произволением своим остановили страсть и не хотят по ней действовать, но и скорбят, и подвизаются. Отцы же сказали, что всякое дело, которого душа не хочет, бывает маловременно. Но таковые должны испытать себя, не исполняют ли они если не самую страсть, то что-либо из побуждающего к страсти, и потому побеждаются или увлекаются ею? Находятся и такие, которые стараются остановить страсть, но по внушению другой страсти — один молчит по тщеславию, другой по человекоугодию или по иной какой-либо страсти: сии злым хотят исцелить злое. Но авва Пимен сказал, что зло никак не истребляет зла. Таковые принадлежат к действующим по страсти, хотя и сами себя обольщают.

Наконец, желаем сказать и о тех, которые искореняют страсть. Иной радуется, когда его оскорбляют, но потому, что имеет в виду награду: сей принадлежит к искореняющим страсть, но неразумно. Другой радуется, получая оскорбление, и думает, что он должен был претерпеть оскорбление, потому что он подал повод к тому: сей разумно искореняет страсть. Ибо принимать оскорбление, возлагать вину на себя и почитать все находящее на нас за наше собственное – есть дело разума, потому что каждый молящийся Богу: «Господи, дай мне смирение», должен знать, что он просит Бога, дабы Он послал ему кого-нибудь оскорбить его. Итак, когда кто-либо оскорбляет его, то он и сам должен досадить себе и уничижить себя мысленно, чтобы в то время, когда другой смиряет его извне, он сам смирял себя внутренно. Другой не только радуется, когда его оскорбляют, и почитает виновным самого себя, но и сожалеет о смущении оскорбившего его. Бог да введёт нас в таковое устроение.

Видите ли, сколь обширны сии три устроения? Итак, каждый из нас пусть рассматривает, как я сказал, в каком он находится устроении. Добровольно ли он действует по страсти и удовлетворяет ей? Или, не желая действовать по ней, побеждается ею? Или действует по страсти, увлекаясь привычкою, и, сделав это, скорбит и кается, что так поступил? Или подвизается разумно остановить страсть? Или подвизается против одной страсти ради другой, как мы сказали, что иной молчит по тщеславию, или по человекоугодию, или вообще по какому-нибудь человеческому помыслу? Или он начал искоренять страсть, и разумно ли искореняет её, и делает противное страсти? Каждый пусть узнает, где он находится, на каком поприще. Ибо мы должны испытывать себя не только каждый день, но и каждый год, и всякий месяц, и каждую неделю, и говорить: прошлую неделю меня так беспокоила сия страсть, а теперь каков я? Так же и каждый год спрашивать себя: прошлого года я так побеждался сею страстию, а ныне каков? Так и всегда должны испытывать себя, успели ли мы сколько-нибудь или находимся в том же устроении, в каком были прежде, или впали в худшее. Бог да даст нам силу, чтобы мы, если б и не успели искоренить страсть, то по крайней мере не действовали по ней и сопротивлялись оной. Ибо поистине тяжкое дело — действовать по страсти и не сопротивляться ей. Скажу вам пример, кому подобен тот, кто действует по страсти и удовлетворяет ей. Он подобен человеку, который, будучи поражаем от врага своего стрелами, берёт их и собственными руками вонзает в своё сердце. Сопротивляющийся страсти подобен осыпаемому стрелами врага своего, но облеченному в броню и потому не получающему ран. А искореняющий страсть подобен тому, кто, будучи осыпаем стрелами врага своего, сокрушает их или возвращает в сердца врагов, как сказано в псалме: «меч их да внидет в сердца их, и луцы их да сокрушатся» (*Пс.36:15*).

Итак, постараемся и мы, братия, если не можем возвращать оружие их в сердца их, то по крайней мере не принимать стрел и не вонзать их в сердца наши; но и облечёмся в броню, чтобы не быть уязвленными от них. Благий Бог да покроет нас от них, да подаст нам внимание и да наставит нас на путь Свой, ибо Ему подобает всякая слава, честь и поклонение во веки. Аминь.

ПОУЧЕНИЕ 11. О ТОМ, ЧТО ДОЛЖНО СТАРАТЬСЯ СКОРЕЕ ОТСЕКАТЬ СТРАСТИ, ПРЕЖДЕ НЕЖЕЛИ ОНИ ОБРАТЯТСЯ В ЗЛОЙ НАВЫК ДУШИ

Вникайте умом вашим, братия, в свойство вещей и берегитесь, чтобы не вознерадеть, ибо и малое нерадение подвергает нас великим опасностям. Пошел я недавно к одному брату и, найдя его изнемогшим от болезни, беседовал с ним и узнал, что он только семь дней пробыл в горячке, и вот прошли другие сорок дней, а он ещё не находит в себе крепости. Видите ли, братия, как страдает тот, кто впадает в несвойственное ему состояние. Иной никогда не заботится о малых расстройствах своего тела и не знает, что если случится телу хотя немного пострадать и, особенно, если он немощен, то нужно очень много труда и времени, пока он совершенно поправится. Семь дней был болен сей смиренный, и вот сколько прошло дней, а он ещё не находит покоя и не может укрепиться. Так бывает и с душою: иной согрешает немного, а сколько времени проводит он потом, проливая кровь свою, пока исправит себя. Но в телесных болезнях находим мы различные причины: или что врач неискусен и даёт одно лекарство вместо другого; или что больной ведёт себя беспорядочно и не исполняет предписаний врача.

В отношении же души бывает иначе. Мы не можем сказать, что врач, будучи неискусен, не дал надлежащего лекарства. Ибо врач душ есть Христос, Который всё знает и против каждой страсти подаёт приличное врачевство: так против тщеславия дал Он заповеди о смиренномудрии, против сластолюбия – заповеди о воздержании, против сребролюбия – заповеди о милостыне, и, одним словом, каждая страсть имеет врачевством соответствующую ей заповедь. Итак, нельзя сказать, что врач неискусен, а также и что лекарства стары и потому не действуют: ибо заповеди Христовы никогда не ветшают, но чем более их исполняют, тем более они обновляются. Поэтому ничто не препятствует здравию душевному, кроме бесчиния души.

Итак, будем внимать себе, братия, будем подвизаться, пока имеем время. Что мы не заботимся о себе?

Сделаем хотя что-нибудь доброе, дабы найти помощь во время искушения!

Что мы губим жизнь нашу? Мы столько слышим и не заботимся о себе, и всем пренебрегаем. Видим, как братия наши похищаются из среды нашей, и не внимаем себе, тогда как знаем, что и мы мало-помалу приближаемся к смерти. Вот с тех пор, как мы сели беседовать, до сего времени мы прожили два или три часа нашего века и приблизились к смерти и, видя, что теряем время, не боимся. Как мы не помним слова оного старца, сказавшего, что если кто потеряет золото или серебро, то он вместо него может найти другое; если же потеряем время, живя в праздности и лени, то не возможем найти другого взамен потерянного; поистине мы будем искать хотя одного часа сего времени и не найдём его. Сколько людей желают услышать слово Божие и не получают желаемого, а мы столько слышим и пренебрегаем сим и не возбуждаемся! Бог знает, удивляюсь нечувствию душ наших, что мы можем спастись и не хотим: ибо пока страсти наши ещё молоды, мы можем отсекать их, но не заботимся об этом и позволяем им укрепиться против нас, чтобы придти к худшему концу.

Ибо иное дело, как я много раз говорил вам, вырвать с корнем малую былинку, потому что она легко исторгается, и иное – искоренить большое дерево.

Один великий старец прохаживался с учениками на некотором месте, где были различные кипарисы, большие и малые. Старец сказал одному из учеников своих: вырви этот кипарис. Кипарис же тот был мал, и брат тотчас одною рукою вырвал его. Потом старец показал ему на другой, больший первого, и сказал: вырви и этот; брат раскачал его обеими руками и выдернул. Опять показал ему старец другой, ещё больший, он с великим трудом вырвал и тот. Потом указал ему на иной, ещё больший; брат же с величайшим трудом, сперва много раскачивал его, трудился и потел, и наконец вырвал и сей. Потом показал ему старец и ещё больший, но брат, хотя и много трудился и потел над ним, однако не мог его вырвать. Когда же старец увидел, что он не в силах сделать этого, то велел другому брату встать и помочь ему; и так они оба вместе едва успели вырвать его. Тогда старец сказал братии: «Вот так и страсти, братия: пока они малы, то, если пожелаем, легко можем исторгнуть их; если же вознерадим о них, как о малых, то они укрепляются, и чем более укрепляются, тем большего требуют от нас труда; а когда очень укрепятся в нас, тогда даже и с трудом мы не можем одни исторгнуть их из себя, ежели не получим помощи от некоторых святых, помогающих нам по Боге».

Видите ли, как многозначительны слова святых старцев? И Пророк также учит нас сему, говоря в псалме: «дщи Вавилоня окаянная, блажен, иже воздаст тебе воздаяние твое, еже воздала еси нам; блажен, иже имет и разбиет младенцы твоя о камень» (*Пс.136:8–9*). Проследим сказанное по порядку. Вавилоном называет он смешение или смущение, ибо так изъясняют сие слово, производя оное от слова «вавел»; то же значит и Сихем. Дщерию же Вавилона называет вражду: ибо душа сперва возмущается, а потом рождает грех. Окаянною он её называет потому, что, как я прежде сказал вам, злоба не имеет никакой существенности, ни состава, но получает бытие от нашего нерадения и опять истребляется и уничтожается нашим тщанием о добродетели. Потом святой

Давид говорит как бы к ней: «блажен, иже воздаст тебе воздаяние твое, еже воздала еси нам».

Посмотрим же, что мы дали, что восприняли и что хотим воздать? Мы дали волю нашу и восприняли грех: изречение же это называет блаженными воздавших ей, а «воздавать» здесь значит – более не творить греха. Потом прибавляет: «блажен, иже имет и разбиет младенцы твоя о камень»; блажен, кто с самого начала вовсе не принимает порождаемого тобою, т. е. лукавых помышлений, и не даёт им места возрастать в себе и приводить зло в действие; но вскоре, пока они ещё малы, и прежде чем они укрепятся и восстанут на него, возьмёт и сокрушит их о «камень, иже есть Христос» (*1Кор.10:4*), и истребит их, прибегнув ко Христу. Вот как и старцы, и Святое Писание, все согласны между собою и ублажают подвизающихся отсекать свои страсти, пока они ещё молоды, прежде чем испытаем от них бедствия и горести.

Итак, постараемся, братия, получить помилование, потрудимся немного и найдём великий покой. Отцы сказали, каким образом человек должен постепенно очищать себя: каждый вечер он должен испытывать себя, как он провёл день, и опять утром, как провёл ночь, и каяться пред Богом, в чём ему случилось согрешить. Нам же, поистине, так как мы много согрешаем, нужно, по забывчивости нашей, и по истечении шести часов испытывать себя, как провели мы время и в чём согрешили. И каждый из нас должен говорить себе: не сказал ли я чего-нибудь такого, что прогневало брата моего? Когда видел его занятым каким-нибудь делом, не осудил ли я его? не уничижил ли его и не злословил ли его? Не просил ли я чего-нибудь у келаря, и когда он не дал мне, не осудил ли я его и не поропотал ли я на него? Если пища была нехороша, не сказал ли я чего-нибудь? или, будучи в огорчении, не поропотал ли на самого себя?

Ибо если кто и на себя поропщет, это грех[52].

Должно также говорить себе: не сказал ли мне канонарх или другой кто из братии неприятного слова, и я не перенёс сего, но противоречил ему? Так должны мы ежедневно испытывать самих себя, как провели мы день. Таким же образом каждый должен испытывать себя, как провёл он и ночь: с усердием ли встал на бдение? или пороптал на разбудившего его? или помалодушествовал против него? Мы должны знать, что тот, кто будит нас на бдение, оказывает нам великое благодеяние и бывает для нас виновником великих благ, ибо он пробуждает нас для того, чтобы беседовать с Богом, молиться о грехах своих, просветиться и получить душевную пользу. Как же не должны мы благодарить такого благодетеля? Поистине должно его почитать так, как бы через него получали мы спасение.

Расскажу вам о сем нечто чудесное, слышанное мною о великом и прозорливом старце. Стоя в церкви, он видел, что, когда братия начинали псалмопение, некто светоносный выходил из алтаря; держа как бы ковчежец с миром и кисть, он обмакивал кисть в ковчежец и обходил всю братию, полагая знамение на каждом из них и на местах некоторых отсутствовавших, а места других отсутствующих проходил мимо. Перед окончанием богослужения старец опять видел, как он выходил из алтаря и делал то же самое. Однажды старец остановил его и повергся к его ногам, моля объяснить ему, что он делает и кто он такой? Светоносный оный муж отвечал ему: «Я Ангел Божий, и мне повелено было напечатлевать сие знамение на тех, которые приходят в церковь в начале псалмопения и остаются до конца оного, за их усердие, старание и доброе произволение».

Старец спросил его: «Почему же ты полагаешь знамение на места некоторых отсутствующих братий?» В ответ на сие святой Ангел сказал ему: «Те из братий, которые ревностны и имеют доброе произволение, но вышли из церкви или по некоторому крайнему изнеможению, с благословения отцов, или также по какой-либо заповеди, заняты своим послушанием и потому здесь не находятся сии, хотя и не бывают в церкви, но получают свое знамение, потому что они произволением своим присутствуют вместе с поющими. Одним лишь тем, которые могут быть в церкви и не приходят в неё по лености, повелено мне не давать знамения, поелику такие сами себя делают недостойными оного».

Видите ли, каких даров виновником бывает для брата своего тот, кто возбуждает его на церковное правило? Постарайтесь же, братия, никогда не лишаться знамения святого Ангела; если же случится когда облениться кому-либо из вас, и другой напомнит ему о сем, то он не должен негодовать, но, имея в виду пользу сего напоминания, должен благодарить напомнившего ему, кто бы он ни был.

Когда я был в общежитии, Игумен с советом старцев сделал меня странноприимцем; а у меня незадолго перед тем была сильная болезнь. Итак, бывало, вечером приходили странники, и я проводил вечер с ними, потом приходили ещё погонщики верблюдов, и я служил им. Часто и после того, как я уходил спать, опять встречалась другая надобность, и меня будили, а между тем наставал и час бдения. И едва только я засыпал, как канонарх уже будил меня, но от труда или от болезни я был в изнеможении, и сон опять овладевал мною, так что, расслабленный от жара, я не помнил сам себя и отвечал ему сквозь сон: «Хорошо, господине, Бог да помянет любовь твою и да наградит тебя; ты приказал, я приду, господине».

Потом, когда он уходил, я опять засыпал, и очень скорбел, что опаздывал идти в церковь. И так как канонарху нельзя было ждать меня, то я упросил двух братий, одного — чтобы он будил меня, другого — чтобы он не давал мне дремать на бдении; и, поверьте мне, братия, я так почитал их, как бы чрез них совершалось моё спасение, и питал к ним великое благоговение.

Так и вы должны поступать с возбуждающими вас на правило церковное и на всякое благое дело. Посему каждый, как мы сказали, должен испытывать себя, как он провёл день и ночь: со вниманием ли стоял на псалмопении и молитве, или увлекался страстными помышлениями? Прилежно ли слушал Божественное чтение, или, оставив псалмопение, вышел из церкви в рассеянии? Если кто постоянно[53] испытывает себя таким образом, раскаивается, в чём согрешил, и старается исправиться, то он начинает уменьшать в себе зло, и если делал девять проступков, будет делать восемь, и так, преуспевая постепенно, с помощью Божиею, не допускает укрепиться в себе страстям. Ибо великое бедствие впасть кому-либо в навык страсти, потому что, как мы сказали, хотя бы даже такой и захотел покаяться, то он не может один преодолеть страсть, если не имеет помощи от некоторых святых.

Хотите ли я расскажу вам об одном брате, которому страсть обратилась в навык? Вы услышите дело, достойное многого плача. Когда я был в общежитии, братия по простоте своей, думаю, исповедовали мне помышления свои, и Игумен, с советом старцев, велел мне взять на себя эту заботу. Однажды пришел ко мне некто из братии и сказал мне: «Прости меня, отче, и помолись о мне; я краду и ем». Я спросил его: «Зачем же? Разве ты голоден?» Он отвечал: «Да, я не насыщаюсь за братской трапезой и не могу просить». Я сказал ему: «Отчего же ты не пойдешь и не скажешь Игумену?» Он отвечал мне: «Стыжусь». Говорю ему: «Хочешь ли, чтоб я пошёл и сказал ему?» Он говорит: «Как тебе угодно, господине».

Итак, я пошёл и объявил о сём Игумену. Он сказал мне: «Окажи любовь и позаботься о нём, как знаешь». Тогда я взял его и сказал келарю при нём: «Окажи любовь и, когда придёт к тебе сей брат, давай ему, сколько он хочет, и ни в чём не отказывай ему». Услышав это, келарь отвечал мне: «Как ты приказал, так и исполню».

Проведя таким образом несколько дней, брат этот опять приходит и говорит мне: «Прости меня, отче, я снова начал красть». Говорю ему: «Зачем же? Разве келарь не даёт тебе, чего ты хочешь?» Он отвечал мне: «Да, прости меня, он даёт мне, чего я желаю, но я стыжусь его». Говорю ему: «Что же, ты и меня стыдишься?» Он отвечал: «Нет». Тогда я сказал ему: «Итак, когда хочешь, приходи и бери у меня, но не кради»; ибо у меня тогда была должность в больнице, и он приходил и брал, что хотел. Но через несколько дней он опять начал красть, и пришел со скорбию и сказал мне: «Вот, я опять краду». Я спросил его: «Зачем, брат мой? Разве я не даю тебе, чего ты хочешь?» Он отвечал: «Нет, даёшь».

Говорю ему: «Что же, ты стыдишься брать у меня?» Он говорит: «Нет». Я сказал ему: «Так зачем же ты крадёшь?» Он отвечал мне: «Прости меня, сам не знаю зачем; но так просто краду». Тогда я сказал ему: «Скажи мне по крайней мере по правде, что ты делаешь с тем, что крадешь?» Он отвечал: «Я отдаю это ослу». И, действительно, оказалось, что этот брат крал куски хлеба, финики, смоквы, лук, и вообще всё, что он ни находил, и прятал это — одно под свою постель, другое на ином месте и, наконец, не зная, куда это употребить и видя, что оно портится, он выносил это вон и выбрасывал, или отдавал бессловесным животным.

Вот видите ли, что значит обратить страсть в навык? Видите ли, какого это достойно сожаления, какое это страдание? Он знал, что сие есть зло: он знал, что худо делает, и скорбел, плакал: однако увлекался, несчастный, дурным навыком, который образовался в нём от прежнего нерадения. И хорошо сказал авва Нистерой:

«Если кто увлекается страстию, то он будет рабом страсти». Благий Бог да избавит нас от злого навыка, чтобы и нам не было сказано: «Кая польза в крови моей, внегда сходити ми во истление» *(Пс.29:10)*.

А каким образом кто-либо впадает в навык, о сем я уже неоднократно говорил вам. Ибо не тот, кто однажды разгневался, называется уже гневливым; и не тот, кто однажды впал в блуд, называется уже блудником; и не тот, кто однажды оказал милость ближнему, называется милостивым; но как в добродетели, так и в пороке, от частого в оных упражнения, душа получает некоторый навык, и потом этот навык или мучит, или покоит её. А о том, как добродетель покоит душу и как мучит её порок, мы говорили неоднократно, то есть что добродетель естественна. Она в нас, ибо семена добродетелей не уничтожаются.

Итак, я сказал, что чем более мы делаем доброго, тем больший приобретаем навык в добродетели, т. е. возвращаем себе своё природное свойство и восходим к прежнему своему здравию, как от бельма к своему прежнему зрению, или от иной какой-либо болезни к своему прежнему, природному здоровью. В отношении же порока бывает не так: но чрез упражнение в оном мы принимаем некоторый чуждый и противный естеству навык, т. е. приходим в навык некоего губительного недуга, так что если даже пожелаем, не можем исцелиться без многой помощи, без многих молитв и многих слёз, которые могли бы преклонить к нам милосердие Христово.

Подобное мы видим и в телесном: ибо есть некоторые роды пищи, по свойству своему производящие серную жёлчь как, например, капуста, чечевица и некоторые другие подобные сим; но не от того, что кто-нибудь один раз или два раза поест капусты или чечевицы или чего-нибудь подобного, он становится черножёлчным, а от частого употребления оных; и если потом в нём усилится чёрная жёлчь, то образуется горячка, которая мучит одержимого ею и влечёт за собою и другие бесчисленные болезни.

То же бывает и с душою: если кто закосневает во грехе, то в душе образуется злой навык, который и мучит её. Однако вы должны знать и то, что душа имеет иногда влечение к какой-либо страсти: если только один раз впадёт в действие сей страсти, тотчас находится в опасности впасть и в навык. То же случается и в телесном: иной человек имеет расположение к чёрной жёлчи от какого-либо прежнего нерадения, так что и один из вышеупомянутых родов пищи может в нём тотчас возбудить чёрную жёлчь и причинить лихорадку. Итак, нужно большое внимание, и старание, и страх, чтобы кто-либо не впал в злой навык.

Поверьте, братия, что если у кого-нибудь хотя одна страсть обратилась в навык, то он подлежит муке, и случается, что иной совершает десять добрых дел и имеет один злой навык, и это одно, происходящее от злого навыка, превозмогает десять добрых дел.

Орёл, если весь будет вне сети, но запутается в ней одним когтём, то чрез эту малость низлагается вся сила его; ибо не в сети ли он уже, хотя и весь находится вне её, когда удерживается в ней одним когтём? Не может ли ловец схватить его, лишь только захочет? Так и душа: если хотя одну только страсть обратит себе в навык, то враг, когда ни вздумает, низлагает её, ибо она находится в его руках по причине той страсти. Посему-то я и говорю вам всегда: не допускайте, чтобы какая-либо страсть обратилась вам в навык, но подвизайтесь и молитесь Богу день и ночь, чтобы не впасть в искушение. Если же мы и будем побеждены, как человеки, и впадём в согрешение, то постараемся тотчас восстать, покаемся в нём, восплачемся пред благостию Божиею, будем бодрствовать и подвизаться. И Бог, видя наше доброе произволение, смирение и сокрушение наше, подаст нам руку помощи и сотворит с нами милость.

Ибо Ему подобает всякая слава, честь и поклонение. Аминь.

ПОУЧЕНИЕ 12. О СТРАХЕ БУДУЩЕГО МУЧЕНИЯ И О ТОМ, ЧТО ЖЕЛАЮЩИЙ СПАСТИСЬ НИКОГДА НЕ ДОЛЖЕН БЫТЬ БЕСПЕЧЕН О СВОЕМ СПАСЕНИИ

Когда я был болен ногами и страдал от них, некоторые из братии, пришедши посетить меня, просили, чтобы я сказал им причину болезни, имея, как я думаю, двоякую цель: чтобы несколько утешить меня и отвлечь мысли мои от болезни, и чтобы дать мне случай побеседовать с ними что-нибудь о полезном. Но так как болезнь не позволила мне сказать им тогда, что они хотели, то нужно вам ныне послушать о сём: ибо приятен рассказ о скорби по миновании скорби. Так и на море, когда поднимается буря, то все находящиеся на корабле сетуют; когда же буря пройдёт, то все с радостию, весело рассказывают друг другу о случившемся.

Хорошо, братия, как я всегда говорю вам, каждое дело возлагать на Бога и говорить: ничего не бывает без воли Божией, но, конечно, Бог знал, что это хорошо и полезно, и потому так сделал, хотя бы сие дело и имело какую-нибудь внешнюю причину. Например, я мог бы сказать, что поелику я вкушал пищу со странниками и несколько понудил себя для того, чтобы их угостить, то желудок мой отяготился, произошёл отёк на ноге моей и от того я сделался болен; мог бы я привести и другие различные причины, ибо ищущему их в них нет недостатка; но самое достоверное и полезное есть то, чтобы сказать: поистине Бог знал, что это будет полезнее душе моей, и потому оно так и случилось. Ибо из всего, что творит Бог, нет ничего такого, чтобы не было благо, но «се добра зело» (*Быт.1:31*).

Итак, никому не должно скорбеть о случающемся, но всё, как я сказал, возлагать на промысл Божий и успокаиваться. Есть некоторые люди, до того изнемогающие при случающихся скорбях, что они отказываются и от самой жизни и считают сладкою смерть, лишь бы только избавиться от скорбей: но это происходит от малодушия и многого неразумия, ибо таковые не знают той страшной нужды, которая встречает нас по исходе души из тела.

Это великое человеколюбие Божие, братия, что мы наказываемся, находясь в сём мире; но мы, не зная, что совершается там, почитаем тяжким здешнее. Однако это несправедливо.

Не знаете ли, что повествуется в Отечнике? Один весьма ревностный брат спросил некоего старца: «Отчего душа моя желает смерти?» Старец отвечал ему: «Оттого, что ты избегаешь скорби, и не знаешь, что грядущая скорбь тяжелее здешней». И другой также спросил старца: «Отчего я впадаю в беспечность, пребывая в келлии моей?» Старец сказал ему: «Оттого, что ты не узнал ещё ни ожидаемого покоя, ни будущего мучения. Ибо если бы ты достоверно знал это, то хотя бы келлия твоя была полна червей, так что ты стоял бы в них по самую шею, ты терпел бы сие, не расслабевая». Но мы, спя, хотим спастись, и потому изнемогаем в скорбях; тогда как мы должны бы были благодарить Бога и считать себя блаженными, что сподобляемся немного поскорбеть здесь, дабы там обрести малый покой. И Евагрий говорил: «Кто не очистился ещё от страстей и молится Богу, чтобы скорее умереть, тот подобен человеку, который просит плотника скорее изрубить одр больного». Ибо душа, находясь в теле сём, хотя и ведёт борьбу от страстей, но имеет и некоторое утешение от того, что человек ест, пьёт, спит, беседует, ходит с любезными друзьями своими. Когда же выйдет из тела, она остаётся одна со страстями своими и потому всегда мучится ими; занятая ими, она опаляется их мятежом и терзается ими, так что она даже не может вспомнить Бога; ибо самое памятование о Боге утешает душу, как и в псалме сказано: «помянух Бога и возвеселихся» (*Пс. 76:4*), но и сего не позволяют ей страсти.

Хотите ли, я объясню вам примером, что говорю вам. Пусть кто-нибудь из вас придёт, и я затворю его в тёмную келлию, и пускай он хотя только три дня не ест, не пьёт, не спит, ни с кем не беседует, не поёт псалмов, не молится и не вспоминает о Боге; и тогда он узнает, что будут в нём делать страсти. Однако он ещё здесь находится: во сколько же более, по выходе души из тела, когда она предается страстям и останется одна с ними, потерпит тогда она, несчастная?

По здешним скорбям вы можете несколько понять, какова тамошняя скорбь. Ибо когда у кого-нибудь сделается горячка, то что воспаляет его? Какой огонь или какое вещество производит сие желание? Если же кто-нибудь имеет тело жёлчное и худосочное, то не самое ли сие худосочие воспаляет его, всегда беспокоит и делает жизнь его прискорбною? Так и страстная душа всегда мучится, несчастная, своим злым навыком, имея всегда горькое воспоминание и томительное впечатление от страстей, которые беспрестанно жгут и опаляют её. И сверх сего, кто может, братия, вообразить страшные оные места, мучимые в оных телах, которые служат душам для усиления страданий, а сами не истлевают; тот страшный огонь и тьму, тех безжалостных слуг мучителей и другие бесчисленные томления, о которых часто говорится в Божественном Писании и которые соразмеряются злым делам душ и их злым воспоминаниям? Ибо как праведные, по словам святых, получают некие светлые места и веселие ангельское, соразмерно благим их делам, так и грешники получают места тёмные и мрачные, полные страха и ужаса. Ибо что страшнее и бедственнее тех мест, в которые посылаются демоны? И что ужаснее муки, на которую они будут осуждены? Однако и грешники будут мучимы с этими самыми демонами, как говорит Христос: «идите... во огнь вечный, уготованный диаволу и аггелом его» (*Мф.25:41*).

А ещё страшнее то, о чём говорит святой Иоанн Златоуст: «Если бы и не текла река огненная и не предстояли страшные аггелы, но только призывались бы все человеки на суд, и одни, получая похвалу, прославлялись бы, другие же отсылались бы с бесчестием, чтобы не видеть им славы Божией, то наказание оным стыдом и бесчестием и скорбь об отпадении от толиких благ не была ли бы ужаснее всякой геенны?»

Тогда и самое обличение совести, и самое воспоминание о сделанном, как мы сказали выше, будут нестерпимее бесчисленных и неизречённых томлений. Ибо души помнят всё, что было здесь, как говорят отцы, и слова, и дела, и помышления, и ничего из этого не могут забыть тогда. А сказанное в псалме: «в той день погибнут вся помышления его» (*Пс.145:4*), говорится о помышлениях века сего, т. е. о строении, имуществе, родителях и всяком даянии и получении. Всё сие вместе с тем, как душа выходит из тела, погибает для неё, и из всего этого она тогда ни о чём не вспоминает и не заботится.

А что она сделала относительно добродетели или страсти, всё то помнит и ничто из этого для неё не погибает: но если человек принёс кому-нибудь пользу или сам получил её от кого-либо, то он всегда памятует получившего от него пользу и оказавшего ему оную. Также и если получил от кого-либо вред или сам сделал кому-нибудь вред, то всегда помнит и сделавшего ему вред, и потерпевшего вред от него. И ничего, как я сказал, не забывает душа из того, что она сделала в сем мире, но всё помнит по выходе из тела, и притом ещё лучше и яснее, как освободившаяся от земного сего тела.

Некогда говорили мы о сём с одним великим старцем, и старец сказал, что душа, по выходе из тела, помнит страсти и грехи, которые она исполняла, и лица, с коими совершала их. А я говорил ему: может быть, это и не так; но, конечно, она будет иметь злой навык, полученный ею ко греху, и будет вспоминать о нём. Мы долго спорили об этом предмете, желая уяснить его; но старец не соглашался со мною, говоря, что душа помнит и самый вид греха, и самое место, и то самое лицо, с которым согрешила. И поистине, когда это так, то нам предстоит ещё гораздо тягчайший конец, если не будем внимать себе. Потому я и говорю вам всегда: старайтесь возделывать добрые помышления, чтобы найти их там, ибо что человек имеет здесь, то исходит с ним отсюда, и то же будет он иметь и там.

Позаботимся, братия, чтобы нам избавиться от такого бедствия, постараемся о сём, и Бог сотворит с нами милость: ибо Он есть «упование всех концев земли и сущих в мори далече» (*Пс.64:6*). Сущии в концах земли суть те, которые находятся в конечной злобе; а сущии в море далече – те, которые пребывают в крайнем неразумии; однако Христос есть упование и таковых. Потребен малый труд; потрудимся же, чтобы быть помилованными. Если кто имеет поле и оставит его в небрежении, то оно зарастёт; и не тем ли более наполнится оно тернием и волчцами, чем более он небрежет о нём? Когда же он придёт очистить поле, то не тем ли более должны будут окровавиться руки его, чем более оно заросло, когда он захочет исторгнуть ту худую траву, которой дал взойти во время своего нерадения. Ибо невозможно человеку не пожать того, что он посеял.

А кто желает очистить поле своё, тот должен сперва совершенно искоренить всю дурную траву; ибо если он не исторгнет совершенно всех корней её, но только сверху срежет её, то она опять вырастет; и так ему должно, как я сказал, исторгнуть самые корни, и когда он хорошо очистит поле от травы, терния и тому подобного, то должен его вспахать, взборонить и таким образом возделать; а когда оно уже будет хорошо возделано, тогда должно посеять доброе семя. Ибо ежели он, после такого очищения, оставит поле праздным, то опять взойдёт трава и, найдя землю мягкую и удобренную от очищения, пустит корни в глубину и более укрепится и умножится на поле. Так бывает и с душою: сперва должно отсечь всякое ветхое пристрастие и злые навыки, которые она имеет: ибо нет ничего хуже злого навыка. И святой Василий говорит: «Не малый подвиг – преодолеть свой навык, ибо навык, укрепившись долгим временем, часто получает силу естества».

Итак, должно подвизаться, как я сказал, против злых навыков и страстей, и не только против страстей, но и против причин их, которые суть корни; ибо когда не исторгнуты корни, то терние необходимо опять вырастет, тем более, что некоторые страсти ничего не могут сделать, если человек отсечёт причины их. Так зависть сама по себе ничто, но имеет некоторые причины, в числе которых есть и славолюбие: ибо кто хочет прославиться, тот завидует прославленному или предпочтённому. Также гнев происходит от различных причин, и особенно от сластолюбия. О сём упоминает и Евагрий, повествуя, что некоторый святой говорил: «Для того и отвергаю наслаждения, чтобы отсечь причины раздражительности».

И все отцы говорят, что каждая страсть рождается от сих трёх: от славолюбия, сребролюбия и сластолюбия, как я часто говорил вам. Итак, должно не только отсечь страсти, но и причины их, потом хорошо удобрить нравы свои покаянием и плачем, и тогда уже начать сеять доброе семя, которое суть добрые дела; ибо как мы сказали о поле, что если по очищении и обработке оного не посеют на нём доброго семени, то всходит трава и, найдя землю рыхлою и мягкою от очищения, глубже укореняется в ней; так бывает и с человеком. Если он, исправив нравы свои и покаявшись в прежних своих делах, не станет заботиться об исполнении добрых дел и приобретении добродетелей, то на нём сбывается сказанное в Евангелии: «егда же нечистый дух изыдет от человека, преходит сквозе безводная места, ища покоя, и не обретает. Тогда речет: возвращуся в дом мой, отнюдуже изыдох: и пришед обрящет празден», – очевидно, что от всякой добродетели – «пометен и украшен. Тогда идет и поймет с собою седмь иных духов лютейших себе, и вшедше живут ту: и будут последняя человеку тому горша первых» (*Мф.12:43–45*).

Ибо невозможно душе пребывать в одном и том же состоянии, но она всегда преуспевает или в лучшем, или в худшем. Поэтому каждый желающий спастись должен не только не делать зла, но обязан делать и добро, как сказано в псалме: «уклонися от зла и сотвори благо» (*Пс.33:15*); не сказано только: «уклонися от зла», но и: «сотвори благо». Например, если кто-нибудь привык обижать, то он должен не только не обижать, но и поступать по правде; если он был блудник, то он должен не только не предаваться блуду, но и быть воздержным; если был гневлив, должен не только не гневаться, но и приобрести кротость; если кто гордился, то он должен не только не гордиться, но и смиряться. И сие-то значит: «уклонися от зла и сотвори благо». Ибо каждая страсть имеет противоположную ей добродетель: гордость – смиренномудрие, сребролюбие – милосердие, блуд – воздержание, малодушие – терпение, гнев – кротость, ненависть – любовь и, одним словом, каждая страсть, как я сказал, имеет противоположную ей добродетель.

О сём говорил я вам много раз. И как мы изгнали добродетели и восприняли вместо них страсти, так должны мы потрудиться не только изгнать страсти, но и воспринять добродетели и водворить их на своём месте, потому что мы естественно имеем добродетели, данные нам от Бога. Ибо когда Бог сотворил человека, Он всеял в него добродетели, как и сказал: «сотворим человека по образу нашему и по подобию» (*Быт.1:26*). Сказано: «по образу», поелику Бог сотворил душу бессмертною и самовластною, а «по подобию» – относится к добродетели.

Ибо Господь говорит: «будите убо милосерди, якоже и Отец ваш милосерд есть» (*Лк.6:36*), и в другом месте: «святи будите, яко Аз свят есмь» (*1Пет.1:16*). Также и Апостол говорит: «бывайте же друг ко другу блази» (*Еф.4:32*). И в псалме сказано: «благ Господь всяческим» (*Пс.144:9*), и тому подобное; вот что значит «по подобию». Следовательно, по естеству Бог дал нам добродетели.

Страсти же не принадлежат нам по естеству, ибо они даже не имеют никакой сущности или состава[54], но, как тьма по существу своему не имеет состава, а есть состояние воздуха, как говорит святой Василий, бывающее от оскудения света, так и страсти не естественны нам: но душа, по сластолюбию уклонившись от добродетелей, водворяет в себе страсти и укрепляет их против себя. Потому нам и нужно, как сказано о поле, совершенно окончив очищение, тотчас посеять доброе семя, чтобы оно и принесло добрый плод.

Также засевающий своё поле, бросив семя, должен скрыть и углубить его в землю, ибо иначе прилетят птицы, похитят его и оно погибнет; а скрыв его, сеятель должен ожидать милости Божией, пока Бог пошлёт дождь, и семя взойдёт. Хотя бы земледелец и безмерно трудился над очищением, обрабатыванием и посевом, но если Бог не пошлёт дождя на его сеяние, то весь труд его бывает напрасен. Так и мы, если и сделаем что-либо доброе, должны покрыть это смиренномудрием и возложить на Бога немощь нашу, молясь Ему, чтобы Он призрел на труд наш: ибо иначе он будет тщетен. Иногда опять и после дождя, когда семя уже взошло, если дождь не будет по временам орошать его, произрастение засыхает и погибает: ибо и семени нужен дождь, и произрастению также по временам, пока оно укрепится; но и тогда нельзя не иметь забот. Иногда и после того, как оно вырастет и образуется колос, случается, что гусеницы, или град, или что-нибудь подобное истребляют плод. Так бывает и с душою: когда кто потрудится очистить её от всех упомянутых нами страстей и постарается приобрести все добродетели, то он должен всегда прибегать к милости Божией и к покрову Божию, чтобы не быть ему оставленным и не погибнуть. Ибо как мы сказали о семени, что и после того, как оно взойдёт, вырастет и принесёт плод, если по временам не будет орошать его дождь, оно засыхает и погибает, так бывает и с человеком: и по совершении столь многого, если Бог хотя на малое время отымет от него покров Свой и оставит его, то он погибает.

А Бог оставляет человека тогда, когда он сделает что-либо против своего устроения, например, если кто был благоговеен и уклонится в бесчинную жизнь; или был смирен, и сделается наглым. И не столько оставляет Бог проводящего порочную жизнь, когда он живет бесчинно, или наглого, когда он гордится, сколько Он оставляет благоговейного, когда этот делает бесчиние, и смиренного, когда он возгордится: это и значит грешить против своего устроения, и от сего происходит оставление. Потому святой Василий иначе судит грех благоговейного, и иначе грешника.

Когда же кто сохранит себя и от этого, то должен замечать, чтобы, делая хотя малое добро, не делать сего со тщеславием, или из человекоугодия, или по какому-нибудь человеческому побуждению, дабы сие малое не погубило всего, что он сделал, как мы сказали о гусеницах, граде и тому подобном. Опять когда и на поле плод не потерпит никакого вреда, но сохранится до самой жатвы, даже и тогда земледелец не может быть без забот. Ибо случается, что и после того как кто-либо пожнёт своё поле и окончит весь труд свой, приходит злой человек и, по ненависти, подкладывает огонь под оный плод и уничтожает весь плод и труд его. Посему пока земледелец не видит, что он хорошо очистил плод свой и всыпал его в житницу, он не может быть без заботы. Также и человек, когда он успеет избавиться от всего того, о чём мы сказали, даже и тогда не должен быть без заботы. Ибо случается, что после всего этого диавол находит случай обольстить его или самооправданием, или возношением, или вложив в него помыслы неверия или злой ереси[55], и не только погубляет все труды, но и удаляет его от Бога; и чего не мог достигнуть через дела, то производит через один помысл: ибо бывает, что и один помысл может удалить человека от Бога, как скоро человек примет его и подчинится ему. Поэтому истинно желающий спастись не должен быть беспечным до последнего издыхания. Итак, нужны многий труд и попечение, и постоянная молитва к Богу, чтобы Он покрыл и спас нас Своею благодатию, во славу святого имени Своего. Аминь.

ПОУЧЕНИЕ 13. О ТОМ, ЧТО ДОЛЖНО ПЕРЕНОСИТЬ ИСКУШЕНИЕ С БЛАГОДАРНОСТИЮ И БЕЗ СМУЩЕНИЯ

Хорошо сказал авва Пимен, что преуспеяние монаха обнаруживается в искушениях; ибо монах, который истинно приступает «работати Господеви», должен, как говорит Премудрый, «уготовати душу свою во искушение» (*Сир.2:1*), чтобы никогда не удивляться и не смущаться ничем, случающимся с ним, веруя, что ничего не бывает без промысла Божия. А в чём Божий промысл, то вполне хорошо, и служит к пользе души, ибо всё, что делает с нами Бог, делает Он для нашей пользы, любя и милуя нас. И мы должны, как сказал Апостол, «о всем благодарити» (*Еф.5:20*; *1Сол.5:18*) благость Его, и никогда не печалиться и не малодушествовать о случающемся с нами, но всё, что с нами бывает, принимать без смущения со смиренномудрием и с надеждою на Бога, веруя, как я сказал, что всё, что ни делает с нами Бог, Он делает по благости Своей, любя нас, и делает хорошо, и что это не может быть иначе хорошо, как только таким образом. Бог да помилует нас.

Если кто имеет друга и уверен, что он любит его, то когда и потерпит от него что-нибудь, даже и тяжёлое, думает, что тот сделал это любя, и никогда не поверит о своем друге, чтобы он хотел ему повредить: тем более должны мы думать о Боге, Который создал нас и привел нас из небытия в бытие, вочеловечился нас ради и умер за нас, что Он делает с нами всё по благости Своей, и любя нас. О друге иной может подумать: он это делает, любя и жалея меня, но у него нет столько благоразумия, чтобы он мог хорошо устроить касающееся до меня, и поэтому случается, что он нехотя вредит мне. О Боге же мы не можем сего сказать, ибо Он есть источник премудрости, знает всё, что нам полезно, и сообразно с сим устрояет всё, касающееся до нас, даже и самое маловажное. Опять о друге можно сказать, что хотя он любит и жалеет нас и довольно разумен, чтобы устроить относящееся к нам, но не в силах помочь нам в том, в чём он думает принести нам пользу. Но о Боге нельзя сказать и сего, ибо Ему всё возможно, и для Него нет ничего невозможного.

Итак, мы знаем о Боге, что Он любит и щадит Своё создание, что Он есть источник премудрости и знает, как устроить всё касающееся до нас, и что Ему нет ничего невозможного, но всё служит воле Его. Мы должны также знать, что всё, что Он ни делает, делает для нашей пользы, и должны принимать это, согласно сказанному выше, с благодарностью, как от Благодетеля и благого Владыки, хотя бы то было и скорбное. Ибо всё бывает по праведному суду, и Бог, Который столько милостив, не презирает ни малейшей нашей скорби. Но часто случается, что иной недоумевает, говоря внутренно: «Если кто в искушениях согрешит от скорби, то как может он думать, что они служат к его пользе?» Мы потому только согрешаем в искушениях, что мы нетерпеливы и не хотим перенести малой скорби или потерпеть что-нибудь против нашей воли, тогда как Бог ничего не попускает на нас выше силы нашей, как сказал Апостол: «верен же Бог, иже не оставит вас искуситися паче, еже можете» (*1Кор.10:13*). Но мы не имеем терпения, не хотим перенести немногого, не стараемся принять что-либо со смирением, и потому отягощаемся, и чем более стараемся избежать напастей, тем более мучимся от них, изнемогаем и не можем от них освободиться. Те, которые по какой-нибудь надобности плавают в море, если они знают искусство плавания, то когда находит на них волна, они склоняются под неё, пока она пройдет, и таким образом безвредно продолжают свое плавание; если же захотят сопротивляться волне, то она их отбрасывает и уносит на далёкое расстояние. И когда они опять продолжают плыть, находит на них другая волна, и если они и ей противятся, то она также отталкивает и отбрасывает их прочь, и они только утомляются без всякой пользы. Если же, как я сказал, они склоняются под волну и опустятся под неё, то она проходит мимо, без всякого для них вреда, и они продолжают плавать, сколько хотят, и делают своё дело.

Так бывает и при искушениях: если кто перенесёт искушение с терпением и смирением, оно пройдёт без вреда для него; если же он будет малодушествовать, смущаться, обвинять каждого, то он только отягощает самого себя, навлекая на себя искушения, и не получает совершенно никакой пользы, но лишь вредит себе, тогда как искушения приносят большую пользу тому, кто переносит их без смущения.

Если даже и страсть тревожит нас, то мы не должны этим смущаться; ибо смущаться в то время, когда тревожит нас страсть, есть дело неразумия и гордости, и происходит от того, что мы не знаем своего душевного устроения и избегаем труда, как сказали отцы. Потому мы и не преуспеваем, что не знаем меры нашей и не имеем терпения в начинаемых нами делах, но без труда хотим приобрести добродетель. Ибо чему удивляется страстный, когда его тревожит страсть? Зачем смущается? Ты образовал её, имеешь её в себе и смущаешься? Принял залоги её и говоришь: зачем она тревожит меня? Лучше терпи, подвизайся и моли Бога, ибо невозможно, чтобы тот, кто исполнял страсти, не имел от них скорби. Сосуды[56] их, как сказал авва Сисой, находятся внутри тебя; отдай им залог их, они отойдут от тебя.

Сосудами он назвал причины страстей: так как мы их возлюбили и привели в действие, то и невозможно нам не пленяться страстными помышлениями, принуждающими нас и против воли нашей исполнять страсти, потому что мы добровольно предали себя в руки их. Сие значит сказанное Пророком о Ефреме (*Ос. 5:11*), который «соодоле... соперника своего», т. е. свою совесть, и «попра суд», обратился к Египту, и насильственно взят был ассириянами. Египтом отцы называют волю плотскую, приклоняющую нас к телесному покою и научающую обращать ум к плотским страстям. А ассириянами называют страстные помышления, которые возмущают нас и волнуют ум и наполняют его нечистыми идолами и силою, против воли, увлекают его к совершению греха.

Итак, если кто добровольно предаёт себя плотскому наслаждению, то он и против воли принужден бывает идти в Ассирию и работать Навуходоносору. Зная сие, Пророк с соболезнованием говорит им: не входите в Египет. Что вы делаете, несчастные? Смиритесь (хотя) мало, склоните «рамена ваша, служите царю Вавилонскому, и сидите на земли отцев ваших» (*Иер. 42:19, 27:12*). Потом утешает их, говоря: «не убойтеся от лица царя Вавилонска... яко Бог с вами есть, еже избавляти вас... от руки его» (*Иер. 42:11*). Далее предсказывает и скорбь, которая их постигнет, если они не покорятся Богу. «Аще бо внидете, — говорит он, — во Египет... будете в непроходимая и подручни, в клятву и во укоризну» (*Иер. 42:15, 18*). Но они отвечали ему: «не сядем на земли сей... но в землю Египетску внидем, и не узрим рати, и гласа трубнаго не услышим, и о хлебех не взалчем» (*Иер. 42:13–14*). И так они пошли и добровольно служили Фараону, а потом насильно уведены были в Ассирию и служили ассириянам уже неволею.

Вникните умом, что я говорю: прежде чем кто-либо станет действовать по страсти, хотя бы и восставали против него помыслы, он ещё в своем городе, он свободен и имеет себе помощника в Боге; итак, если он смирится пред Богом, понесет иго скорби и искушения с благодарностию и немного поборется, то помощь Божия освободит его. Если же он будет убегать труда и предастся плотскому наслаждению⁵⁷, тогда насильственно и принуждённо уведён будет в землю Ассириян, и поневоле будет служить им.

Тогда уже Пророк говорит им: «молитеся за житие Навуходоносора», ибо в жизни его заключается ваше спасение (*Вар.1:11–12*). Молиться о жизни Навуходоносора значит, что человек не должен малодушествовать в печали, происшедшей от случившегося с ним искушения, и не уклоняться от него, но переносить его со смирением, считая, что он должен был потерпеть это. Пусть он признает себя недостойным освободиться от тяготы, но более достойным того, чтобы искушение продолжалось и укрепилось против него. И сознаёт ли он в себе вину или в настоящее время не сознаёт, он должен веровать, что у Бога ничего не бывает без суда или неправедно, как говорил один брат, скорбя и плача о том, что Бог взял от него искушение: «Господи, ужели я недостоин и мало поскорбеть?»

Повествуется также, что ученика великого старца постигла плотская брань, и старец, видя труды его, сказал ему: «Хочешь ли, я помолюсь Богу, чтобы Он облегчил тебе сию брань?» Но ученик отвечал: «Хотя и тружусь, отче, но вижу в себе плод от труда; итак, лучше моли Бога, чтобы Он дал мне терпение». Таковы суть истинно хотящие спастись: вот что значит носить со смиренномудрием иго искушения и молиться о жизни Навуходоносора. Посему Пророк и говорит: «В жизни его заключается ваше спасение». Сказанное братом: «вижу в себе плод от труда», подобно изречению: «в жизни его заключается ваше спасение», что подтверждает и старец, сказав: «Теперь я познал, что ты преуспеваешь и превосходишь меня». Ибо когда человек будет подвизаться с усилием против греха и начнёт бороться и противу страстных помышлений, возникающих в душе, то он смиряется, сокрушается, подвизается и, очищаясь мало-помалу скорбями подвигов, приходит в свое естественное состояние.

Итак, как мы уже сказали, если искушаемый страстию смущается, то сие происходит от неразумия и гордости, но он должен лучше со смирением познать свою меру и терпеливо пребывать в молитве, пока Бог сотворит с ним милость. Ибо если кто не подвергнется искушениям и не испытает скорби от страстей, тот и не подвизается о том, как бы от них очиститься. О сем говорит и Псалмопевец: «внегда прозябо́ша грешницы яко трава, и проникоша вси делающии беззаконие, яко да потребятся в век века» (*Пс.91:8*). Грешники, прозябающие «яко трава», суть страстные помышления, ибо трава слаба и не имеет силы. Итак, когда прозябают в душе страстные помышления, тогда «проникают», т. е. познаются «вси делающие беззаконие», т. е. страсти, «яко да потребятся в век века»; ибо когда страсти сделаются явными для подвизающихся, тогда они истребляются ими. Вникните в последовательность речи: сперва прозябают страстные помышления, потом возникают страсти, и тогда уже истребляются.

Всё сие относится к подвизающимся: мы же, согрешающие самым делом и всегда исполняющие страсти, даже и не знаем, когда прозябают страстные помышления, когда возникают страсти, чтобы начать подвизаться против них, но мы повержены долу, ещё находимся в Египте, занятые унизительным плинфотворением[58] Фараоновым; но кто поможет нам придти, по крайней мере, к сознанию горького рабства нашего, чтобы мы смирились и стали искать помилования?

Когда сыны Израилевы были в Египте, в рабстве у Фараона, тогда они делали кирпичи, а делающие кирпичи всегда преклонены долу и смотрят в землю: так и душа, если ею овладел диавол и она совершает грех на самом деле, то попирает свой разум и не мудрствует ни о чём духовном, но всегда мудрствует о земном и делает земное.

Потом Израильтяне из кирпичей, ими сделанных, построили Фараону три крепкие города: Пифон, Рамессин и Он, или Илиополь, т. е. солнечный град. Это суть: сластолюбие, славолюбие и сребролюбие, от которых происходит всякий грех.

Когда же Бог послал Моисея извести их из Египта и рабства Фараонова, то Фараон ещё более обременил их работою и говорил им: «праздни есте, сего ради глаголете: да идем, пожрем Богу нашему» (*Исх.5:17*). Также и диавол, когда видит, что Бог умилосердился над душою, готов её помиловать и облегчить её от бремени страстей словом Своим, или чрез кого-либо из рабов Своих, тогда диавол более отягощает её страстями и сильнее борет её. Но отцы, зная сие, укрепляют человека своим учением и не допускают его предаваться боязни.

Один говорит: «Ты пал? Восстань, и если опять пал, опять восстань» и проч.

Другой также говорит: «Крепость желающих стяжать добродетели состоит в том, чтобы не малодушествовать, если падут, и не приходить в отчаяние, но опять бороться». Одним словом, каждый из них различным образом, один так, другой иначе, подают руку подвизающимся и оскорбляемым от врага.

Ибо и они приняли сие от Божественного Писания, которое говорит: «еда падаяй не востает, или отвращаяйся не обратится» (*Иер.8:4*). «Возвратитеся ко Мне, сынове возвращающиеся, и исцелю сокрушения ваша», глаголет Господь, и т.п. (*Иер.3:22*).

Когда же рука Божия отяготела над Фараоном и над слугами его, и он решился отпустить сынов Израилевых, то сказал Моисею: «идите, послужите Господу Богу вашему: токмо овцы и волы оставите» (*Исх.10:24*), чем означаются умственные помышления, которыми Фараон хотел обладать, надеясь чрез них опять привлечь к себе сынов Израилевых. Моисей отвечал ему: «ни, но и ты нам даси всесожжения и жертвы, яже сотворим Господу Богу нашему: и скот наш пойдет с нами, не оставим и копыта» (*Исх.10:25–26*). Когда же Моисей извел сынов Израилевых из земли Египетской и провел их чрез Чермное море, то Бог, хотя привести их туда, где было семьдесят финиковых деревьев и двенадцать источников воды, сперва привел их в Мерру, где народ скорбел, не находя что пить, ибо та вода была горька, и уже через Мерру привел их на место семидесяти финиковых деревьев и двенадцати источников воды. Так и душа, когда перестанет исполнять грехи на самом деле и перейдёт мысленное море, сперва должна потрудиться в подвигах и многих скорбях, и так через скорби войти в святой покой: ибо «многими скорбьми подобает нам внити во царствие Божие» (*Деян.14:22*).

Скорби привлекают к душе милость Божию, подобно тому как ветры наносят дождь. И как продолжительный дождь, действуя на нежное растение, производит в нём гниение и портит плод его, а ветры постепенно осушают и укрепляют оное, так бывает и с душою: нерадение, беспечность и покой расслабляют и рассеивают её; искушения же, напротив, скрепляют и соединяют с Богом, как говорит Пророк: «Господи, в скорби помянухом Тя» (*Ис.26:16*). Посему-то, как мы сказали, нам не должно ни смущаться, ни унывать в искушениях, но надобно терпеть и благодарить в скорбях, и всегда молиться Богу со смирением, чтобы Он сотворил милость с немощию нашею и покрыл нас от всякого искушения во славу Его. Ибо Ему подобает слава, честь и поклонение во веки. Аминь.

ПОУЧЕНИЕ 14. О СОЗИДАНИИ И СОВЕРШЕНИИ ДУШЕВНОГО ДОМА ДОБРОДЕТЕЛЕЙ

Писание упоминает о повивальных бабках, которые оставляли в живых детей Израильских мужского пола, что, «понеже бояхуся бабы Бога, сотвориша себе жилища» (*Исх.1:21*). О чувственных ли жилищах говорится здесь? И какой имеет смысл: созидать себе домы по страху Божию? Мы делаем противное: нас учат оставлять ради страха Божия иногда и те дома, которые имеем. Писание говорит здесь не о чувственных жилищах, но о доме душевном, который созидает себе человек соблюдением заповедей Божиих. Писание научает нас сим, что страх Божий побуждает душу к хранению заповедей, и посредством заповедей созидается дом душевный. Будем и мы, братия, внимательны к самим себе, убоимся и мы Бога, и созиждем себе домы, чтобы найти защиту во время зимы, во время дождей, молний и громов, потому что великое бедствие терпит зимою не имеющий дома. Как же созидается дом душевный? Из постройки чувственного дома можем в точности научиться сему делу. Ибо кто хочет построить такой дом, тот должен отсюду укрепить его и с четырех сторон возводить стену, а не об одной только стороне заботиться, другие же оставить в небрежении; потому что иначе он не получит никакой пользы, но понапрасну утратит всё: намерение и издержки, и труд. Так бывает и относительно души: ибо человек, желающий создать душевный дом, не должен нерадеть ни об одной стороне своего здания, но ровно и согласно возводить оное. Сие-то значит сказанное аввою Иоанном: «Я хочу, чтобы человек каждый день приобретал понемногу от всякой добродетели», а не так, как делают некоторые, кои, держась одной добродетели и пребывая в ней, только её одну и исполняют, а о прочих не заботятся. Может быть, что они и по навыку имеют сию добродетель, или по естественному свойству[59], потому и не тревожит их противоположная страсть: а сверх того они незаметно увлекаются другими страстями и бывают тревожимы ими, но не заботятся о них, а напротив, думают, что обладают чем-то великим.

Таковые подобны человеку, который строит одну только стену, и возводит её сколь возможно выше и, взирая лишь на высоту этой стены, думает, что он совершил нечто великое, а не знает того, что если хотя однажды подует ветер, то он повалит её, ибо она стоит одна и не имеет связи с другими стенами. Притом же никто не может себе устроить защиты из одной стены, потому что со всех других сторон она открыта. Но поступать так неразумно; а напротив, желающий построить себе дом и сделать себе защиту должен строить его со всех четырех сторон и утверждать отвсюду. И объясню вам, каким это образом.

Сперва должно быть положено основание, то есть вера: ибо «без веры, – как говорит Апостол, – невозможно угодити Богу» (*Евр.11:6*), и потом на сём основании человек должен строить здание равномерно: случилось ли послушание, он должен положить один камень послушания; встретилось ли огорчение от брата, должен положить один камень долготерпения, представился ли случай к воздержанию, должен положить один камень воздержания. Так от всякой добродетели, для которой представляется случай, должно полагать в здание по одному камню и таким образом возводить оное со всех сторон, полагая то камень сострадания, то камень отсечения своей воли, то камень кротости и т. п. И при всём том должно позаботиться о терпении и мужестве: ибо они суть краеугольные камни, ими связывается здание и соединяется стена со стеною, почему они не наклоняются и не отделяются одна от другой. Без терпения и мужества никто не может совершить ни одной добродетели. Ибо если кто не имеет мужества в душе, тот не будет иметь и терпения; а у кого нет терпения, тот решительно ничего не может совершить. Поэтому и сказано: «в терпении вашем стяжите души ваша» (*Лк.21:19*).

Строящий должен также на каждый камень класть известь; ибо если он положит камень на камень без извести, то камни выпадут, и дом обрушится. Известь есть смирение, потому что она берётся из земли и находится у всех под ногами. А всякая добродетель, совершаемая без смирения, не есть добродетель. О сем сказано и в Отечнике: «Как корабль нельзя построить без гвоздей, так и спастись нельзя без смиренномудрия». Итак, каждый должен всё, что он ни делает доброго, делать со смирением, чтобы смирением сохранить сделанное.

Дом должен иметь и так называемые связи, кои суть рассуждение: оно утверждает строение, соединяет камень с камнем и связывает стены, а вместе с тем придаёт дому и большую красоту. Кровля же есть любовь, которая составляет совершенство добродетелей так же, как и кровля – верх дома. Потом после кровли перила кругом её. Что же значат перила кругом кровли? В Законе написано о сём: если построите дом и сделаете на нём кровлю, то сделайте около кровли перила, чтобы дети ваши не падали с кровли (*Втор.22:8*). Перила[60] – суть смирение, потому что оно ограждает и охраняет все добродетели; и как каждая добродетель должна быть соединена со смирением подобно тому, как мы сказали, что над каждым камнем полагается известь, так и для совершенства добродетели нужно смирение; ибо и святые, преуспевая, естественно приходят в смирение, как я всегда говорю вам, что чем более кто приближается к Богу, тем более видит себя грешным.

Что же суть дети, о которых сказал Закон, чтобы они не падали с кровли? Дети суть помышления, бывающие в душе, которые должно хранить смирением же, чтобы они не упали с кровли здания.

Вот дом окончен, имеет связи, имеет кровлю, о которой мы сказали, что она есть совершенство добродетелей, вот и окружающие её перила, и одним словом: дом готов. Но не нужно ли ему ещё что-нибудь? Да, мы не упомянули ещё об одном. Что же это такое? Чтобы зодчий был искусен, ибо если он неискусен, то он покривит немного стену, и дом когда-нибудь обрушится. Искусен тот, кто разумно совершает добродетели; ибо случается, что иной и подъемлет труд добродетели, но оттого что неразумно совершает труд сей, он сам губит его, или постоянно портит дело и не может окончить его, но строит и разрушает, и кладёт один камень и снимает его, иногда же полагает один и снимает два. Например, вот пришёл один брат и сказал тебе слово, оскорбляющее или огорчающее тебя; если ты смолчишь и поклонишься ему, то ты положил один камень. Потом ты идёшь и говоришь другому брату: «Такой-то мне досадил и сказал мне то-то и то-то, а я не только смолчал, но и поклонился ему». Вот ты один камень положил, и два камня снял. Опять иной поклонится, желая тем заслужить похвалу, и в нём оказывается смирение, смешанное с тщеславием: сие значит положить камень и снять его. А кто разумно делает поклон, тот твердо уверен, что он согрешил, и вполне убеждён, что он сам виноват: вот что значит разумно сделать поклон. Другой хранит молчание, но неразумно, ибо он думает, что совершает добродетель, между тем как вовсе не совершает её. А разумно молчащий думает, что он недостоин говорить, как сказали отцы, и это есть разумное молчание. Опять иной не считает себя лучше других и думает, что он делает нечто великое и что он смиряется; но не знает, что он ничего не имеет, потому что неразумно действует, а кто разумно не считает себя (лучше других), тот думает, что он ничто и что он недостоин быть в числе людей, как говорил о себе и авва Моисей[61]: «Чернокожий! Ты не человек, зачем же ты являешься между людьми?»

Опять иной служит больному, но служит для того, чтобы иметь награду; это также неразумно. И потому если с ним случится что-либо скорбное, то это легко удаляет его от сего доброго дела, и он не достигает конца его, потому что делает оное неразумно. А разумно служащий служит для того, чтобы приобрести милостивое сердце, чтобы приобрести чувство сострадания: ибо кто имеет такую цель, тот, что бы ни случилось с ним, скорбь ли извне, или сам больной помалодушествует против него, — он без смущения переносит всё это, взирая на свою цель и зная, что более больной благотворит ему, нежели он больному. Поверьте, что кто разумно служит больным, тот освобождается и от страстей, и от браней. Я знаю брата, который терпел брань от нечистых помыслов и освободился от неё тем, что разумно служил больному, страдавшему водяною болезнью. И Евагрий говорит о некоем великом старце, что он одного из братий, смущаемого ночными мечтаниями, освободил от таковых мечтаний, повелев ему поститься и служить больным; и вопрошаемый о сём говорил, что сии страсти ничем так не погашаются, как состраданием.

Также если кто постится или по тщеславию, или думая в себе, что он совершает добродетель, таковой постится неразумно, и потому начинает после укорять брата своего, почитая себя чем-то великим; и оказывается, что он не только положил один камень и снял два, но и находится в опасности разрушить всю стену чрез осуждение ближнего. А кто разумно постится, тот не думает, что он совершает добродетель, и не хочет, чтобы его хвалили как постника, но думает, что чрез воздержание приобретёт целомудрие, а посредством сего придёт в смирение, как говорят отцы: «Путь к смирению суть труды телесные, совершаемые разумно», и проч. И, одним словом, каждую добродетель человек должен совершать так разумно, чтобы усвоить её себе и обратить в навык, и таковой оказывается, как мы сказали, искусным художником, зодчим, могущим прочно строить свой дом.

Итак, желающий, с помощью Божией, достигнуть такого благого устроения не должен говорить, что добродетели велики и он не может достигнуть их, ибо кто так говорит, тот или не уповает на помощь Божию, или ленится посвятить себя чему-либо доброму. Назовите какую хотите добродетель: мы рассмотрим её, и вы увидите, что от нас зависит исполнить её, если хотим. Так, Писание говорит: «возлюбиши ближняго своего яко сам себе» (*Лев.19:18*; *Мф.5:43*). Не обращай внимания на то, как далеко ты отстоишь от сей добродетели, чтобы не начать ужасаться и говорить: как могу я возлюбить ближнего, как самого себя? Могу ли заботиться о его скорбях, как о своих собственных, и особенно о сокрытых в сердце его, которых не вижу и не знаю, подобно своим? Не увлекайся такими размышлениями и не думай, чтобы добродетель превышала твои силы и была неудобоисполнима, но положи только начало с верою в Бога, покажи Ему твоё произволение и старание и увидишь помощь, которую Он подаст тебе для совершения добродетели.

Представь себе две лестницы: одна возводит вверх, на небо, другая низводит в ад, а ты стоишь на земле посреди обеих лестниц. Не думай же и не говори: как могу я возлететь от земли и очутиться вдруг на высоте неба, т. е. наверху лестницы. Это невозможно, да и Бог не требует сего от тебя; но берегись по крайней мере, чтобы не сойти вниз. Не делай зла ближнему, не огорчай его, не клевещи, не злословь, не уничижай, не укоряй, и таким образом начнёшь после, мало-помалу, и добро делать брату своему, утешая его словами, сострадая ему, или давая ему то, в чём он нуждается; и так, поднимаясь с одной ступени на другую, достигнешь с помощью Божией и верха лестницы. Ибо, мало-помалу помогая ближнему, ты дойдешь до того, что станешь желать и пользы его, как своей собственной, и его успеха, как своего собственного. Сие и значит возлюбить ближнего своего, как самого себя.

Если будем искать, то найдём, и если будем просить Бога, то Он просветит нас; ибо в Святом Евангелии сказано: «просите, и дастся вам: ищите, и обрящете: толцыте, и отверзется вам» (*Мф.7:7*). Сказано: «просите», для того чтобы мы призывали Его в молитве; а «ищите» значит, чтобы мы испытывали, каким образом приходит самая добродетель, *что* её приносит, *что* мы должны делать для приобретения её; так всегда[62] испытывать и значит: «ищите и обрящете». А «толцыте» значит исполнять заповеди, ибо каждый, кто толкает, толкает руками, а руки означают деятельность.

Итак, мы должны не только просить, но искать и действовать, стараясь, как сказал Апостол, «быть готовыми на всякое благое дело» (*2Кор.9:8; 2Тим.3:17*). Что значит быть готовым? Когда кто хочет построить корабль, то он сперва готовит всё нужное для корабля, даже до малейших гвоздей, смолы и пакли. Также если женщина хочет ткать полотно, то она сперва готовит всё до малой нитки; это и называется быть готовым, т. е. иметь в готовности всё нужное для дела. Будем и мы таким образом «уготованы на всякое благое дело», имея полную готовность разумно исполнять волю Божию, как Он хочет и как Ему угодно. Что значит сказанное Апостолом: «воля Божия благая и угодная и совершенная»? (*Рим.12:2*). Все бывающее бывает или по благоволению Божию, или попустительно, как сказано у Пророка: «Аз Господь Бог, устроивый свет и сотворивый тму» (*Ис.45:7*). И еще: «или будет зло во граде, еже Господь не сотвори» (*Ам.3:6*). Злом здесь названо всё, что отягощает нас, т. е. всё скорбное, бывающее к наказанию нашему за порочность нашу, как то: голод, мор, землетрясение, бездождие, болезни, брани – всё сие бывает не по благоволению Божию, но попустительно, когда Бог попускает этому находить на нас для нашей пользы. Но Бог не хочет, чтобы мы сего желали или сему содействовали. Например, как я сказал, бывает попустительная воля Божия на то, чтобы город был разорён, но Бог не хочет, чтобы мы – поелику есть Его воля на разорение города – сами положили огонь и подожгли оный, или чтобы мы взяли топоры и стали разрушать его. Также Бог попускает, чтобы кто-нибудь находился в печали или в болезни, но хотя воля Божия и такова, чтобы он печалился, но Бог не хочет, чтобы и мы опечаливали его, или чтобы сказали: так как есть воля Божия на то, чтобы он был болен, то не будем жалеть его. Этого Бог не хочет; не хочет, чтобы мы служили таковой Его воле. Он желает, напротив, видеть нас столь благими, чтобы мы не хотели того, что Он делает попустительно.

Но чего Он хочет? Хочет, чтобы мы желали воли Его благой, бывающей, как я сказал, по благоволению, то есть всего того, что делается по Его заповеди: чтобы любить друг друга, быть сострадательными, творить милостыню и тому подобное – вот воля Божия «благая». Что же значит «и благоугодная»? Не всякий делающий что-либо благое делает его благоугодно Богу. И скажу вам, как это бывает. Случается, что кто-нибудь находит сироту убогую и красивую собою; она нравится ему по красоте своей, и он берёт её и воспитывает, как сироту убогую, но вместе как и красивую собою. Вот это и воля Божия, «благая», но не «благоугодная». А «благоугодная» та, когда кто делает милостыню не по какому-нибудь побуждению человеческому, но ради самого добра, из одного сострадания: сие благоугодно Богу. Совершенная же воля Божия есть та, когда кто творит милостыню не со скупостию, не с леностию, не с понуждением, но всею силою и всем произволением, подавая так, как будто бы принимал сам, и так благодетельствуя, как будто бы сам принимал благодеяния: тогда исполняется «совершенная» воля Божия. Так исполняет человек волю Божию, как говорит Апостол, «благую и благо угодную и совершенную». Это значит разумно исполнять её.

Но должно знать и самое благо милостыни, самую благодать её – она столь велика, что может прощать и грехи, как говорит Пророк: «избавление мужа души своему богатство» (*Притч.13:8*). И опять в другом месте говорит: «грехи твоя милостынями искупи» (*Дан.4:24*). И Сам Господь сказал: «будите убо милосерди, якоже и Отец ваш милосерд есть» (*Лк.6:36*). Не сказал: поститесь, как и Отец ваш небесный постится. Не сказал: будьте нестяжательны, как Отец ваш небесный нестяжателен. Но что говорит? «Будите убо милосерди, якоже и Отец ваш милосерд есть», ибо сия добродетель особенно подражает Богу и уподобляет Ему человека. И так всегда должно, как мы сказали, взирать на эту цель и разумно делать добро: ибо и в цели милостыни есть великое различие. Иной подаёт милостыню для того, чтобы благословилось поле его, и Бог благословляет его поле, и он достигает своей цели. Другой подаёт милостыню для того, чтобы спасся его корабль, и Бог спасает корабль его. Иной подаёт её за детей своих, и Бог спасает и хранит детей его. Другой подаёт её для того, чтобы прославиться, и Бог прославляет его. Ибо Бог не отвергает никого, но каждому подаёт то, чего он желает, если только это не вредит душе его. Но все сии уже получили награду свою, и Бог ничего не должен им, потому что они ничего не искали себе у Него, и цель, которая была у них в виду, не имела отношения к их душевной пользе. Ты сделал это для того, чтобы благословилось поле твоё, и Бог благословил твоё поле; ты сделал сие за детей своих, и Бог сохранил детей твоих. Ты сделал это, чтобы прославиться, и Бог прославил тебя. Итак, что же должен тебе Бог? Он отдал тебе плату, за которую ты делал.

Иной подаёт милостыню для того, чтобы избавиться от будущего мучения: этот подаёт её для пользы души своей; этот подаёт ради Бога, однако же и он не таков, как хочет Бог, ибо он ещё находится в состоянии раба, а раб не добровольно исполняет волю господина своего, но боясь быть наказанным: так же и сей подаёт милостыню для того, чтобы избавиться от мучения, и Бог избавляет его от оного. Другой подаёт милостыню для того, чтобы получить награду: сей выше первого, но и этот не таков, как хочет Бог: ибо он ещё не находится в состоянии сына, но как наёмник исполняет волю господина своего, чтобы получить от него плату и прибыль: так же и сей подает милостыню для того, чтобы приобрести и получить награду от Бога. Ибо тремя образами, как говорит Василий Великий, можем мы делать доброе, как я и прежде упоминал вам: или делаем доброе, боясь мучений, и тогда мы находимся в степени раба; или для того, чтобы получить награду, и тогда мы находимся в степени наёмника; или делаем доброе ради самого добра, и тогда находимся на степени сына: ибо сын исполняет волю отца не из страха и не потому, что хочет получить от него награду, но желая угодить ему, почтить и успокоить его. Так и мы должны подавать милостыню ради самого добра, сострадая друг другу, как своим членам, и так угождать другим, как бы мы сами принимали от них услуги; подавать так, как будто бы мы сами получаем; и вот сие-то есть разумная милостыня; так приходим мы в степень сына, как мы выше сказали.

Никто не может сказать: «Я нищ, и мне не из чего подавать милостыню», ибо если ты не можешь дать столько, сколько оные богачи, влагавшие дары свои в сокровищницу, то дай две лепты, подобно оной убогой вдовице, и Бог примет это от тебя лучше, чем дары оных богатых (*Мк.12:42*; *Лк.21:2*). Если и того не имеешь, имеешь силу и можешь служением оказать милость немощному брату. Не можешь и того? Можешь словом утешить брата своего; итак, окажи ему милосердие словом, и услышь сказанное: «слово паче даяния блага» (*Сир.18:17*). Если же и словом не можешь помочь ему, то можешь, когда огорчится на тебя брат твой, оказать ему милость и потерпеть ему во время его смущения, видя его искушаемым от общего врага, и вместо того чтобы сказать ему одно слово и тем более смутить его, ты можешь промолчать: сим окажешь ему милость, избавляя душу его от врага. Можешь также, когда согрешит перед тобою брат твой, помиловать его и простить ему грех его, чтобы и ты получил прощение от Бога; ибо сказано: «отпущайте, и отпустят вам» (*Лк.6:37*); и так ты окажешь милость душе брата своего, прощая его, в чём он согрешил против тебя, ибо Бог дал нам власть, если хотим, прощать друг другу согрешения, между нами случающиеся. И таким образом, не имея, чем оказать милосердие к телу, милуешь душу его. А какая милость более той, чтобы помиловать душу? И как душа драгоценнее тела, так и милость, оказанная душе, больше оказанной телу.

И потому никто не может сказать: «Я не могу оказать милости», ибо каждый, по силе своей и по душевному устроению, может оказывать милость; пусть только каждый постарается то доброе, которое он делает, делать разумно, как мы упоминали выше, относительно каждой добродетели. Ибо мы сказали, что кто оныя совершает разумно, тот искусный художник, прочно созидающий дом свой. О сем и Евангелие говорит (*Мф.7:24*), что «мудрый созидает храмину свою на камне», и никакое противодействие не может поколебать её.

Бог человеколюбец да подаст нам слышать и исполнять то, что слышим, чтобы слова сии не послужили нам на осуждение в день суда. Ибо Ему подобает слава во веки. Аминь.

ПОУЧЕНИЕ 15. О СВЯТОЙ ЧЕТЫРЕДЕСЯТНИЦЕ

В Законе написано, что Бог повелел сынам Израилевым каждый год давать десятину из всего, что они приобретали, и, делая так, они имели благословение во всех делах своих. Зная сие, святые Апостолы установили и предали на помощь нам, и как благодеяние душам нашим, ещё нечто большее и высочайшее, – чтобы мы отделяли десятину от самых дней жизни нашей и посвящали её Богу: дабы и мы таким образом получили благословение на все дела наши, и ежегодно очищали грехи, сделанные нами в течение целого года. Рассудив так, они освятили нам из трёхсот шестидесяти пяти дней года сии семь недель Святой Четыредесятницы. Таким образом отделили они сии семь недель; но со временем отцы заблагорассудили прибавить к ним и ещё одну неделю: во-первых, для того, чтобы желающие вступить в подвиг поста в течение сей недели приучались и как бы приуготовлялись к оному; во-вторых, для того, чтобы почтить число дней поста Четыредесятницы, которую постился Господь наш Иисус Христос. Ибо отняв от восьми недель субботы и воскресенья, получаем сорок дней, а пост Святой Субботы почитается особенным, потому что она есть священнейшая и единственная постная из всех суббот года. А семь недель без суббот и воскресных дней составляют тридцать пять дней; потом, приложив пост Святой Великой Субботы и половину Светлой и светоносной ночи, получаем тридцать шесть дней с половиною, что и составляет во всей точности десятую часть трёхсот шестидесяти пяти дней года. Ибо десятая доля трёхсот есть тридцать, десятая доля шестидесяти есть шесть, а десятую долю пяти составляет половина Светлого дня. Вот, как мы сказали, тридцать шесть дней с половиною; вот, так сказать, десятина всего лета, которую, как я сказал, освятили нам святые Апостолы для покаяния и очищения грехов всего года.

Итак, блажен, братия, кто хорошо и как должно сохранит себя в сии святые дни. Ибо хотя и случится ему, как человеку, согрешить по немощи или по нерадению, но вот, Бог дал сии святые дни для того, чтобы, если кто постарается со вниманием и смиренномудрием позаботиться о себе и покаяться во грехах своих, – он очистился от грехов, которые сделал в продолжение всего года. Тогда душа его освободится от тяготы, и таким образом он очищенным достигнет святого дня Воскресения, и неосужденно причастится Святых Таин, сделавшись чрез покаяние в сей святой пост новым человеком. Таковой в радости и веселии духовном, при помощи Божией, будет праздновать всю Святую Пятидесятницу, ибо Пятидесятница, как говорят Отцы, есть покой и воскресение души; сие и означается тем, что мы во всю Святую Пятидесятницу не преклоняем колен.

Итак, каждый желающий в сии дни очиститься от грехов, сделанных им в течение целого года, прежде всего должен удерживаться от множества яств, ибо безмерие пищи, как говорят отцы, рождает для человека всякое зло. Потом он должен также остерегаться, чтобы не нарушать поста без великой нужды, чтобы не искать вкусной пищи и чтобы не отягощать себя множеством пищи или пития. Ибо есть два вида чревоугодия. Первый, когда человек ищет приятности пищи, и не всегда хочет есть много, но желает вкусного; и случается, что таковой, когда вкушает яства, которые ему нравятся, до того побеждается их приятным вкусом, что удерживает снедь во рту, долго жует её и, по причине приятного вкуса, не решается проглотить её. Это называется по-гречески «лемаргия» – гортанобесие. Иного опять борет многоядение, и он не желает хороших снедей, и не заботится о вкусе их; но хороши ли они или нет, он хочет только есть и не разбирает, каковы они; он заботится только о том, чтобы наполнить чрево своё; это называется «гастримаргия», т.е. чревобесие.

Скажу вам и происхождение сих названий. Маргенин (μαργαινειν) – бесноваться, говорится еллинскими учёными о беснующемся, а маргос (μαργος) называется беснующийся. Итак, когда у кого-нибудь бывает сей недуг, т. е. беснование о наполнении чрева, тогда это называется «гастримаргия», от слов: «μαργαινειν» – беситься, и «γαστηρ» – чрево, т. е. беснование о чреве. Когда же беснование бывает только об услаждении гортани, то это называется «лемаргия» от слов: «λαιμος» – гортань и «μαργαινειν» – беситься. Итак, кто желает очиститься от грехов своих, тот должен с большим вниманием остерегаться и избегать сих видов чревоугодия; ибо ими удовлетворяется не потребность тела, но страсть, и если кто предается им, то это вменяется ему в грех. Как в законном браке и блудодеянии действие бывает одно и то же, но цель составляет различие дела: ибо один совокупляется для рождения детей, а другой для – удовлетворения своего сладострастия; то же можно найти и в отношении пищи: есть по потребности и есть для услаждения вкуса – дело одинаковое, а грех заключается в намерении. Есть по потребности значит, когда кто-нибудь определит себе, сколько принимать пищи в день: и если видит, что это определённое им количество пищи отяготило его и нужно оное несколько уменьшить, то он и уменьшает его. Или если оно не отяготило его, но и недостаточно для тела, так что надобно прибавить немного, он прибавляет несколько. И таким образом, хорошо испытав свою потребность, следует потом определенной мере и вкушает пищу не для услаждения вкуса, но желая поддержать силу своего тела. Однако и то немногое, употребляемое кем-либо в пищу, должно принимать с молитвою и осуждать себя в помысле своём, как недостойного никакой пищи и утешения. Не должно также обращать внимания на то, что другие, по какой-либо случающейся потребности или нужде, бывают успокоены, чтобы и самому не пожелать покоя, и вообще не должно думать, что успокоение тела легко для души.

Однажды, когда я был ещё в общежитии, пошёл я посетить одного из старцев, ибо там было много великих старцев и нашёл, что служащий ему брат вместе с ним вкушал пищу. Увидев это, я сказал ему наедине: «Разве ты не знаешь, брат, что сии старцы, которые, как ты видишь, вкушают пищу и делают себе по необходимости некоторое снисхождение, подобны людям, кои приобрели хранилище и, долго работая, клали заработанное в то хранилище, пока не наполнили оное. Когда же наполнили и запечатали его, то опять стали работать себе на расход и собрали ещё по тысяче золотых монет, чтобы иметь, откуда брать во время нужды, и сохранить то, что положено во хранилище. Так и сии старцы, долго работая, собрали себе сокровища в юности своей и, запечатав оные, выработали ещё немного, чтобы иметь это во время старости или немощи и брать из сего, а собранное прежде хранить сокровенным. А мы не приобрели ещё и самого хранилища. Из чего же станем мы тратить?» Потому мы и должны, как я сказал, принимая пищу по телесной потребности, осуждать самих себя и почитать себя недостойными всякого утешения и даже самой монашеской жизни, и не без воздержания принимать пищу: таким образом она не послужит нам в осуждение. Сие сказали мы о воздержании чрева.

Но мы не в пище только должны соблюдать меру, но удерживаться и от всякого другого греха, чтобы, как постимся чревом, поститься нам и языком, удерживаясь от клеветы, от лжи, от празднословия, от уничижения, от гнева и, одним словом, от всякого греха, совершаемого языком. Так же должно поститься и глазами, т. е. не смотреть на суетные вещи, не давать глазам свободы, ни на кого не смотреть бесстыдно и без страха. Также и руки, и ноги должно удерживать от всякого злого дела. Постясь таким образом, как говорит Василий Великий, постом благоприятным, удаляясь от всякого греха, совершаемого всеми нашими чувствами, мы достигнем святого дня Воскресения, сделавшись, как мы сказали, новыми, чистыми и достойными причащения Святых Таин. Но сперва изыдем в сретение Господу нашему Иисусу Христу, грядущему пострадать, и с масличными и пальмовыми ветвями приимем Его, сидящего на жребяти ослем и входящего в святой град Иерусалим.

Для чего Господь воссел на жребя? Он воссел на жребя для того, чтобы душу нашу, уподобившуюся, как говорит Пророк, скотам бессловесным и несмысленным, – яко Слово Божие, – обратить и покорить Своему Божеству. Что означает, что Его сретают с пальмовыми и масличными ветвями? Когда кто пойдёт на брань со врагом своим и возвратится победителем, то все подданные встречают его, как победителя, с пальмовыми ветвями: ибо пальмовые ветви суть символ победы. Также когда кто терпит обиды от другого и хочет обратиться к человеку, который может защитить его, то он приносит ему ветви масличные, взывая и умоляя о помиловании и подаянии помощи: ибо масличные ветви суть символ милости. Поэтому и мы встречаем Владыку нашего Христа с пальмовыми ветвями – как победителя, ибо Он победил нашего врага; а с ветвями масличными, прося от Него милости, умоляя, чтобы, как Он победил за нас, так и мы победили чрез Него; да явимся носящими знамения победы не только ради той победы, которую Он одержал за нас, но и ради той, которую мы одержали через Него, молитвами всех Святых. Ибо ему подобает всякая слава, честь и поклонение во веки. Аминь.

ПОУЧЕНИЕ 16. К НЕКОТОРЫМ КЕЛЛИОТАМ[63], ВОПРОСИВШИМ ПРЕПОДОБНОГО АВВУ ДОРОФЕЯ О ПОСЕЩЕНИИ БРАТИИ

Отцы говорят, что в духовной жизни пребывать в келлии есть половина и посещать старцев также половина. Сие изречение значит, что и в келлии, и вне келлии нам равно нужно внимание и нужно знать, для чего должны мы безмолвствовать у себя (в келлии), и для чего должны ходить к отцам и братиям; ибо кто не упускает из виду этой цели, тот и старается поступать так, как учат отцы. А именно: когда он пребывает в келлии, он молится, поучается в Св. Писании, занимается немного рукоделием и, по силе своей, печётся о помыслах своих. Когда же идёт куда-нибудь, он замечает за собою и рассматривает своё устроение: получает ли он пользу от встречи с братиями или нет? и может ли без вреда возвратиться в свою келлию? и если видит, что он в чём-либо потерпел вред, то познаёт из сего свою немощь; видит, что ещё ничего не приобрёл от безмолвия, и, смирившись, возвращается в свою келлию, каясь, плача и молясь Богу о немощи своей, и таким образом снова пребывает в келлии и внимает себе.

Потом опять идет к людям и наблюдает за собою, побеждается ли он тем, чем побеждался прежде, или другим чем-либо. Итак, снова возвращается в келлию свою и делает опять то же самое: плачет, кается и молит Бога о своей немощи; ибо келлия высит, а люди искушают. Посему хорошо сказали отцы, что пребывать в келлии есть половина, а посещать старцев – другая половина. Так и вы, братия, когда ходите друг к другу, должны знать, для чего вы выходите из келлии, и не выходить куда-либо нерассудно без цели, ибо кто без цели предпринимает путь, тот, по словам отцов, напрасно будет трудиться.

И так каждый, делающий что-нибудь, должен непременно иметь цель и знать, для чего он это делает. Какую же цель должны мы иметь в виду, когда посещаем друг друга? Во-первых, мы должны посещать друг друга по любви: ибо сказано: «видев брата твоего, ты видел Господа Бога твоего». Во-вторых, для того, чтобы услышать слово Божие, потому что во множестве братии всегда больше поведается слово Божие, ибо часто чего не знает один, то знает другой, и первый, спрашивая его, также узнаёт это. Наконец для того, чтобы узнать, как я сказал прежде, своё душевное устроение. Например, если кто идёт, как иногда случается, вкушать пищу с другими, то он должен замечать за собою и смотреть: как скоро будет предложена хорошая пища, которая ему нравится, может ли он удержаться и не взять от неё? Старается ли он также не обидеть брата своего и не взять больше его, или, когда предложено будет что-нибудь разрезанное на части, то не старается ли он взять большую часть, а другому оставить меньшую? Ибо случается, что иной не стыдится даже протянуть руку и положить меньшую часть брату, а большую взять себе. Какая может быть разница между большею частию и меньшею? Велика ли она? И за такую маловажную вещь иной обижает брата своего и согрешает.

Он должен также замечать, может ли он удержаться от многих снедей и, находя их, не предаваться многоядению, как это иногда случается. Замечать также, удерживается ли он от дерзости и не огорчается ли, когда видит, что другого брата предпочитают ему и более его успокаивают. Если видит, что кто-нибудь слишком свободно обращается с другими, или много говорит, или делает что-либо неприличное, то не замечает ли он за ним и не осуждает ли его; или он не заботится о сём и не обращает на это внимания, но более смотрит на благоговейных и усердных? И старается ли он поступать так, как говорят об авве Антонии, который, когда приходил к кому-нибудь, то замечал только то, что имел каждый хорошего, заимствовал сие от него, и усваивал себе. От одного заимствовал кротость[64], от другого смирение, от иного безмолвие, и таким образом совмещал в себе добродетели каждого из них.

Так должны поступать и мы, и для этого посещать других, а когда возвращаемся в келлии наши, должны испытывать себя и узнавать, от чего мы получили пользу, или от чего вред. И за то, в чём мы были сохранены, должны возблагодарить Бога, сохранившего нас от вреда; а в чём согрешили, покаемся, будем плакать и рыдать о устроении души нашей. Ибо каждый получает вред или пользу от своего душевного устроения, и никто другой не может повредить ему; но если мы и получаем вред, то вред сей происходит, как я сказал, от устроения души нашей: ибо мы можем от всякого дела, как я всегда говорю вам, если захотим, получить и пользу, и вред. И скажу вам пример, дабы вы узнали, что это действительно так.

Положим, что кому-нибудь случилось стоять ночью на некотором месте, — не говорю, чтобы то был монах, но кто-нибудь из городских жителей. И вот мимо него идут три человека. Один думает о нем, что он ждёт кого-нибудь, дабы пойти и соделать блуд; другой думает, что он вор; а третий думает, что он позвал из ближнего дому некоего друга своего и дожидается, чтобы вместе с ним пойти куда-нибудь в церковь помолиться. Вот трое видели одного и того же человека, на одном и том же месте, однако не составили о нём сии трое одного и того же помысла; но один подумал одно, другой другое, третий ещё иное, и очевидно, что каждый сообразно со своим устроением. Ибо как тела черножёлчные и худосочные каждую пищу, которую принимают, претворяют в худые соки, хотя бы пища была и полезная, но причина сего заключается не в пище, а в худосочии, как я сказал, самого тела, которое по необходимости так действует и изменяет пищу сообразно со своею недоброкачественностью: так и душа, имеющая худой навык, получает вред от каждой вещи, и хотя бы вещь сия была полезная, душа получает вред.

Представь себе сосуд с мёдом: если кто-нибудь вольёт в него немного полыни, то не испортит ли эта малость всего мёда в сосуде и не сделает ли всего мёда горьким? Так поступаем и мы: примешиваем немного собственной нашей горечи и уничтожаем доброе ближнего, смотря на оное сообразно с нашим душевным устроением, и извращая оное по нашему собственному злонравию. А имеющий добрый нрав подобен тому, кто имеет тело добросочное; если он ест что-нибудь даже вредное, то оно, сообразно с расположением его тела, обращается для него в хорошие соки, и дурная пища сия не вредит ему, потому что, как я сказал, тело его добросочно и сообразно со своею доброкачественностью перерабатывает пищу. И как мы сказали о первом, что тот сообразно с дурным расположением своим и хорошую пищу претворяет в дурные соки, так и этот, по хорошему качеству своего тела, и дурную пищу претворяет в хорошие соки. Скажу вам пример, для того, чтобы вы поняли это. Вепрь имеет тело весьма добросочное, а пищу его составляют шелуха, финиковые кости, жёлуди и тина; и однако ж, как тело его добросочно, то оно и такую пищу превращает в хорошие соки. Так и мы, если имеем добрый нрав и находимся в хорошем душевном устроении, то можем, как я сказал прежде, от каждой вещи получить пользу, хотя бы вещь сия и не совсем была полезна. И хорошо говорит Премудрый: «видяй право, помилован будет» (*Притч.28:13*), и в другом месте: «вся противна суть мужеви безумну» (*Притч.14:7*).

Слышал я о некоем брате, что когда он приходил к кому-либо из братий и видел келлию его невыметенною и неприбранною, то говорил в себе: блажен сей брат, что отложил заботу обо всём, или даже обо всём земном, и так весь свой ум устремил горе, что не находит времени и келлию свою привести в порядок. Также если приходил к другому и видел келлию его убранною, выметенною и чистою, то опять говорил себе: как чиста душа сего брата, так и келлия его чиста, и состояние келлии согласно с состоянием души его. И никогда он не говорил ни о ком: сей брат нерадив, или сей тщеславен, но, по своему доброму устроению, получал пользу от каждого. Благий Бог да подаст нам благое устроение, чтобы и мы могли получать пользу от каждого и никогда не замечать пороков ближнего. Если же мы, по собственной нашей греховности, и замечаем или предполагаем их, то тотчас обратим помысл наш в добрые мысли. Ибо если человек не будет замечать пороков ближнего, то с помощию Божиею рождается в нём благость, которою благоугождается Бог. Ибо Ему подобает всякая слава, честь и поклонение во веки. Аминь.

ПОУЧЕНИЕ 17. К НАСТАВНИКАМ В МОНАСТЫРЯХ И К УЧЕНИКАМ, КАК ДОЛЖНО НАСТАВЛЯТЬ БРАТИЮ И КАК ПОВИНОВАТЬСЯ НАСТАВНИКАМ

Если ты настоятель братии, пекись о них с сокрушённым сердцем[65] и снисходительным милосердием, наставляя и обучая их добродетелям делом и словом, а более делом, потому что примеры действительнее слов. Если можешь, будь им примером и в телесных трудах; если же ты немощен, то в добром устроении душевном и в исчисленных Апостолом плодах Духа: в любви, радости, мире, долготерпении, благости, милосердии, вере, кротости и воздержании от всех страстей (*Гал. 5:22–23*). За случающиеся же проступки не слишком негодуй, но без смущения показывай вред, происходящий от проступка. Если нужно сделать выговор, то обращай внимание на лицо и выбирай удобное время. Не взыскивай строго за малые проступки, как будто сам ты совершенно праведен, и не часто обличай, ибо это тягостно и привычка к обличениям приводит в бесчувствие и небрежение. Не приказывай властительски, но со смирением, как бы советуя брату, ибо такое слово бывает удобоприемлемо и сильнее убеждает и успокаивает ближнего.

Во время же смущения, когда брат тебе сопротивляется, удержи язык твой, чтобы отнюдь ничего не сказать с гневом, и не позволяй сердцу твоему возвыситься над ним; но вспомни, что он брат твой, и член о Христе, и образ Божий, искушаемый от общего врага нашего. Сжалься над ним, чтобы диавол, уязвив его раздражительностию, не пленил его и не умертвил злопамятностью, и чтобы от нашего невнимания не погибла душа, за которую Христос умер. Вспомни, что и ты побеждаешься страстию гнева[66] и, судя по своей собственной немощи, имей сострадание к брату твоему, благодари, что нашёл случай простить другого, чтобы и тебе получить от Бога прощение в больших и более многочисленных согрешениях; ибо сказано: «отпущайте, и отпустят вам» (*Лк.6:37*).

Не думаешь ли ты, что брат твой получает вред от твоего долготерпения? Но Апостол заповедует побеждать благим злое, а не злым благое (*Рим.12:21*). И отцы говорят: если ты, делая выговор другому, увлекаешься гневом, то ты исполнишь лишь свою собственную страсть, а никакой разумный человек не разрушает своего дома для того, чтобы построить дом ближнего. Когда же смущение будет продолжаться, то понудь своё сердце и помолись, говоря так: «Боже милосердый и человеколюбивый! по неизречённой Твоей благости сотворивший нас из ничего, для наслаждения Твоими благами, и кровию Единородного Сына Твоего, Спасителя нашего, призвавший нас, отступивших от Твоих заповедей! Прииди и ныне, помоги немощи нашей, и как Ты некогда запретил волнующемуся морю, так и ныне запрети возмущению сердец наших, чтобы Ты в один час не лишился нас обоих, чад Своих, умерщвлённых грехом, и дабы не сказал нам: «кая польза в крови моей, внегда сходити ми во истление» (*Пс.29:10*), и: «аминь глаголю вам, не вем вас» (*Мф.25:12*), потому что светильники наши погасли от недостатка елея». И после сей молитвы, когда сердце твоё укротится, тогда уже можешь разумно и со смирением сердца, по Апостольской заповеди, обличать, угрожать, увещевать и с состраданием врачевать и исправлять брата, как немощный член (*Гал.6:12*; *2Тим.4:2*). Ибо тогда и брат, уразумев своё ожесточение, примет наставление твоё с верою, и ты твоим собственным миром умиротворишь и его сердце. Итак, ничто да не разлучит тебя от святой заповеди Христовой: «научитеся от Мене, яко кроток есмь и смирен сердцем» (*Мф.11:29*), ибо прежде всего должно заботиться о мирном устроении так, чтобы даже под справедливыми предлогами, или ради заповеди, отнюдь не смущать сердца в той уверенности, что мы все заповеди стараемся исполнять именно ради любви и чистоты сердечной. Наставляя таким образом брата, услышишь и ты оный глас: «аще изведеши честное от недостойнаго, яко уста Моя будеши» (*Иер.15:19*).

Если же ты бываешь в послушании, то никогда не верь своему сердцу, ибо оно ослепляется пристрастиями ветхого человека. Ни в чём не следуй своему суждению, и сам ничего не назначай себе без вопрошения и совета. Не думай и не предполагай, что ты лучше и праведнее твоего наставника, и не исследывай дел его, иначе ты часто можешь обмануться и впасть в искушение; ибо сие есть обольщение лукавого, который желает воспрепятствовать совершенному по вере послушанию и лишить нас твердого спасения, от него происходящего. Поступая так, ты будешь повиноваться спокойно и безопасно, не заблуждаясь идти путём отцов наших. Понуждай себя, и отсекай свою волю во всём, и благодатию Христовою, чрез обучение, войдёшь в навык отсечения своей воли и потом будешь делать это без принуждения и скорби; и окажется, что всё будет происходить так, как ты хочешь. Не желай, чтобы всё делалось так, как ты хочешь, но желай, чтобы оно было так, как будет, и таким образом будешь мирен со всеми. Впрочем это относится к тому, в чём нет преступления заповеди Божией или отеческой. Подвизайся во всём укорять самого себя, и разумно исполняй заповедь считать себя за ничто. И веруй, что всё случающееся с нами, до самого малейшего, бывает по промыслу Божию, и тогда ты без смущения будешь переносить всё находящее на тебя.

Веруй, что бесчестия и укоризны суть лекарства, врачующие гордость души твоей, и молись об укоряющих тебя как об истинных врачах души твоей, будучи уверен, что тот, кто ненавидит бесчестие, ненавидит смирение, и кто избегает огорчающих его, тот убегает кротости. Не желай знать пороков ближнего твоего, и не принимай на него подозрений, внушаемых тебе врагом; если же они и возникают в тебе, по греховности нашей, то старайся обращать их в добрые помышления. Благодари за всё, и стяжи благость и святую любовь. Прежде всего будем все хранить совесть нашу во всём: в отношении к Богу, ближнему и к вещам; и прежде нежели скажем или сделаем что-нибудь, испытаем, согласно ли это с волею Божиею; и тогда, помолившись, скажем или сделаем сие и повергнем немощь нашу пред Богом, и благость Его поможет нам во всём, ибо Ему подобает всякая слава, честь и поклонение во веки. Аминь.

ПОУЧЕНИЕ 18. К БРАТУ, ПРОХОДЯЩЕМУ КЕЛАРСКУЮ СЛУЖБУ

Если не хочешь впадать в раздражительность и злопамятность, то отнюдь не имей пристрастия к вещам и не заботься о них чересчур; но и не пренебрегай ими как маловажными и ничтожными: но когда кто просит их у тебя, давай; если же он случайно, или по небрежению разобьёт или потеряет что, не скорби. Впрочем ты должен так поступать не по нерадению о монастырских вещах, ибо ты обязан всею силою и со всяким старанием заботиться о них, но из желания охранять себя от смущения и споров, постоянно являя пред Богом посильное твое старание. Достигнуть же сего ты можешь только тогда, когда будешь распоряжаться монастырскими вещами не как своими собственными, но как вещами, принесёнными Богу и только вверенными твоему попечению. Ибо первое располагает нас к тому, чтобы не иметь пристрастия к вещам, а второе к тому, чтобы не пренебрегать ими. Если же ты не имеешь в виду сей цели, то будь уверен, что не перестанешь подвергаться смущению и смущать себя и других.

Вопрос: Мысль моя радуется сим словам и желает, чтобы это было так; но почему же я оказываюсь неготовым во время надобности?

Ответ: Потому что не всегда в этом поучаешься. Если хочешь иметь эти мысли в нужное время, то поучайся в них всегда, постоянно следуй им и веруй Богу, что ты преуспеешь. Молитву растворяй поучением в Божественном Писании. Больным угождай, главное, для того, чтобы чрез это приобрести милосердие, как я часто говорил; притом же, когда и ты заболеешь, то Бог воздвигнет человека, который послужит тебе; ибо Он сказал: «в нюже меру мерите, возмерится вам» (*Мф. 7:2*). Если же постараешься исполнить дело по силе твоей и по совести, то ты должен знать и удостоверить себя, что ты ещё не уразумел истинного пути: а потому и обязан без смущения и без скорби, но с радостью принимать, когда услышишь, что ты согрешил в том, что, по твоему мнению, сделал ты по совести: ибо суждением тех, которые разумнее тебя, всё недостаточное исправляется, а хорошо исполняемое становится твёрже. Постарайся преуспеть, чтобы, когда случится скорбь, или телесная, или духовная, ты мог бы перенести её без печали, без отягощения и с терпением. Когда услышишь, будто ты сделал то, чего ты не делал, то не удивляйся сему и не огорчайся, но тотчас со смирением поклонись сказавшему тебе сие, говоря ему: «прости меня и помолись о мне», и потом молчи, как заповедали отцы. А когда он тебя спросит, правда ли это или нет, тогда поклонись со смирением и скажи по истине, как было дело, а сказав, опять поклонись со смирением, говоря: «прости меня, и помолись за меня».

Вопрос: Что мне делать? я не всегда бываю в одном и том же расположении при встрече с братиями.

Ответ: Ты ещё не можешь быть в одном и том же расположении при встрече с братиями; однако старайся не соблазниться в чём-либо, никого не судить, не порицать, не замечать за словами, делами или движениями брата, которые не приносят тебе пользы, но лучше старайся из всего извлекать себе назидание. Не желай тщеславно выказать себя ни в слове, ни в деле. Приобрети умеренность в пище и в словах твоих даже до малости. Знай, что кто бывает борим каким-нибудь страстным помыслом или скорбит от оного и не исповедует его, тот сам укрепляет его против себя, т. е. подаёт помыслу силу более бороть и мучить его. Если же он станет бороться и сопротивляться помыслу своему и сделает противное ему, то, как мы часто говорили, страсть ослабевает и не имеет сил бороть его и наносить ему печали; и таким образом, мало-помалу, подвизаясь и получая помощь от Бога, он преодолеет и самую страсть. Бог да покроет нас молитвами всех святых. Аминь.

Вопрос: Почему сказал авва Пимен, что бояться Бога, молиться Богу и делать добро ближнему суть три главные добродетели?

Ответ: О том, чтобы бояться Бога, Старец сказал потому, что страх Божий предшествует всякой добродетели, ибо «начало премудрости страх Господень» (*Пс.110:10*), и без страха Божия никто не может совершить ни добродетели, ни чего-либо благого; ибо «страхом... Господним уклоняется всяк от зла» (*Притч.15:27*). А что должно молиться Богу, он сказал потому, что человек сам собою не может ни приобрести добродетели, ни сделать что-нибудь благое, как я уже заметил, хотя бы он стал стараться о сём, по страху Божию; но ничто не совершается без помощи Божией; итак, непременно нужны и наше старание, и помощь Божия. Поэтому человек всегда должен молиться Богу и просить Его помочь ему и споспешествовать ему во всяком деле. А благотворить ближнему есть дело любви. Так как боящийся Господа и молящийся Богу приносит пользу только себе одному, а всякая добродетель усовершается любовью к ближнему, потому Старец и сказал, что должно делать добро ближнему.

Итак, кто боится Бога и молится Ему, тот должен приносить пользу и ближнему и делать ему добро; ибо сие, как я сказал, есть любовь, которая составляет совершенство добродетелей, как говорит святой Апостол (*Рим.13:10*). Богу нашему слава во веки веков. Аминь.

ПОУЧЕНИЕ 19. РАЗЛИЧНЫЕ КРАТКИЕ ИЗРЕЧЕНИЯ

Авва Дорофей говорил, что полагающемуся на свой разум или на своё суждение[67] невозможно повиноваться или последовать доброму делу ближнего.

Говорил также: будучи страстными, мы отнюдь не должны веровать своему сердцу; ибо кривое правило и прямое кривит.

Говорил также: кто не презрит всех вещей, славы и телесного покоя, а вместе с тем и самооправдания, тот не может ни отсечь своих пожеланий, ни избавиться от гнева и скорби, ни успокоить ближнего.

Говорил также: не великое дело не судить того или сострадать тому, кто находится в скорби и покоряется тебе; но велико – не судить того, кто тебе противоречит, не мстить ему по страсти, не соглашаться с осуждающим его и радоваться вместе с предпочтённым тебе.

Ещё сказал: не требуй любви от ближнего, ибо требующий её смущается, если её не встретит; но лучше ты сам покажи любовь к ближнему, и успокоишься, и таким образом приведёшь и ближнего к любви.

Ещё сказал: кто совершит дело, угодное Богу, того непременно постигнет искушение; ибо всякому доброму делу или предшествует, или последует искушение, да и то, что делается ради Бога, не может быть твёрдым, если не будет испытано искушением.

Ещё сказал: ничто так тесно не соединяет людей между собою, как то, когда они сорадуются друг другу в одном и том же, и имеют одинаковый образ мыслей.

Ещё сказал: не презирать даяния ближнего есть дело смиренномудрия: и должно принимать оное даяние с благодарностью, хотя бы оно и было мало и незначительно.

Ещё сказал: если мне встретится какое-либо дело, то мне приятнее поступить по совету ближнего, хотя бы случилось испортить оное, по его совету, нежели и хорошо исполнить дело, последовав своей воле.

Ещё сказал: во всяком деле хорошо самому заботиться о том немногом, в чём нуждаешься, ибо не полезно по всему быть успокоенным.

Ещё сказал: при всяком случавшемся со мною деле, я никогда не желал ограждать себя человеческою мудростию: но что бы то ни было, я всегда делаю по силе моей и всё предоставляю Богу.

Ещё сказал: кто не имеет своей воли, тот всегда исполняет своё желание. Поелику таковой не имеет своего желания, то, что бы ни случилось с ним, он всем бывает доволен, и так оказывается, что он всегда исполняет свои желания; ибо он не хочет, чтобы дела исполнялись так, как он желает, но хочет, чтобы они были как будут.

Ещё сказал: неприлично кому-либо исправлять брата в то самое время, когда он согрешает против тебя; да и в другое время не должно делать сего для того, чтобы мстить за себя.

Говорил также: любовь по Богу сильнее естественной любви.

Говорил также: не делай зла даже и в шутку; ибо случается, что иной сначала шутя делает злое, а после, и нехотя, им увлекается.

Говорил также: не должно желать избавиться от страсти для того, чтобы избежать происходящей от неё скорби, но по совершенной ненависти к ней, как сказано: «совершенною ненавистию возненавидех я: во враги быша ми» (*Пс.138:22*).

Говорил также: невозможно кому-либо разгневаться на ближнего, если сердце его сперва не вознесётся над ним, если он не уничижит его, и не сочтёт себя высшим его.

Говорил также: признаком того, что кто-либо добровольно исполняет страсть, служит его смущение в то время, когда его обличают или исправляют в ней. А без смущения переносить обличение, т. е. вразумление, есть признак того, что кто-либо был побежден страстию или исполнил её по неведению. Богу же нашему подобает слава во веки веков. Аминь.

ПОУЧЕНИЕ 20. ИЗЪЯСНЕНИЕ НЕКОТОРЫХ ИЗРЕЧЕНИЙ СВЯТОГО ГРИГОРИЯ, КОТОРЫЕ ПОЮТСЯ С ТРОПАРЯМИ НА СВЯТУЮ ПАСХУ

Приятно мне говорить вам, хотя несколько, о песнопениях, которые мы поём, чтобы вы наслаждались не одними звуками, но и самый ум ваш равномерно воспламенялся силою слов. Итак, что мы пели ныне? «Воскресения день! да принесем самих себя в жертву». Древле сыны Израилевы в праздники или торжества приносили Богу дары по Закону: т. е. жертвы, всесожжения, начатки и т. п. Потому святой Григорий учит и нас подобно им праздновать Господу и возбуждает нас, говоря: «Воскресения день»[68], вместо: день святого праздника! – день Пасхи Христовой!

Что же значит «Пасха Христова»? Пасху совершили сыны Израилевы, когда выходили из Египта; ныне же Пасху, к празднованию которой побуждает нас святой Григорий, совершает душа, исходящая из мысленного Египта, т. е. греха. Ибо когда душа переходит от греха к добродетели, тогда совершает она «Фасех» Господу, как сказал Евагрий; Пасха Господня есть переход от зла к добру. Итак, ныне Пасха Господня, день светлого праздника, день Воскресения Христа, распявшего грех, за нас умершего и воскресшего. Принесём же и мы Господу дары, жертвы, всесожжения не бессловесных животных, которых Христос не хочет, ибо «жертвы и приношения» бессловесных «не восхотел еси», и о «всесожжении» тельцов и овнов «не благоволил» (*Пс.39:7*), и Исаия говорит: «что Ми множество жертв ваших, глаголет Господь», и проч. (*Ис.1:11*). Но так как Агнец Божий заклан был за нас, по словам Апостола, сказавшего: «Пасха наша за ны пожрен бысть Христос» (*1Кор.5:7*), «да возмет грех мира, и клятва о нас бысть» (*Гал.3:13*), как написано: «проклят... всяк висяй на древе» (*Втор.21:23*), «да искупит нас от клятвы законныя, и да всыновление восприимем» (*Гал.3:13, 4:5*); то и мы должны принести Ему некий благоугодный дар.

Какой же дар и какую жертву должны мы принести Христу в день Воскресения, чтобы это было Ему благоугодно, поелику Он не хощет жертвы бессловесных животных? Тот же Святой научает нас опять и сему, ибо сказав: «Воскресения день», он прибавляет: «да принесём самих себя». Так и Апостол говорит: «представите телеса ваша жертву живу, святу, благоугодну Богови, словесное служение ваше» (*Рим.12:1*). А как должны мы принести тела свои Богу в жертву живую и святую? Не «исполняя более воли плоти и помыслов наших» (*Еф.2:3*), но «поступая по духу», и «похотей плотских» не исполняя (*Гал.5:16*); ибо сие значит: «умерщвлять уды наша, яже на земли» (*Кол.3:5*). Это и называется жертвою живою, святою и угодною Богу. Почему же сие называется жертвою живою? Потому, что бессловесное животное, приводимое на жертву, когда закалается, умирает: а святые, принося себя в жертву Богу, живые закалаются ежедневно, как говорит Давид: «Тебе ради умерщвляеми есмы весь день, вменихомся яко овцы заколения» (*Пс.43:23*). Вот что значат слова святого Григория: «принесём самих себя», т. е. принесём в жертву самих себя; будем умерщвлять себя «весь день», как и все святые умерщвляли себя ради Христа Бога нашего, умершего за нас. Как же они умерщвляли себя? – «Не любя мира, ни яже в мире» (*1Ин.2:15*), как сказано в Соборных посланиях, но отвергшись «похоти плотской и похоти очей и гордости житейской» (*1Ин.2:16*), т. е. сластолюбия, сребролюбия и тщеславия, и взяв крест, последовали Христу, и распяли мир себе и себя миру (*Гал.6:14*). О сём-то говорит Апостол: «а иже Христовы суть, плоть распяша со страстьми и похотьми» (*Гал.5:24*). Вот как умерщвляли себя святые.

Как же они приносили себя в жертву? Живя не для себя, но поработив себя заповедям Божиим и оставив свои пожелания ради заповеди и любви к Богу и ближнему, как сказал святой Пётр: «се, мы оставихом вся и вслед Тебе идохом» (*Мф.19:27*). Что он оставил? Разве у него были деньги или имения, золото или серебро? У него была сеть, да и та ветхая, как сказал святой Иоанн Златоуст. Но он оставил, как упомянуто, всё, то есть все свои пожелания, всякое пристрастие к миру сему; так что если бы он имел имения или богатство, то он очевидно презрел бы и их и, взяв крест, последовал бы Христу, по сказанному: «живу же не ктому аз, но живет во мне Христос» (*Гал.2:20*). Вот как святые приносили себя в жертву! они умерщвляли в себе, как мы сказали, всякое пристрастие и собственную волю, и жили для одного Христа и Его заповедей. Так и мы принесём в жертву самих себя, как учит святой Григорий; ибо нас хощет Бог, мы — «стяжание самое драгоценное пред Богом». Поистине человек драгоценнее всех видимых тварей, ибо Создатель привел их в бытие словом Своим, сказав: «да будет» сие, «и бысть»; и опять: «да прорастит земля» то и то, «и бысть; да изведут воды» и т. п. (*Быт.1:3, 11, 20*).

Человека же Бог создал Своими руками и украсил его, а всё другое устроил для служения ему и успокоения его, поставленного царём над всем сим; и даровал ему в наслаждение сладость рая, а что ещё удивительнее, когда человек лишился всего этого через грех свой, Бог опять призвал его кровию Единородного Сына Своего. Человек есть стяжание самое драгоценное, как сказал Святой, и не только самое драгоценное, но и самое свойственное Богу, ибо Он сказал: «сотворим человека по образу Нашему и по подобию». И еще: «сотвори Бог человека, по образу Божию сотвори его... и вдуну в лице его дыхание жизни» (*Быт.1:26–27, 2:7*). И Сам Господь наш, пришел к нам, восприял образ человека, тело и душу человеческие и, одним словом, по всему, кроме греха, сделался человеком, так сказать, усвоив Себе этим человека и сделав его Своим. Итак, хорошо и прилично сказал Святой, что «человек есть стяжание самое драгоценное». Потом, говоря ещё яснее, прибавляет: «воздадим Образу сотворенное по образу». Как же это? – Научимся сему от Апостола, который говорит: «очистим себе от всякия скверны плоти и духа» (*2Кор.7:1*). Соделаем образ наш чистым, каким мы и приняли его, омоем его от скверны греха, чтобы обнаружилась красота его, происходящая от добродетелей. О сей-то красоте молился и Давид, говоря: «Господи, волею Твоею подаждь доброте моей силу» (*Пс.29:8*).

Итак, очистим в себе образ Божий, ибо Бог требует его от нас таким, каким даровал его: не имеющим ни пятна, ни порока, ни чего-либо такового (*Еф.5:27*). Воздадим Образу сотворённое по образу, познаем своё достоинство: познаем, каких великих благ мы сподобились; вспомним, по чьему образу мы сотворены, не забудем великих благ, дарованных нам от Бога единственно по благости Его, а не по нашему достоинству; уразумеем, что мы сотворены по образу создавшего нас Бога. «Почтим Первообраз». Не будем оскорблять образа Божия, по которому мы созданы. Кто, желая написать изображение царя, осмелится употребить на оное дурную краску? Не обесчестит ли он сим царя и не подвергнется ли наказанию? Напротив, он употребляет для сего дорогие и блестящие краски, достойные царского изображения; иногда же прилагает и самое золото к изображению царя, и старается все одежды царские, если возможно, представить на изображении так, чтобы, видя изображение, объемлющее все отличительные черты царя, думали, что смотрят на самого царя, на самый подлинник, ибо изображение величественно и изящно. Так и мы, созданные по образу Божию, не будем бесчестить своего Первообраза, но сделаем образ свой чистым и славным, достойным Первообраза. Ибо, если обесчестивший изображение царя, видимого и подобострастного нам, бывает наказан, то что должны потерпеть мы, пренебрегающие в себе Божественный образ и возвращающие, как сказал Святой, образ нечистым?

«Итак, почтим Первообраз, уразумеем силу таинства и то, за кого Христос умер». Сила таинства смерти Христовой такова: поелику мы грехом утратили в себе образ Божий и потому через падение и грехи сделались мёртвыми, как говорит Апостол (*Еф.2:1*), то и Бог, сотворивший нас по образу Своему, умилосердившись над Своим созданием и Своим образом, нас ради сделался человеком и подъял смерть за всех, чтобы нас, умерщвлённых, возвести к жизни, которую мы потеряли за своё преслушание, ибо Он возшёл на святой Крест и распял грех, за который мы изгнаны были из рая, и «пленил плен», как сказано в Писании (*Пс.67:19, Еф.4:8*). Что значит: «пленил плен»? — То, что по преступлении Адамовом враг пленил нас и держал в своей власти, так что души человеческие, исходившие тогда из тела, отходили в ад, ибо рай был заключён. Когда же Христос взошёл на высоту святого и животворящего Креста, то Он Своею кровию избавил нас из плена, которым пленил нас враг за преступление, т. е. опять исхитил нас из руки врага и, так сказать, обратно пленил нас, победив и низложив пленившего нас, потому и говорится в Писании, что Он «пленил плен». Такова сила таинства; для того умер за нас Христос, чтобы, как сказал Святой, нас умерщвлённых возвести к жизни.

Итак, мы избавились от ада человеколюбием Христовым, и от нас зависит идти в рай, ибо враг уже не насилует нас, как прежде, и не содержит нас в рабстве; только позаботимся о себе, братия, и сохраним себя от действительного греха. Ибо я и прежде много раз говорил вам, что всякий грех, исполненный на деле, опять порабощает нас врагу, поелику мы сами добровольно низлагаем себя и порабощаем ему. Не стыд ли это, и не великое ли бедствие, если мы после того, как Христос избавил нас от ада Своею кровию, и после того, как мы всё сие слышим, опять пойдем и ввергнем себя в ад? Не достойны ли мы в таком случае ещё сильнейшего и жесточайшего мучения? Человеколюбец Бог да помилует нас и подаст нам внимание, чтобы мы могли разуметь всё сие и помогать самим себе, дабы обрести нам хотя малую милость.

ПОУЧЕНИЕ 21. ТОЛКОВАНИЕ НЕКОТОРЫХ ИЗРЕЧЕНИЙ СВЯТОГО ГРИГОРИЯ О СВЯТЫХ МУЧЕНИКАХ

Хорошо, братия, петь слова святых Богоносцев, потому что они всегда и везде стараются научить нас всему, ведущему к просвещению душ наших. Из этих самых слов, воспеваемых в празднества, должны мы всегда познавать и самое значение совершаемого воспоминания: Господский ли то праздник, или святых мучеников, или отцов, или, одним словом, какой бы ни было святой или достопамятный день. Итак, мы должны петь со вниманием и вникать умом в значение слов святых отцов, чтобы пели не только уста, как сказано в Отечнике, но чтобы и сердце наше пело вместе с ними. Из первого песнопения мы узнали, по силе нашей, нечто о Святой Пасхе; посмотрим еще, чему хочет научить нас святой Григорий относительно святых мучеников. В песнопении о них, которое заимствовано из его слов и которое мы поём сегодня, сказано: «Жертвы одушевленныя, всесожжения словесныя» и проч. Что значит: «Жертвы одушевленныя?» Жертвенным называется всё, освящённое на жертву Богу, как например, овца, вол и тому подобное. Почему же святые мученики называются жертвами одушевлёнными? Потому что овца, приводимая на жертву, сперва закалается и умирает, а потом уже раздробляется, рассекается и приносится Богу: святые же мученики, ещё будучи в живых, были рассекаемы на части, строгаемы, томимы, терпели рассечение на члены. Иногда же мучители отсекали у них и руки, и ноги, и языки, и выкалывали глаза; и до того они бывали строганы по рёбрам, что видна была и самая внутренность их. И всё сие, о чём я говорил, святые терпели ещё будучи живы, ещё имея в себе души, потому они и называются жертвами одушевлёнными. Почему же ещё называются «всесожжениями словесными?» Потому что иное жертва, и иное – всесожжение. Иногда приносят в жертву не всю овцу, но только начатки её, как сказано в Законе: правое плечо, селезёнку и обе почки, и тому подобное (*Исх.29:22*). Приносившие сие, т. е. начатки, называли это жертвами, отчего такое приношение и называется вообще жертвою. Всесожжением называется то, когда всю овцу или всего вола или какое-либо иное приношение сожигают без остатка, как сказано в том же Законе: голову с ногами и со внутренностью, иногда же и желудок, и помёт, одним словом, всё до конца сожигают, и сие называется всесожжением. Так сыны Израилевы по Закону приносили жертвы и всесожжения.

Жертвы же эти и всесожжения были прообразованиями душ, желающих спастись и принести себя в жертву Богу. Скажу вам и о сём немногое из того, что сказали отцы, чтобы, когда читаете сие, вы возвышались мыслию вашею и питали душу вашу. Под мышцею или плечом они разумеют деятельность, вместо которой принимаются и руки, как я неоднократно говорил вам, ибо мышца составляет силу руки. Итак, израильтяне приносили в жертву силу правой руки, т. е. благих дел: ибо правая рука принимается для означения благого. Ибо все прочие части животного, о коих мы упоминали, как то: селезёнка и две почки, и жир с них, бёдра и жир на бёдрах, сердце и грудь, и проч. тому подобное – также суть прообразы (символы); ибо «сия вся, – как говорил Апостол, – образы прилучахуся онем: писана же быша в научение наше» (*1Кор.10:11*). А как это, – я вам изъясню.

Душа, как говорит святой Григорий[69], состоит из трёх частей: вожделевательной, раздражительной и разумной. Итак, они приносили в жертву селезёнку, а чрево отцы принимают как седалище вожделений, селезёнка же есть край чрева. Значит, они прообразовательно приносили край вожделевательной части, т. е. начаток её, лучшую и важнейшую часть её. А сие означает, что ничего не должно любить более Бога, и из всего вожделенного ничего не предпочитать стремлению к Богу: ибо мы сказали, что Ему приносили самое лучшее. Почки же, жир их, бёдра и жир, покрывающий бёдра, означают равномерно то же самое: ибо говорят, что там седалище вожделений; всё сие суть прообразы вожделевательной части. Прообраз же символ раздражительной части есть сердце: ибо говорят, что здесь седалище раздражительности, на что указывает и святой Василий, говоря: раздражительность есть жар крови около сердца; а грудь есть символ разумной части, ибо для означения её принимается грудь. Посему и говорится, что когда Моисей облекал Аарона в первосвященническую одежду, то, по повелению Божию, возлагал на грудь его наперсник, называемый «логион» (разумевательное) (*Лев.8:8*). Итак, всё сие, как мы сказали, суть символы души, которая с помощью Божиею очищает себя посредством благой деятельности и возвращается в своё естественное состояние. Ибо Евагрий говорит: разумная душа тогда действует по естеству, когда вожделевательная часть её желает добродетели, раздражительная подвизается о ней, а разумная предаётся созерцанию сотворённого.

Когда приводили овцу или вола, или что-нибудь подобное на жертву, сыны Израилевы вынимали сие (т. е. селезёнку, почки, и проч.) из приносимого и полагали на жертвенник перед Господом, и сие называется жертвою. Но когда приносили жертвенное животное всё до конца и сожигали его так, как оно было – целое и совершенное, то это называется, как мы выше сказали, всесожжение. Оно есть символ совершенных, тех, которые говорят: «се мы оставихом вся, и вслед Тебе идохом» (*Мф.19:27*). В сию-то меру духовного возраста повелевал Господь придти оному юноше, который сказал Ему: «сия вся сохраних от юности моея» (*Мк.10:20*). Ибо в ответ на сие Господь сказал ему: «единаго еси не докончал». Чего же? «И прииди и ходи вслед Мене, взем крест» (*Мк.10:21; Мф.19:20–21*). Так, святые мученики всецело принесли себя в жертву Богу, и не только самих себя, но и то, что было их, и что было у них. Ибо иное, как говорит святой Василий, мы сами, иное – наше, и иное – что у нас. Мы – это ум и душа; наше – это тело; а у нас имущество и прочие вещи. Итак, святые приносили себя в жертву Богу всем сердцем, всею душою и всею крепостию, исполняя слово Писания: «возлюбиши Господа Бога твоего всем сердцем твоим, и всею душою твоею, и всею мыслию твоею» (*Мф.22:37*); ибо они пренебрегли не только детьми, жёнами, славою, имуществом и всем прочим богатством, но и самыми телами своими; посему-то они и называются всесожжениями. Разумными же потому, что человек есть животное разумное.

«Заколения совершенныя Богу», и потом «Бога знающия и Богом знаемыя овцы». Как они знают Бога? – Как Сам Господь показал и научил, сказав: «овцы Моя гласа Моего слушают» и: «знаю Моя, и знают Мя Моя» (*Ин.10:27, 14*). Почему сказал Он: «овцы Моя гласа Моего слушают»? вместо того, чтобы сказать: слова Моего слушают и заповеди Мои соблюдают, а потому и знают Меня. Ибо соблюдением заповедей Святые приближаются к Богу, и поколику они приближаются к Нему, потолику и знают Его и бывают Им знаемы. Но Бог знает всё: и сокровенное, и глубокое, и не сущее, почему же святой Григорий говорит о святых: «знаемые Богом»? Потому что они, как я сказал, чрез соблюдение заповедей приближаются к Нему, знают Его и бывают Им знаемы. Ибо поколику кто-нибудь отвращается и удаляется от другого, потолику говорится о нём, что он его не знает, и им незнаем; так же и о приближающемся к другому говорится, что он знает, и его знают. Посему-то и говорится о Боге, что Он не знает грешных, ибо они удаляются от Него. Как и Сам Господь таковым говорит: «Аминь глаголю вам, не вем вас» (*Мф.25:12*). Итак, святые, как я часто говорил, чем более приобретают добродетелей, чрез соблюдение заповедей, тем более усвоивают себя Богу; и чем более усвоиваются Ему, тем более они познают Его, и Он знает их.

«Ограда их неприступна для волков». Оградою называется то кругом ограждённое место, в которое пастырь собирает овец и стрежёт, чтобы не расхитили их волки или не украли разбойники; если же ограда с какой-либо стороны сгнила, то в неё легко бывает войти и удобно напасть на овец волкам и разбойникам. Ограда же святых со всех сторон утверждена и охраняется, как сказал Господь: «идеже татие не подкапывают» (*Мф.6:20*), и ничто вредное не может им причинить вреда. Итак, помолимся, братия, чтобы и нам сподобиться быть пасомыми вместе с ними или, по крайней мере, водвориться на месте оного блаженного наслаждения и покоя их: ибо хотя мы и не достигли состояния святых и недостойны славы их, но можем не лишиться рая, если будем внимательны и понудим себя немного. Святой Климент говорит: «хотя бы кто и не был увенчан, но он должен стараться быть недалеко от увенчанных» [70].

Ибо как в палатах царских находятся великие и славные чины, например сенаторы, патриции, военачальники, градоначальники, члены тайного совета, и все они весьма почетные сановники, так в тех же палатах есть и некоторые другие чины, служащие из малого жалованья; однако и они называются слугами царскими и находятся внутри палат, хотя не пользуются славою оных великих чинов, несмотря на то находятся внутри палат. Случается же, что иногда и они, преуспея, мало-помалу получают великие и славные чины и саны: так и мы постараемся избежать деятельного греха, чтобы по крайней мере избавиться нам от ада, и тогда получим возможность, по человеколюбию Божию, улучить и самый вход в рай, молитвами всех святых. Аминь.

ПОСЛАНИЯ ПРЕПОДОБНОГО АВВЫ ДОРОФЕЯ

ПОСЛАНИЕ ПОУЧИТЕЛЬНОЕ К БРАТУ, ВОПРОСИВШЕМУ ЕГО О БЕСЧУВСТВИИ И ОХЛАЖДЕНИИ ЛЮБВИ

При бесчувствии души, брат, полезно частое чтение Божественного Писания и умилительных слов Богоносных Отцов, памятование о Страшном Суде Божием, об исходе души из тела и об имеющих её встретить страшных силах, с соучастием которых она делала зло в сей маловременной и бедственной жизни. Также полезно вспоминать о том, что мы должны будем предстать пред страшным и праведным судилищем Христовым, и не только в делах, но и в словах, и в помышлениях дать ответ пред Богом, пред всеми Ангелами Его, и вообще пред всем созданием.

Вспоминай также часто тот приговор, который произнесёт страшный и праведный Судия стоящим ошуюю Его: «идите от Мене проклятии во огнь вечный, уготованный диаволу и аггелом его» (*Мф. 25:41*). Хорошо также вспоминать и великие скорби человеческие, дабы хотя невольно таким образом смягчалась жестокая и бесчувственная душа и пришла в сознание своей греховности.

А в братолюбии изнемогаешь ты от того, что принимаешь помыслы подозрения на ближнего и веришь своему сердцу; это случается с тобою также и потому, что ты не хочешь ничего потерпеть против своей воли. Итак, прежде всего должен ты, с помощью Божиею, отнюдь не веровать своим мнениям и всею силою стараться смирить себя пред братиями твоими, и от всей души отсекать перед ними свою волю. Если кто-нибудь из них тебе досадит или как-нибудь опечалит тебя, то ты, по слову отцов, помолись о нём, как об оказавшем тебе великую пользу и о врачующем сластолюбие твоё. Через сие раздражительность твоя будет уменьшаться, ибо, по словам святых отцов, любовь есть узда раздражительности. Прежде же всего моли Бога дать тебе внимание и разум, дабы ты мог знать, в чём состоит «воля Божия благая и угодная и совершенная» (*Рим.12:2*), а также и силу быть готовым ко всякому благому делу. Ибо Ему подобает всякая слава, честь и поклонение во веки веков. Аминь.

ПОСЛАНИЕ ТОГО ЖЕ К БРАТУ, УГНЕТАЕМОМУ ИСКУШЕНИЕМ

Прежде всего, брат мой, надобно сказать, что мы не знаем путей промысла Божия и потому должны предоставлять Ему устроять всё, касающееся до нас, а тем более должно поступать так теперь. Ибо если ты захочешь по человеческим мыслям судить о случающемся, вместо того чтобы возлагать всю печаль свою на Бога, то такие помыслы лишь утрудят тебя. Итак, когда восстанут на тебя противные помыслы и начнут утеснять тебя, ты должен взывать к Богу: «Господи! как Ты хочешь, и как Ты знаешь, устрой это дело»; ибо промысл Божий делает много сверх нашего соображения и надежды. И иногда предполагаемое нами на опыте бывает иначе, одним словом: во время искушения нужно иметь долготерпение и молиться, а не желать, как я сказал, и не полагать, что можно человеческими помыслами преодолеть помыслы бесовские. Зная сие, авва Пимен сказал, что изречение, повелевающее не заботиться о завтрашнем дне (*Мф.6:34*), относится к человеку, находящемуся в искушении.

Итак, сын мой, веруя, что это истинно, оставь всякий собственный помысл, хотя бы он был и разумный, и имей надежду на Бога, которая «может сделать несравненно более того, чего мы просим или о чём помышляем» (*Еф.3:20*). Я мог бы отвечать на всё, что ты сказал, но не хочу противоречить ни тебе, ни даже себе самому, только желаю показать тебе путь к надежде на Бога, ибо сей путь есть безопаснейший и самый твёрдый. Господь с тобою.

К ТОМУ ЖЕ БРАТУ

Вспомни, сын мой, Того, Который сказал, что «многими скорбьми подобает нам внити во царствие Божие» (*Деян.14:22*), и не определил, сколькими и какими именно, но сказал неопределительно: «многими скорбьми». Итак, с благодарением и разумно переноси находящее на тебя: если имеешь грехи, то как сладкое, если же не имеешь их, то как очищающее тебя от страстей или ходатайствующее тебе Царство Небесное. Человеколюбивый и милосердый Бог, запретивший ветру и морю и сотворивший тишину великую (*Мф.8:26*), да запретит и твоему искушению, сын мой, и да даст тебе широту сердца, чтобы ты мог разуметь коварство вражие. Аминь.

ТОГО ЖЕ К БРАТУ, ВПАДШЕМУ В ТРУДНУЮ БОЛЕЗНЬ И РАЗЛИЧНЫЕ ПРЕТКНОВЕНИЯ

Прошу тебя, сын мой, терпи и благодари за преткновения, случающиеся в болезни, по слову сказавшего: «все елико аще нанесено ти будет, приими за благо» (*Сир.2:4*), чтобы намерение Промысла исполнилось на тебе, сын мой, так, как Ему благоугодно. Итак, будь мужествен, укрепляйся о Господе и уповай на Его попечение о тебе. Бог с тобою.

ТОГО ЖЕ К БРАТУ, НАХОДИВШЕМУСЯ В ИСКУШЕНИИ

Мир тебе о Христе, брат! Принудь сердце твоё верить, что непременно сам ты подал повод к искушению, хотя теперь, в настоящем случае, ты и не находишь оного. Уничижай себя, терпи, молись: и я уповаю на милосердие благого Владыки Христа, что Он удалит искушение. Апостол сказал: «мир Христов превосходяй всяк ум да соблюдет сердца ваша» (*Флп.4:7*).

К ТОМУ ЖЕ

Не удивляйся, сын мой, если, находясь на пути, ведущем горе, ты впадёшь в терние и тину: случатся опять и гладкие места, ибо находящиеся в подвиге иногда падают, а иногда сами низлагают противников. Великий Иов сказал: «не искушение ли житие человеку на земли» (*Иов.7:1*). И некто другой из святых сказал: «Муж, не испытанный искушениями, неискусен». Ибо мы бываем искушаемы для обучения в вере, для того чтобы мы были испытаны и научились бороться. Господь сказал: «в терпении вашем стяжите души ваша» (*Лк.21:19*). Итак, надежда на благой конец да поможет нам во всём случающемся. И святой Апостол, поучая нас терпению, говорит: «верен же Бог, иже не оставит вас искуситися паче, еже можете, но сотворит со искушением и избытие, яко возмощи вам понести» (*1Кор.10:13*). И Господь наш – Сама Истина – да утешит тебя, говоря: «в мире скорбни будете: но дерзайте, яко Аз победих мир» (*Ин.16:33*). Сему поучайся, в сём пребывай и вспоминай Господа и благость Его, сын мой! Он поможет тебе во всём, ибо Он милостив и знает немощь нашу. Он вновь да запретит волнам и сотворит тишину в душе твоей молитвами святых Его. Аминь.

К ТОМУ ЖЕ

Как за телами следуют тени, так и за исполнением заповедей – искушения, ибо никто, сказал Великий Антоний, не войдет в Царство Небесное без искушений. Итак, не удивляйся, сын мой, что, заботясь о спасении своём, ты встречаешь искушения и скорби. Но терпи без смущения и молись, благодаря, что ты, за исполнение заповеди, сподобляешься быть в искушении, для обучения и испытания души твоей. Благий Бог да подаст тебе во время искушения внимание и терпение.

К ТОМУ ЖЕ

Мы – создание и дело благого и человеколюбивого Бога, сказавшего: «живу Аз, глаголет... Господь, не хощу смерти грешника, но еже обратитися... и живу быти ему» (*Иез.33:11*). Также: «не приидох бо призвати праведники, но грешники на покаяние» (*Мф.9:13*). Итак, если это истинно и если мы так веруем, то «возверзи на Господа печаль твою и Той тя препитает» (*Пс.54:23*), т. е. спасет, ибо Он печётся о нас. Он да утешит и твоё сердце, сын мой, молитвами святых. Аминь.

К ТОМУ ЖЕ

Хорошо рассудил авва Пимен, что изречение, повелевающее не заботиться о завтрашнем дне (*Мф.6:34*), сказано к человеку, находящемуся в искушении. И изречение: «возверзи на Господа печаль твою» (*Пс.54:23*) относится сюда же. Итак, оставь, сын мой, человеческие помышления и имей надежду на Бога, которая делает гораздо более того, что мы предполагаем, и успокоит тебя надежда на Бога. Господь да поможет тебе, сын мой, молитвами святых. Мы должны сопротивляться таковым помыслам, ибо не дерзаем сказать, что проживём и завтрашний день.

ТОГО ЖЕ К НЕКОТОРОМУ ОЧЕНЬ БОЛЬНОМУ БРАТУ, ИМЕВШЕМУ РАЗЛИЧНЫЕ ХУДЫЕ ПОМЫШЛЕНИЯ О ТОМ, КТО ЗАБОТИЛСЯ О ЕГО НУЖДЕ

Во имя Иисуса Христа, брат мой, не будем ничего иметь против ближнего, ибо мы должны препобеждать и покрывать это любовью. Никто не говорит ближнему своему: «Зачем ты не любишь меня?», но сам, делая достойное любви, привлекает и ближнего к любви. А касательно потребности телесной скажу, что если кто достоин успокоения, то и сарацинское сердце Бог вразумит оказать ему милость, по его нужде; если же он недостоин, или ему не полезно при обучении его быть утешенным, то хотя бы он сотворил новое небо и новую землю, не найдёт покоя. А сказанное тобою, что ты отягощаешь братию, очевидно есть самооправдание; ибо никто, помогая ближнему, желающему спасения, исполнять заповедь Божию, не говорит ему: «Я отягощаю тебя». Кто ненавидит огорчающих его, тот ненавидит кротость, и кто бегает от оскорбляющих его, тот бегает покоя о Христе. Человеколюбивый Бог да покроет нас, сын мой, Своею благодатию, молитвами всех святых. Аминь.

ВОПРОСЫ ПРЕПОДОБНОГО ДОРОФЕЯ И ОТВЕТЫ, ДАННЫЕ НА НИХ СВЯТЫМИ СТАРЦАМИ ВАРСАНУФИЕМ И ИОАННОМ ПРОРОКОМ

Вопрос 1. К святому старцу Иоанну Пророку.

У меня есть имущество, и хочу одну часть из него пожертвовать в общежитие, а другую раздать нищим. Скажи мне, Отец мой, должен ли я раздать оное через Авву?

Ответ: Брат, на первые вопросы отвечал я тебе как человеку, ещё требовавшему млека. Теперь же, когда ты говоришь о совершенном отречении от мира, то слушай внимательно, по слову Писания: «разшири уста твоя, и исполню я» (*Пс.80:11*). Брат! не у меня, худейшего, должно тебе учиться, что делать; но послушай лучше, что написано в Деяниях Апостольских о продававших имения свои и полагавших цену к ногам Апостолов: «даяшеся же коемуждо, егоже аще кто требоваше» (*Деян.4:35*). Не сами они раздавали, но через Апостолов; сами же делались свободными от забот, имений и тщеславия. Так и ты поступи, если желаешь прийти в сию меру: наслаждаться спокойствием, отказаться от всех забот и безмятежно жить для Бога. Брат! твоё имущество весьма незначительно в сравнении с тем, какое иные отдавали *авве Исаии*. Ему приносили десятки тысяч, говоря: «Распорядись ими, как знаешь», а не говорили, куда и как их отдать. Сделав таким образом то, что ведёт к совершенству, они жили уже без попечений. Если будет воля Божия на то, чтобы и ты достиг сего радостного состояния, то ты должен быть благодарен тому, кто понесёт твоё бремя; как бы только сеятель зла не посеял в тебе той мысли, что принявший твоё имущество должен быть тебе благодарен. Бог да устроит для тебя полезное к спасению души.

<u>Вопрос 2</u>. Тот же брат вопросил Великого Старца[71]: Должен ли он через своего Авву раздать имущество, и как раздать его и кому?

Ответ: Господь да благословит тебя, сын мой! Ты хочешь освободиться от забот; и вместе не хочешь, удерживаясь собственною волею. Ты только скажи, сколько желаешь назначить в общежитие и сколько для бедных, и не заботься более. Ибо послушание состоит в том, чтобы не иметь своей воли. Что драгоценнее души твоей, о которой Господь сказал, что она дороже всего мира (*Мф.16:26*)? Если же ты и её передал Богу и духовным Отцам твоим, то зачем же сомневаешься вверить им маловажное? Смотри, как тайно ведёт с тобою брань тщеславие и неверие! Если поступаешь так, то ты и души своей не вверил им истинно; как же ожидаешь получить чрез них милость? Желая Бога ради быть свободным от всего, оставь все попечения; и я возьму на себя попечения твои вместе с тем, кого ты назначишь; только ты будь чужд забот ради Бога, и прости меня, по любви.

<u>Вопрос 3</u>. Того же к тому же Великому Старцу: Скажи мне, Отец мой, как достигнуть отсечения своей воли и того, чтобы сказать: «се мы оставихом вся, и вслед Тебе идохом» (*Мф.19:27*). Я оставил для своего пропитания небольшое поместье, потому что я немощен.

Ответ Великого Старца: Отсечение своей воли есть кровопролитие, и для достижения сего человек должен потрудиться до смерти и отвергать свою волю. Слова же: «се мы оставихом вся, и вслед Тебе идохом» относятся к совершенству: здесь разумеются не только поместья и малые имения, но и помыслы, и желания. Ты не достиг ещё такого совершенства; когда же приблизишься к нему, услышишь, *что* тебе должно делать. Теперь же одно говорю тебе: оставь все попечения о вещах. Поместьем же тем владей пока для пропитания себя. Господь Иисус Христос да приведёт тебя в неизречённую радость, ибо Он есть Свет вечный. Аминь.

Вопрос 4. Тот же брат вопросил того же Великого Старца: я сильно борим блудною страстию; опасаюсь, чтобы не впасть в отчаяние, и, по немощи тела моего, не могу воздерживаться; помолись о мне, Господа ради, и скажи мне, Отец мой, что мне делать?

Ответ: Брат! диавол из зависти воздвигнул на тебя брань. Береги глаза свои и не питайся досыта. Вина употребляй немного, по немощи тела, о которой говоришь. Приобрети же смирение, расторгающее все сети вражии. И я, ничтожный, сделаю по силе моей, моля Бога, чтобы Он избавил тебя от всякого искушения и сохранил от всякого зла. Не уступай врагу, брат, и не предавайся отчаянию, ибо это великая радость диаволу. Молись непрестанно, говоря: «Господи Иисусе Христе, избави меня от страстей постыдных», и Бог помилует тебя, и получишь силу молитвами святых. Аминь.

Вопрос 5. Тот же брат, будучи борим тою же блудною страстию, просил того же Великого Старца помолиться о нём и сказать ему, как распознать, своею ли похотию искушается человек, или врагом.

Ответ: Брат! без труда и сердечного сокрушения никто не может избавиться от страстей и угодить Богу. Когда человек искушается своею похотию, можно узнать из того, что он нерадит о себе и позволяет сердцу своему размышлять о сделанном им прежде; и тогда человек сам собою навлекает на себя страсть чрез свою похоть. Ум его, мало-помалу ослепляемый страстию, начинает, незаметно для него самого, обращать внимание на того, к кому чувствует влечение, или говорить с ним, и находить причины для того, чтобы с ним побеседовать или посидеть, и всеми средствами старается исполнить свое желание. Если позволить мысли обращаться в сём, то умножится брань до падения, хотя и не телом, но духом, в согласии с помыслами, и оказывается, что такой человек сам зажигает огонь в своем веществе. Трезвенный же и благоразумный человек, желающий спастись, когда видит, от чего терпит вред, тщательно хранит себя от злых воспоминаний, не увлекается страстными мыслями, удаляется от встречи и беседы с теми, к которым чувствует влечение, и от всякого повода к греху, боясь, чтобы самому не возжечь в себе огня. Вот брань, происходящая от своей похоти, или произвола человека.

А та, которая бывает от диавола, происходит так: сердце желающего спастись боится, чтобы не принять в себя семени вражеского. И в этом случае человек трезвенно хранит себя от злых воспоминаний, чтобы не увлечься страстными помыслами, и от встречи, беседы и всякого повода к свиданию. Если нужда есть к нему (лицу увлекающему) по делу, то лучше оставить дело, чтобы не погибла душа. Бодрствуй, брат, ты смертен и недолговечен; не желай же за малое время услаждения потерять жизнь вечную. Какую пользу приносит зловоние и нечистота греха? Только стыд, поношение и соблазн; воздержание же доставляет победу, венец и похвалу. Укрощай коня своего уздою видения, чтобы он, смотря туда и сюда, не разжигался похотию на женщин и мужчин и не свергнул бы тебя, всадника своего, на землю. Молись Богу, чтобы Он отвратил «очи свои, еже не видети суеты» *(Пс.118:37)*. И когда приобретёшь мужественное сердце, брани оставят тебя. Очищай себя, как вино очищает раны, и не позволяй накопляться в тебе зловонию и нечистоте. Приобрети плач, чтобы он удалил от тебя свободу в обращении, которая губит души усвоивших её. Не бросай орудия, без которого нельзя возделать плодоносную землю. Орудие это, соделанное Великим Богом, есть смирение: оно искореняет все плевелы с поля Владыки и подаёт благодать обитающим на нём. Смирение не падает, но воздвигает от падения тех, которые имеют его. Возлюби всем сердцем плач, ибо и он соучастник благого сего делания. Потрудись во всём отсекать свою волю, ибо это вменяется человеку в жертву; сие-то и значит: «Тебе ради умерщвляемся весь день, вменихомся яко овцы заколения» (*Пс.43:23*). Не расслабляй себя беседами, ибо они не допускают тебя преуспевать о Боге. Усильно обуздывай органы чувств твоих: зрения, слуха, обоняния, вкуса и осязания, и преуспеешь благодатию Христовою. Без мучений никто не бывает мучеником, как и Господь сказал: «в терпении вашем стяжите души ваша» (*Лк.21:19*), и Апостол говорит: «в терпении мнозе, в скорбех» (*2Кор.6:4*) и проч. Смотри, не показывай халдеям сокровищ дома твоего (*4Цар.20:12–18*), иначе возьмут они тебя в плен и уведут к Навуходоносору, царю Вавилонскому (*4Цар.24:16*).

Вразумляясь всегда ответом моим, попирай страсти, чтобы они не попрали тебя и насильственно не сделали тебе зла. Убегай от них, как «серна от тенёт» (*Притч.6:5*), чтобы они не закололи тебя, как ягнёнка. Не бойся их, они не имеют силы: Господь наш Иисус Христос расслабил их и сделал бессильными. Не предавайся сну: хотя они и полумертвы, но не спят; не будь нерадив, ибо они не нерадят. Хотя немного простри и ты руку Отцам твоим, желающим извлечь тебя из зловонной тины. Вспоминай, что «много бо может молитва праведнаго поспешествуема» (*Иак.5:16*). Не суди, не уничижай и не соблазняй никого. Не приписывай никому того, чего не знаешь о нём достоверно, ибо это погибель душевная. Себе внимай и ожидай приближающейся смерти. Говори себе слово блаженного Арсения: «Арсений, зачем ты вышел из мира?» Научайся тому, чего пришёл ты здесь искать. Теки к Иисусу, чтобы и достигнуть Его. Если хочешь спастись, теки скоро, чтобы войти и тебе в добрую дружину святых старцев. Если хочешь преуспеть, трудись. Пожелай быть прославленным со святыми в неизреченной славе, а не быть с постыдными демонами в неизреченном мучении. Возжелай быть в Царствии

Небесном, а не в геенне огненной. Возжелай услышать: «приидите, благословеннии Отца Моего» (*Мф.25:34*), и «добре, рабе благий и верный» (*Мф.25:23*) и проч., а не услышать: «идите от Мене, проклятии» (*Мф.25:41*); «лукавый рабе и ленивый» (*Мф.25:26*). Господу слава во веки. Аминь.

<u>Вопрос 6</u>. Того же к тому же Великому Старцу: Имея много грехов, я хочу покаяться, но по немощи телесной не могу подвизаться подобно отцам; прошу тебя, скажи мне, как мне положить начало? Назначь мне что-либо и объясни, что значит сказанное тобою в предыдущем ответе: «не показывай вавилонянам сокровищ дома твоего, иначе они возьмут тебя в плен и уведут в Вавилон».

Ответ Варсануфия: Брат! есть нищие, которых ублажает Господь, потому что они отвергли всё своё имение, т. е. все свои страсти и обнажились от них ради имени Его; такие поистине нищи, и им принадлежит блаженство. Есть и другие нищие, не приобретшие ничего доброго, которым Господь угрожает, говоря: «идите от Мене, проклятии» (*Мф.25:41*). Кто имеет такие стяжания и отягощается ими, пусть отвергнет их, да пребудет без попечения. Итак, если желаешь положить начало покаяния, посмотри, что сделала блудница: слезами своими омыла она ноги Владыки (*Лк.7:38*). Плач омывает всякого от грехов; но человек достигает плача трудом, посредством многого поучения в Писании, терпения, размышления о Страшном Суде и стыде вечном, и через самоотвержение, как Господь сказал: «аще кто хощет по Мне ити, да отвержется себе, и возмет крест свой, и по Мне грядет» (*Мф.16:24*). Отвергнуться же себя и взять крест свой значит: отсекать свою волю во всем и почитать себя за ничто. Так как ты сказал, что немощен телом и не можешь ничего делать, то делай по силе своей, вкушая хлеба и пития несколько менее надлежащего, ибо Бог принял две лепты вдовицы и порадовался о них более, нежели о всём прочем. Обучи себя не обращаться с другими свободно, и ты спасёшься. Храни прежние ответы мои и сей последний, как зеницу ока. Что же касается слов моих: «не показывай сокровищ твоих вавилонянам», я говорил это о бесах, которым ты покажешь их, если будешь говорить людям, что тебе написан оный ответ. Бесы, видя сие, раздражатся на тебя и будут тебя бороть тщеславием, а простых слушателей соблазнять, и ты понесёшь осуждение за то и за другое. Тем же, которые могут слышать и сохранять слова мои, они принесут радость и пользу. Всё, что ни делаешь доброго, старайся скрывать, ибо сие тебе полезно. Господь да вразумит тебя молитвами Святых. Аминь.

<u>Вопрос 7</u>. Того же к тому же Великому Старцу: Помолись о мне, Отец мой, меня очень смущают помыслы блуда, уныния и боязни; и помысл говорит мне, чтобы я беседовал с братом, к которому чувствую влечение, когда его вижу, дабы молчанием моим не подать ему повода к подозрениям. Ощущаю также, что бесы как бы давят меня, и впадаю в боязнь.

Ответ: Брат! ты не обучен ещё браням со врагом, потому и приходят тебе помыслы боязни, уныния и блуда. Противостань им твердым сердцем, ибо борцы, если не подвизаются, не бывают увенчаны, и воины, если не покажут царю своего искусства в бранях, не удостаиваются почестей. Вспомни, каков был Давид. Не поёшь ли ты: «искуси мя, Господи, и испытай мя, разжги утробы моя и сердце мое» (*Пс.25:2*). И ещё: «аще ополчится на мя полк, не убоится сердце мое: аще востанет на мя брань, на Него аз уповаю» (*Пс.26:3*). Также о боязни: «аще бо и пойду посреде сени смертныя, не убоюся зла, яко Ты со мною еси» (*Пс.22:4*). Об унынии же: «аще дух владеющаго взыдет на тя, места твоего не остави» (*Еккл.10:4*). Разве ты не хочешь быть искусным? Но муж, не испытанный искушениями, не искусен. Брани делают человека искусным. Делание инока состоит в том, чтобы терпеть брани и противиться им с мужеством сердца. Но как ты не знаешь хитростей врага, то он и приносит тебе помыслы боязни и расслабляет твоё сердце. Ты должен знать, что Бог не попустит на тебя брани и искушения выше силы твоей; тому научает тебя и Апостол, говоря: «верен же Бог, иже не оставит вас искуситися паче, еже можете» (*1Кор.10:13*).

Брат! и я в юности моей многократно и сильно бывал искушаем бесом блуда и трудился, подвизаясь против таких помыслов, противореча им и не соглашаясь с ними, но представляя себе пред глазами вечные муки. Пять лет поступал я так ежедневно, и Бог облегчил меня от сих помыслов. Брань сию упраздняет непрестанная молитва с плачем. А то, что бесы давят тебя, происходит от зависти их: если бы могли, они выгнали бы тебя и из келлии твоей; но Бог не попускает им владеть тобою, да они и не имеют на то власти. Бог вскоре мог бы облегчить тебя, но ты не стал бы тогда противиться другой страсти. Да не расслабят тебя бесы, чтобы обращать внимание на брата (которым завлекаешься), или беседовать с ним, но если тебе и случится нечаянно с ним сойтись против твоего желания, удержи взор твой со страхом и благопристойностию, и не слушай внимательно его голоса. Если же брат тот по неведению сам заговорит с тобою, или сядет возле тебя, то искусно уклонись от него, впрочем, не вдруг, но с благопристойностию. Скажи помыслу своему: вспомни Страшный Суд Божий и стыд, который постигнет тогда увлекающихся сими постыдными страстями. Понуждай помысл свой, и получишь помощь молитвами святых, и Бог помилует тебя. Не будь дитя умом, «но злобою младенствуй» (*1Кор.14:20*); умом же, брат, будь совершен. Внимай себе, как тебе встретить Бога. Аминь.

<u>Вопрос 8</u>. Тот же брат просил того же Великого Старца, говоря: Помолись о мне, Отец мой, ибо я окаянен по всему и имею нужду в великом человеколюбии. Возникающие во мне помыслы говорят: иди в чужую сторону и там спасешься. По молитвам вашим, да не попустит Бог овладеть мною сим помыслам.

Ответ: Брат! да будет проклят посеявший в сердце твоём такие помыслы, чтобы выйти из сего места ради преступления заповедей. Это диавол. Он предлагает тебе сие под видом правды для того, чтобы, поругавшись над тобою, сделать тебя предметом соблазна для многих, дабы ты и за них понёс осуждение. Впрочем, ты подвергаешься сему за своё нерадение и тщеславие. Ты говоришь: «Если уйду в чужую сторону, там буду переносить бесчестие». Почему же теперь, лишь только услышишь, что брат твой сказал нечто на тебя, сердце твоё смущается, и ты не хочешь, чтобы кто-нибудь знал о твоём согрешении? К нерадению и тщеславию присоединяют свои козни и демоны, чтобы погубить твою душу. Будь уверен о Господе, что, если бы не помощь Божия и не молитвы находящихся здесь истинных рабов Божиих, ты не мог бы и год пробыть в монастыре. Но как слепой ничего не видит, так и ты не видишь благодеяния, которое оказал тебе Бог и продолжает оказывать по молитвам святых и блаженного Авраамия, сказавшего тебе и брату твоему: «Ежели вы останетесь в сём месте, то будете иметь меня ходатаем».

Брат! внимай себе тщательно; подвизайся против помыслов, чтобы не впасть в нерадение и тщеславие, не делать ничего по своей воле и не принимать возникающих в тебе помыслов и самооправдания: в противном случае ты подвергнешься сильному падению. Знай же достоверно, что куда бы ты ни пошёл, хотя бы прошёл всю землю из конца в конец, нигде не получишь такой пользы, как на сём месте. Что для корабля якорь, то будет для тебя молитва здешних отцов. Приобрети твёрдость, и она удалит от тебя свободу в обращении с ближними, причину всех зол в человеке. Оставь все внешние попечения и тогда будешь свободно служить Богу. Сделайся мёртвым для всякого человека: в сём-то и состоит странничество. Почитай себя за ничто, и мысль твоя не будет смущаться. Не думай, чтобы ты сделал что-нибудь доброе, и награда твоя сохранится в целости. Сверх всего помни, что ты недолго пробудешь в теле, и старайся, чтобы с дерзновением мог ты сказать в оный час: «уготовихся и не смутихся» (*Пс.118:60*). Брат! нельзя жить без труда, и никто не венчается без подвига. Понуждай себя подвизаться о своём спасении, и поможет тебе Бог, «иже всем человеком хощет спастися, и в разум истины приити» (*1Тим.2:4*). Он да помилует тебя, сын мой, чтобы ты мог с усердием приступить к благоугождению Ему. Ибо Его есть милость и сила и слава во веки веков. Аминь.

<u>Вопрос 9</u>. Того же к тому же Великому Старцу: Отец мой! что значит сказанное тобою, что я не мог бы и года одного пробыть в монастыре? И помолись о мне Господа ради, потому что во время сна нападает на меня демон и давит меня, и я имею нужду в твоём человеколюбии.

Ответ: Я сказал тебе, что если бы не молитвы отцов, то ты не мог бы и одного года пробыть в монастыре, разумея это о монашестве. Потому что не все, живущие в монастырях, монахи, но тот монах, кто исполняет дело монашеское. Господь сказал: «не всяк глаголяй Ми: Господи, Господи, внидет в Царствие Небесное: но творяй волю Отца Моего, иже есть на небесех» (*Мф.7:21*). Брат! зачем ты, находясь в беде, позволяешь врагу издеваться над тобою? Ты вопрошаешь и не стараешься исполнять сказанного тебе; опять вопрошаешь, и тщеславно передаёшь это другим из человекоугодия, и сам препятствуешь себе преуспеть вскоре; а потому и подвергаешься искушениям во сне, и демон нападает на тебя и давит тебя. Бог же попускает сие для того, чтобы ты вразумился и укорял себя, как следует иноку; а ты не понимаешь сего, брат. Время нам дано для того, чтобы испытывать наши страсти, плакать и рыдать. Если же ты, пребывая в келлии, рассеиваешься мыслями, укоряй себя во всём и повергни немощь твою пред Богом. Он поможет тебе и укрепит тебя преуспеть о Нём. Аминь.

<u>Вопрос 10</u>. Того же к другому Старцу[72] и прошение о молитве: Господа ради, помолись о мне, чтобы мне избавиться от постыдных страстей и от тщеславия, ибо они оскверняют меня во всяком деле, о котором думаю, что делаю доброе; также прошу тебя сказать мне: с каким

намерением должно совершать память святых и как извергнуть из себя внутреннее зло.

Ответ Иоанна: Если хочешь избавиться от постыдных страстей, не обращайся ни с кем свободно, особенно же с теми, к которым сердце твоё склоняется по страсти похотения; чрез то освободишься и от тщеславия: ибо к тщеславию примешивается человекоугодие, к человекоугодию – свободное обращение[73], а свободное обращение есть матерь всех страстей.

Кто совершает память святых без тщеславия, полагая, что делает сие по Божию указанию, а не по своемыслию, тот делается сопричастником святых и получает награду от Владыки их. Попечение же о спасении души и любовь к Богу помогают всякому извергнуть из себя внутреннее зло и чисто покаяться. Выслушай меня, сын мой, и по видимому заключай и о невидимом. Когда ты бываешь несколько нездоров телом, то воздерживаешься от вредного тебе. Почему же не стараешься воздержаться, когда ты болен душою? Много нужно нам трудов и потов, как Апостол говорит: «умерщвляю тело мое и порабощаю» (*1Кор.9:27*). Сделай по силе твоей, и Бог поможет тебе, молитвами отцов твоих; ибо жаждет видеть наше спасение Тот, Кто клялся Самим Собою, что «не хощет смерти грешника, но еже обратитися... и живу быти ему» (*Иез.33:11*). Великая сила восходит из места, где молитвы истинных рабов Божиих приносятся Богу за всех нас; верую, что не посрамит их Господь. Присоедини к оным и свои две лепты, и ты обрадуешь Господа, как и вдовица Евангельская. Привяжи обремененную ладью твою к кораблю отцов твоих, и они управят тебя к Иисусу, могущему даровать тебе смирение и силу, разум, венец и веселие. Аминь.

<u>Вопрос 11</u>. Того же к Великому Старцу: Я молод и неразумен, а служение моё превышает мои силы, и потому прошу тебя, Отец мой, испроси мне у Бога разум, чтобы я мог раздавать вещи, сообразно с требованием, сказать слово вовремя и помолчать вовремя, чтобы среди сомне-

ний призывал Бога и твои молитвы и получал помощь и чтобы не впасть мне в заблуждение.

Ответ Варсануфия: Весьма радуюсь, когда кто просит чего, руководствуясь страхом Божиим; такой смело да надеется, что прошение его исполнится. Но послушай, брат, если ты просишь семени для своего поля, то удобри прежде поле к принятию семени. Ибо о хорошей и возделанной земле сказано, что она принесла «плод сторицею» (*Лк.8:8*). Я сделаю по силе моей, что могу, ради заповеди Божией; но сознаю свою немощь, что не могу даровать тебе просимого, по моему недостоинству. Впрочем, если ты веруешь, то получишь по вере твоей не только это, но и всё, в чём имеешь нужду. «Весть бо Отец ваш, ихже требуете, прежде прошения вашего» (*Мф.6:8*). Итак, не сомневайся, и я верую, что Бог сотворит по прошению твоему, не меня ради, но ради твоей веры. Прежде всего смирись пред Богом, ибо «смиренным дает Он благодать» (*1Пет.5:5*), о Христе Иисусе Господе нашем, Которому слава во веки. Аминь.

Вопрос 12. Тот же брат вопрошал другого Старца, как ему действовать по силе сего старческого ответа.

Ответ: Если ты хочешь научиться, как тебе действовать по силе сего ответа Старца, то так надобно поступать: когда хочешь говорить с кем-либо или сделать что-нибудь, призывай имя Старца, и Бог положит тебе на сердце, *что* должно сделать, или *что* сказать. Но делай это со смирением, чтобы не лишиться сей благодати.

Вопрос 13. Того же к Великому Старцу: Отец мой! ты оказал милость мне, немощному, и дал мне совет, когда что-либо делаю или говорю, призывать имя Божие и твои молитвы, и сказал, что через то буду иметь успех. Я понуждаю себя делать и говорить сообразно с волею Божиею, но случается, что иногда и забываю призывать имя Божие и твои молитвы по нерадению моему, и потому прошу тебя, испроси мне у Бога трезвение, и не попусти мне блуждать по своей воле. Ещё прошу тебя сказать мне, как мне поступать в том случае, когда, призвав при каком-либо деле имя Божие и твои молитвы, я все ещё сомневаюсь, сделать ли дело, или нет. Также, если меня спросят о чем-либо, и прежде, нежели я успею призвать Бога или соображу, что сказать, спросивший немедленно потребует ответа, как мне поступить, при таком нечаянном вопросе? Прошу тебя помолиться и о том, чтобы я мог владеть своими глазами, ибо они очень развлекаются.

Ответ: Если кто получит от отцов заповедь, совет или ответ о чем-либо, и по забвению или нерадению забудет, то, познав, что согрешил, пусть покается, и Бог простит его. Брат! почему же ты написал об одном только трезвении? Я молю Бога, да подаст Он тебе всякое благое дарование, и да пребудет оно с тобою во век. Если случится тебе делать что-нибудь, и призовёшь Бога и молитвы святых, но всё ещё сомневаешься, исполни это дело: оно согласно с волею Божиею, ибо ты при начале его призвал Бога. Что касается того, как отвечать на внезапный вопрос, то ничего нет быстрее ума: возведи его к Богу, и Он подаст тебе, *что* отвечать без смущения. Смирение охраняет глаза от развлечения и всего человека от всякого зла. Я прошу тебе ещё больших дарований (о которых говорил тебе), но под условием, если ты будешь действовать по силе твоей. Внимай себе, и не только святые, но и Сам Бог подаст тебе руку помощи и окажет тебе милость.

<u>Вопрос 14</u>. Прошение того же к тому же Великому Старцу: Милосерднейший Отец мой! ты видишь слепоту души моей, и потому опять прошу тебя, испроси мне просвещение сердца, чтоб я мог различить правый помысл от тайновредного, ибо боюсь, как бы не поверить иногда последнему. Много раз случалось, что, когда я давал вещь, мне казалось, что делаю это не по страсти; но, испытывая помысл свой, приятно ли ему (помыслу) будет, если через другого дам брату сию вещь так, чтобы брат не знал, что я ему дал её, находил я, что это неприятно было моему помыслу. Случается также, что я, ка-

жется, не по страсти начинаю что-либо делать или говорить; но в то время, как выдаю вещь или говорю, помысл мой услаждается сим. Итак, что делать мне, окаянному? И другим образом оскорбляет меня то же действие или, лучше сказать, славолюбивое моё сердце: случается, что, когда некоторые говорят мне о каком-либо деле, прежде нежели они кончат речь свою, помысл мой соглашается с ними и соуслаждается, как разумеющий то. Прошу тебя, Отец мой, испроси мне силу молчать, ибо удивляюся, как я услаждаюсь тем, что, как сам знаю, бесполезно и лишает человека всякого блага.

Ответ Варсануфия: Без болезни сердечной никто не получает дарования различать помыслы. Я молю Бога даровать тебе оное, но пусть и твое сердце поболезнует немного, и Бог подаст тебе сие дарование. Подобно сему разумей и о прочем. Когда Бог, по молитвам святых и за болезнование твоего сердца, даст тебе сие дарование, то всегда уже будешь в состоянии различать помыслы Духом Его. Когда видишь, что представляется случай выказать свое знание, молчи, как ты и слышал уже от истинного моего о Боге сына, которого должен ты слушать касательно всякого твоего помысла: ибо он говорит тебе не от себя, но произносит то, что Бог даёт ему для пользы каждого. Бог да сохранит тебя, и да подаст тебе силу во всяком случае молчать благоразумно и благодать, чтобы познавать тебе, когда должно говорить без страсти. Ибо сердце твоё ещё не знает совершенно, что многоглаголания осквернают человека, иначе оно не попускало бы тебе услаждаться ими.

Вопрос 15. Того же к тому же Великому Старцу: Великое милосердие твоё ко мне, грешному, опять даёт мне смелость беспокоить тебя. Вразуми меня, Отец мой, как должно трудиться сердце моё, чтобы достигнуть дара рассуждения. Напиши мне, господин мой, и о непрестанной о Боге памяти[74], если удостоишь меня сего поучения, и утверди меня в нём, ибо помысл мой боится, что не в силах буду сохранить сего, потому и прошу тебя, Владыко, скажи, действительно ли полезно мне это дело. Я верую, что когда слово исходит из уст твоих, оно дает силу моему сердцу.

Ответ Варсануфия: Сердечный труд твой должен состоять в том, чтобы непрестанно молиться Богу, да не попустит Он тебе заблуждаться или последовать собственным своим желаниям: чрез сие достигнешь ты рассуждения. О непрестанной же памяти, т. е. поучении, положи начало и не бойся; Бог укрепит и утвердит тебя. Но сей «с надеждою» (*1Кор.9:10*), чтобы и пожать, если не ослабеешь (*Гал.6:9*). Благословен Бог, благословляющий тебя положить начало; Он подаст тебе силу и сохранит по мере твоей.

<u>Вопрос 16.</u> Того же к тому же: Многократно случалось мне прежде чувствовать малую теплоту в течение немногих дней, но потом она опять проходила; и теперь в течение одного часа с усердием сохраняю память о Боге, а другой – с принуждением себя, и устрашает меня мысль, что малая теплота сия по-прежнему будет продолжаться лишь несколько дней, потом оставит меня, и душа моя погибнет совершенно. Потому и прошу тебя, благий Отец мой, не оставь меня, но объясни мне, что удаляет от меня сию память и теплоту. Испроси мне и охранение чувств, ибо я много пленяюсь чрез них и особенно тогда, когда сердце моё ищет повода к греху; но и само собою, без моего желания, источает оно воспоминания страстные или безумные, или безвременные помыслы. Потому прошу тебя, Отец мой, сильный о Господе, даруй мне, рабу твоему, трезвение, дабы я познавал входящее в моё сердце и скажи, как поступать[75] мне, чтобы оно не удалило меня от твоего благословения. Объясни мне ещё и сие: если сделаю что-нибудь или скажу и, помощию Божиею, буду сохранён от греха, то по избавлении от него должен ли я благодарить Бога? И приводит ли это в любовь Божию? Или вовсе не принимать мысли, что избежал греха, но испытывать согрешения свои в случившемся деле, или словах, и просить в них прощения?

Ответ Варсануфия: Потрудись сердечным болезнованием приобрести теплоту и молитву, и Бог даст тебе иметь их всегда; забвение изгоняет их, само же оно рождается от нерадения. О хранении чувств: всякое дарование получается через болезнование сердца. Дарование же трезвения не позволяет помыслам входить, и если они и войдут, то не допускает их сделать вред. Бог да подаст тебе трезвение и бодрствование. Заповедано: «о всем благодарите» (*1Сол.5:18*), тем более за то, о чём ты мне объяснил; испытывать же согрешение и просить прощения весьма полезно.

<u>Вопрос 17.</u> Прошение того к тому же Великому Старцу: Прошу тебя, Отец мой Святый, испроси мне у Бога силу; ибо то, что я заповедаю себе, будучи один, – не исполняю, когда схожусь с братиею; и боюсь, чтобы мне не привыкнуть, согрешая, только раскаиваться, а не исправляться, не пребыть во грехах и не умереть так. Знаю, что скорби страстей полезны мне, они сокрушат, может быть, жестокость души моей, и не смею, безумный, желать покоя от них: но о том прошу чрез ваше ходатайство, Отец мой, чтобы не часто побеждаться, если это мне полезно, и не скорбеть о сём сердцем.

Ответ: Никто и никому не может сказать: я буду о тебе заботиться, а ты будь спокоен, ибо окажется виновным. Но тот, которого поддерживают, должен привнести несколько собственного старания, делать должное по силе своей, внимательно сохраняя заповеди отцов своих. И если падёт однажды, то пусть опять постарается управить себя. Я верую Богу, что такому человеку не обратится это (случайное повторение падений) в навык, и не овладеет им нерадение, но Бог вскоре приведёт его в устроение усердных делателей и не возьмёт души его дотоле, пока не приведёт его в меру высокую, «в мужа совершенна» (*Еф.4:13*). Итак, не ослабевай, но, доколе имеешь время, делай, смиряйся, будь послушен, повинуйся, и поможет тебе Бог, дающий благодать смиренным, а гордым противящийся (*1Пет.5:5*). Непрестанно говори: «Иисусе, помоги мне», и поможет. Бог да избавит душу твою, сын мой, от страстей постыдных.

<u>Вопрос 18</u>. Того же к тому же Великому Старцу: Кланяюсь тебе, милосердый Отец мой и врач немоществующей души моей. Увы мне! что показал ты мне, к чему привлёк меня? И где я нахожусь, как бы связанный худым моим навыком? Если и освобожусь немного, опять возвращаюсь к тому же, потому что даю и принимаю разные вещи. Если бы я не стыдился благости Божией и твоего милосердия (ибо знаю, из какого трудного положения привел Он меня к ногам вашим), то мог бы прийти в отчаяние. Когда молитвы ваши охраняют меня, я пребываю в мире; когда же бываю немного оставлен, чтобы обнаружилось моё собственное произволение, тотчас побеждаюсь. С утра уединяюсь в келлии, но когда случится надобность, должен бываю выйти из неё и, по окончании дела, уже не в силах бываю возвратиться в неё, но враг представляет мне предлог за предлогом относительно дел, которые и без меня могут быть исполнены, пока не уязвит меня; таким образом возвращаюсь я в келлию уже поздно, с большою неприятностию, омрачённый и унылый, не зная, что мне делать. И потому, святый Отец мой, вот я пред твоим сердцем, видящим всё: поступи со мною по милосердию твоему, как хочешь и как знаешь, впрочем я не знаю, что и сказать тебе; но прости меня Бога ради.

Ответ: Брат! не должно тебе отчаиваться вследствие того, что ты написал мне. Кормчий, когда корабль его бьют волны, не отчаивается в своем спасении, но управляет кораблем, пока не приведёт его в пристань. Так и ты, видя, что увлёкся и рассеялся в деле, воззови себя к началу пути, говоря с Пророком: «и рех: ныне начах» (*Пс.76:11*) и проч. Рассматривай встречающиеся дела: могут ли они быть исполнены братиями, или тобою, и не уклонишься с пути. Попечение ради Бога есть духовное делание, исполняемое и совершаемое во спасение души: старайся только, по силе своей, для ничтожных дел не выходить из келлии, ибо это демонская хитрость. Будь разумно внимателен к себе, и Бог поможет тебе, молитвами святых. Аминь.

Вопрос 19. Прошение того же к тому же Великому Старцу, чтобы он понёс грехи его.

Ответ: Брат! хотя ты просишь о деле, превышающем мои силы, но покажу тебе меру любви, которая понуждает себя и на то, что выше сил. По приверженности к тебе, я беру на себя и понесу твоё бремя, только с тем, чтобы и ты взял на себя – хранить мои слова и заповеди, ибо они спасительны, и ты поживешь непостыдно.

Вопрос 20. Того же к тому же Великому Старцу, о заповедях, которые он дал ему, и прошение о том, чтобы быть в состоянии сохранить их.

Ответ: Тот, Кто укрепил отцов наших, да укрепит и твою любовь, брат, и да даст тебе разум духовный, чтобы ты мог во всех делах своих поступать разумно. Воздерживай язык свой от празднословия, чрево – от сластолюбия, и не раздражай ближнего. Не будь дерзок, почитай себя за ничто, храни любовь ко всем и имей всегда Бога в уме своем, поминая: «когда... явлюся лицу Божию» (*Пс.41:3*). Сохраняй сие, и земля твоя принесёт сторичный плод Богу, Которому слава во веки. Аминь.

Вопрос 21. Того же к тому же Великому Старцу: Отец мой, что значит вменять себя ни во что?

Ответ: Брат! вменять себя ни во что значит ни с кем не сравнивать себя и не говорить о своем добром деле: и я это сделал.

Вопрос 22. Прошение того же к тому же: касательно нарушения данных ему заповедей, о помощи в покаянии, и как должно каяться; и если случится преступить заповедь, уничтожается ли чрез то завет?

Ответ: Во имя Божие, да исполнится по прошению твоему то, о чём ты просил. Берегись же высокоумия, чтобы не потерять всего. Когда нарушишь заповедь, спеши к покаянию; и хотя имеешь перевязь для своей раны, не предавайся нерадению, чтобы не сделалось с тобою хуже прежнего. Пока ты держишься за меня, завет мой с тобою пребывает нерушимым; в противном случае, как помилует тебя Бог, чтобы слышать и исполнять о Христе. Аминь.

Вопрос 23. Того же к тому же Великому Старцу прошение молитвы, чтобы и в будущем веке не лишиться его покрова.

Ответ: Сын мой! если бы ты разумел сказанное тебе мною, то мог бы познать, что я уже дал тебе залог спасения души твоей; я не желаю обольстить тебя или отлучить от спасающихся, истинных чад моих, и покрова Божия, но и сам ты постарайся не отлучаться от той жизни. Апостол никого не отлучил, а сказал: «аще ли неверный отлучается, да разлучится» (*1Кор.7:15*). Но да не исполнится сего на тебе: я упомянул о сём только к утверждению твоему, чтобы ты внимал себе, стараясь не отпасть от сего ожидания и надежды. Возмогай же о Господе, Который сказал ученикам Своим, что они приимут силу с высоты (*Лк.24:49*).

Вопрос 24. Того же к другому Старцу: Если кто считает себя ниже всей твари, а действия его не соответствуют сему; как о сём думать?

Ответ: Если действие не согласно с сознанием, то и оно не есть истинно, но поругание демонское.

Вопрос 25. Отец мой! нет ещё того, чтобы я считал себя ниже всей твари, но когда испытываю свою совесть, нахожу себя заслуживающим того, чтобы считать себя ниже всей твари. Неужели и это поругание от демонов?

Ответ: Брат! теперь только вступил ты на правую стезю. Вот самая истина. Бог да приведёт тебя в ту меру, чтобы считать себя ниже всей твари. Здравствуй о Господе.

Вопрос 26. Того же к тому же: Скажи мне, Владыко мой: каким путем скорее можно достигнуть спасения – трудами ли, или смирением, и как избавиться от забвения?

Ответ: Брат! истинный труд не может быть без смирения; ибо сам по себе труд суетен и не вменяется ни во что. Писание говорит: «виждь смирение мое и труд мой, и остави вся грехи моя» (*Пс.24:18*). Итак, кто соединяет смирение с трудом, тот скоро достигнет цели. Имеющий смирение с уничижением также достигает, ибо уничижение заменяет труд. А кто имеет одно только смирение, тот хотя и успевает, но не так скоро. Желающий приобрести истинное смирение отнюдь ни в каком случае не должен почитать себя чем-нибудь. В сём состоит истинное смирение. Приемлющий тот «огнь», который Господь «пришел вовреши на землю» (*Лк.12:49*), не знает забвения и пленения, ибо всегда ощущает сей огнь.

Возьми пример от чувственного огня. Если к человеку, находящемуся уже при смерти, приблизится огонь, он тотчас чувствует боль; и чем бы человек ни был занят, если упадёт на него горячий уголь, он нимало не может уже оставаться в своем увлечении. Брат! огонь никогда не угасает, иначе он и не был бы огнем. Если ты хочешь избавиться от забвения и пленения, то не иначе можешь того достигнуть, как стяжавши в себе духовный огнь, ибо только от его теплоты исчезают забвение и пленение. Приобретается же огнь сей стремлением к Богу. Брат! если сердце твоё день и ночь с болезнию не будет искать Господа, ты не можешь преуспеть. Если же, оставив всё прочее, займешься сим, то достигнешь сего; ибо Писание говорит: «упразднитеся и разумейте» (*Мф.15:10*) и проч. Да даст тебе Господь разуметь сие и подвизаться в сём.

<u>Вопрос 27</u>. Того же к тому же: Отец мой, что есть смирение? что уничижение? и что сокрушение сердца? Приобретает ли тот смирение, кто сам себя уничижает в сердце? Или нужно для сего перенести ещё и внешние поношения и досады от людей, и упражняться в самых низких делах[76]? Должен ли также смиренномудрый показывать своё смирение на словах, или стараться быть смиренным и в поступках?

Ответ: Смирение состоит в том, чтобы ни в каком случае не почитать себя за нечто, во всем отсекать свою волю, повиноваться всем и без смущения переносить то, что постигает нас отвне. Таково истинное смирение, в котором не находит себе места тщеславие. Смиренномудрый не должен стараться выказывать своё смирение на словах, но довольно для него говорить: «прости меня» или «помолись о мне». Не должно также самому собою вызываться на исполнение низких дел: ибо и то, и другое ведёт к тщеславию, препятствует преуспеянию и более делает вреда, нежели пользы; но когда повелят что-либо, не противоречить, а исполнять с послушанием: вот что приводит к преуспеянию. Уничижение же бывает двоякого рода. Одно сердечное, а другое происходит от поношений, принимаемых отвне. Уничижение, принимаемое отвне, более сердечного; ибо легче самому себя уничижить, нежели перенести уничижение от других, потому что последнее производит гораздо большую болезнь в сердце. Сокрушение же сердца состоит в том, чтобы хранить его и не допускать увлекаться неполезными помышлениями.

Вопрос 28. Того же к тому же: Если кого-нибудь хвалят, не должен ли он отвечать, говоря как бы со смирением?

Ответ: Молчать гораздо полезнее. Ибо если кто отвечает, то это значит, что он принимает похвалу, а сие есть уже тщеславие. Даже и то, когда думает, что он отвечает смиренно, есть уже тщеславие; ибо если он те же слова, которые сам говорит о себе, услышит от другого, то не может перенести их.

Вопрос 29. Того же к тому же: Но случается, что похваливший, заключив из молчания его, что принял похвалу, соблазнится сим; как же должно поступать?

Ответ: Неизвестное подвизающийся должен предоставить Богу, да известит Он Сам слышащего. Почему знать, может быть, хваливший получил пользу от его молчания, полагая, что он не принял похвалы, а он думает, что тот соблазнился. Если соблазнивший сам обнаружит сие, тогда должно объяснить ему со смиренномудрием, говоря: прости меня, брат, я ничего не сознаю в себе доброго, потому и не нашёл, что тебе отвечать, но помолись о мне Господа ради.

Вопрос 30. Того же к тому же: Случается, что иной действительно грешен, и со смиренномудрием, а не по тщеславию говорит истину: неужели он и тогда не должен отвечать?

Ответ Иоанна: Не должен, хотя бы и так было; ибо если он смиренномудрствует на время, но слушающий считает его смиренномудрым, и это будет тяготить его[77]; потому что Господь сказал: «горе, егда добре рекут вам вси человецы» (*Лк.6:26*), относя это к грешникам, которые не имеют дел, а получают похвалу.

Вопрос 31. Того к тому же: Как же мы находим, что некоторые из святых, когда их хвалили, отвечали со смирением?

Ответ: Отцы, достигши той меры, о которой сказал Господь: «егда сотворите сия вся, рцыте, яко раби неключими есмы» (*Лк.17:10*), и, поистине почитая себя такими, так и отвечают, как думают о себе; если же и от другого то же услышат, не приходят в негодование, но благословляют его, как сказавшего истину.

Вопрос 32. Того же к тому же: Если кто-нибудь, будучи облагодетельствован другим, благодарит его как своего благодетеля, неужели в таком случае не должно отвечать?

Ответ: Молчание всегда хорошо. Но чтобы не показалось, что благотворитель отвергает приносимую ему благодарность, он должен со смирением сказать: «прости меня, авва, и помолись о мне Господа ради», имея в сердце своём, что он сам ничего не сделал; ибо Господь благодетельствует всем. Притом должен молить Бога, чтобы не понести осуждения за свои слова.

Вопрос 33. Того же к тому же: Помолись о мне, Отец мой, чтобы я избавился от языка своего, от свободы в обращении и от угождения чреву.

Ответ: В отношении языка, свободы в обращении и чревоугодия, как ты меня просил помолиться, так и сам старайся, по силе своей, воздерживаться, ибо их нельзя обуздать без болезни сердечной, без трезвения и плача, вспоминая, что «много бо может молитва праведнаго поспешествуема» (*Иак.5:16*). Все страсти препобеждает смирение, которое всякий приобретает трудом. Брат! Бог да подаст тебе силу, соединённую с рассуждением и страхом Божиим.

Вопрос 34. Того же к тому же: Если сие приобретается плачем, как ты сказал, то как же мне сохранить плач, когда я нахожусь среди людей, служу другим и забочусь о том, что кому дать из больных? и есть ли сердечный плач без слёз?

Ответ Иоанна: Не плач происходит от слёз, а слёзы от плача. Если человек, находясь среди других, отсекает свою волю и не обращает внимания на чужие грехи, то приобретает плач. Ибо чрез сие собираются его помыслы и, собираясь таким образом, рождают в сердце печаль по Богу (*2Кор.7:10*), а печаль эта – слёзы.

Вопрос 35. Того же к тому же: Я объясняю свои помыслы Авве и чувствую, что некоторые скорбят на то. Как же мне поступать? Не получаю ли я вреда, пребывая в келлии, и как, посмеиваясь надо мною, внушает мне помысл, будто бы внимая своему намерению? Потом, ежели намерение моё, при вашем покровительстве, и не будет по страсти, как могу совершить всё это дело без вреда, будучи немощен и не имея ещё ненависти к страстям моим? И потому прошу тебя, если и ты так же рассудишь, и то мне полезно, чтобы не быть мне более посредником между братиею и Аввою вне больницы, как бы не возбудить чрез это зависть и не поколебаться самому. Душа моя в твоих руках, Отец мой, скажи мне, как повелишь мне поступать?

Ответ: Если говоришь[78] чистосердечно, не по страсти и не по тщеславию, а только для пользы, то не обращай внимания на слова людей. Подвизайся, при помощи молитв святых, пока не успеешь окончить всё дело без вреда. Быть посредником не по страсти, как я сказал, дело доброе, потому что не всем возможно, да не всем и полезно говорить прямо с Аввою. Когда ты говоришь по Богу, то не от себя говоришь и делаешь добро, но Бог действует во всём. А благое Божие не рождает зависти. Если же она и появится на малое время, то скоро угасает. Души всех нас в руках Бога; Он хранит нас и укрепляет на полезное.

<u>Вопрос 36</u>. Того же к тому же: Если я нахожу что-нибудь полезным для некоторых, должен ли я сказать то, не будучи спрошен о сём? И если брат, которого это касается, будет старше меня, или клирик: сказать ли мне о нём Авве или промолчать? Когда меня спросят, то как отвечать? Если же полезно говорить и самому по себе, то как мне говорить, чтобы не показаться притворным, т. е. избежать смиреннословия и не говорить, как бы уча со властию?

Ответ: Отцы сказали, что хорошо говорить Бога ради и молчать Бога ради. Слова же их значат следующее: говорить, как я сказал, не по страсти хорошо, ибо говорящий таким образом Бога ради говорит, а когда кто видит, что хочет что-нибудь сказать по страсти, то если промолчит, хорошо сделает, ибо он умолчит Бога ради. Если же хочешь говорить по Богу, не заботься о том, *что* сказать, иначе ты не исполнишь заповеди; но предоставь это дело Богу, и Он вложит во уста твои, *что* сказать для пользы. Бог силен «препоясати нас, немощных, силою» (*1Цар.2:4*). Он да укрепит тебя, брат.

<u>Вопрос 37</u>. Того же к тому же: В чём должно отсекать волю свою пред Аввою: в добром, в среднем[79], или в том, что кажется противно заповеди Божией? И если повеление его будет выше сил моих, должен ли я отказаться, чтобы не впасть после в скорбь и смущение? И ещё, если кому-нибудь нужно будет попросить чего-либо у Аввы, он скажет мне, чтобы я помог ему в том деле, и я соглашусь, не даст ли это пищи моему честолюбию, как будто я что-нибудь значу?

Ответ: Брат! кто хочет быть иноком, тот отнюдь ни в чём не должен иметь своей воли. Христос, научая нас сему, сказал: «Яко снидох с небесе, не да творю волю Мою» (*Ин.6:38*) и проч. Ибо кто хочет одно исполнять, а от другого отказываться, тот показывает, что он или рассудительнее повелевающего ему, или поруган демонами. Итак, ты должен слушаться во всём, хотя бы тебе и казалось, что дело будет не безгрешно. Авва, который назначает тебе оное, понесёт и грех твой, ибо с него взыщется ответ за тебя. Если же назначаемое дело покажется тебе тяжёлым, спроси о сём Авву и предоставь его рассуждению. Если же братия будет назначать тебе подобное дело, а ты видишь или знаешь, что оно вредно или превосходит твои силы, опять спроси Авву, и что он скажет, то и сделай. Если же будешь разбирать не только дела, но и людей, то навлечёшь себе скорби. (Но где видишь, что дело доброе, там покажи послушание братии; а в чём сомневается помысл, или что превосходит твои силы, или сопряжено со вредом)[80], всё то говори Авве твоему, и как он рассудит, так и поступи, и будешь спокоен; ибо Авва знает, что делает, и как заботиться о душе твоей.

Веруй, что всё, что он говорит тебе, говорит по Богу (а всё бывающее по Богу) полезно и не приносит ни скорби, ни смущения (от доброго не происходит ничего злого). «Всяко древо доброе плоды добры творит» (*Мф.7:17*). Если же кто-нибудь в случае нужды попросит тебя помочь ему у Аввы, исполни это как заповедь, которую дал тебе Авва; ибо если он посадит тебя у дверей и скажет: говори мне о всяком, кто бы ни пришел, ты не от себя будешь делать это, но исполняя приказание повелевшего. Если Авва повелит тебе говорить ему или не говорить, это уже не твое дело.

<u>Вопрос 38.</u> Того к тому же: Когда брат спросит меня о каком-либо слове или деле, которого я не знаю, отвечать ли ему или нет? Также, когда меня и не спрашивают, но я сам вижу, что нехорошо делают что-нибудь: нужно ли хоть один раз сказать о сем тому, кто делает дурно, или нет?

Ответ: На все сии вопросы один ответ: остерегайся, чтобы не сказать по тщеславию, но говори со смирением и страхом Божиим. Во всех случаях (о коих ты спрашивал) скажи и напомни, если нужно, однако в своём только монастыре, а не в другом месте; потому что живущие в одном общежитии суть как бы одно тело. А когда находишься в другом месте, сам от себя не говори ничего, чтобы не показаться учителем; но когда тебя спросят, скажи со смирением, и Бог вразумит тебя, брат.

<u>Вопрос 39</u>. Того же к тому же. Ты сказал мне, что когда меня спросят, или сам вижу что-либо, то я должен сказать со смирением; но если вижу, что, когда говорю, сердце моё услаждается тщеславием, или хотя тогда и не услаждаюсь, но знаю, что буду услаждаться им после, промолчать ли мне, или нет?

Ответ: Сказать что-либо со смирением не значит говорить учительски, а так, как сам слышал от Аввы и от отцов. Если же полезно сказать что-нибудь брату, а тщеславие внушает тебе усладиться сим, то знай, что враг хочет воспрепятствовать тебе сделать пользу брату. Если будешь слушаться тщеславия, брат никогда не получит через тебя пользы; но отвергни тщеславие и презри оное; а когда скажешь брату должное, покайся пред Богом, говоря: «Прости меня, Господи, что я тщеславно говорил»; и в последнем случае поступай так же.

<u>Вопрос 40</u>. Того же: Отец мой! как согласить это: ты повелел мне, когда вижу что-либо неполезное, говорить, прежде нежели меня спросят, а отцы говорят, что не должно начинать разговора прежде вопроса, и авва Нистерой не потому ли приводил других в удивление[81], что, будучи в общежитии, говорил: я и осёл — одно и то же. Скажи мне также, Отец мой, что значит внимать своим помыслам? Должно ли заниматься сим в определённое время, и как сие делать?

Ответ Иоанна: Брат, старцы отвечают сообразно с духовным возрастом человека. Есть время, в которое человек может послужить, и тогда он должен оказывать другим услуги; но настанет и такое время, когда ему будут служить другие: тогда духовный возраст его будет уже не тот, что прежде. Совершенным совершенное и говорится, а находящимся под законом преподаётся иное, ибо они ещё испытываются под пестуном. Когда и ты будешь мертв для мира, как авва Нистерой, тогда можешь сказать: я осёл. Не высокомудрствуй, потому что повредишь себе тем. Отцы назначили время для внимания своим помыслам, говоря: утром испытай себя, как провёл ты ночь, и вечером также, как провел день. И среди дня, когда отяготишься помыслами, рассмотри себя.

ТОЛКОВАНИЕ

Чрез сие Богоносный Отец показывает, что не всякий, но только смиренномудрствующий и уничижающий себя может сказать: я осёл, ибо сказать это не есть бесчестие, но, напротив, величайшая честь. Потому и говорит Отец: не высокомудрствуй. Ибо когда кто достигнет в меру осла, то подобно ему, получая удары, терпя поношения, будучи отягощаем, влеком, связываем и терпя всё подобное, что свойственно терпеть ослу, переносит всё сие не противореча, не помня зла, и отнюдь не возмущаясь в сердце, подобно ослу, но пребывая при всём том, как бесчувственный, что и означает уже желаемое двоякое или троякое умерщвление; тогда, может быть, человек осмелится сказать: я осёл, но и то со многим стыдом, размышляя о высоте такого преуспеяния. Однако думаю, что и тогда он не скажет сего: но видя, что ему многого недостаёт до такого состояния, тем менее осмелится сказать: я осёл, и даже не посмеет и подумать сего, зная, что это есть высокомудрие, в котором состоит падение души и поистине совершенная погибель.

ВОПРОСЫ ПРЕПОДОБНОГО ДОРОФЕЯ И ОТВЕТЫ, ДАННЫЕ НА НИХ СВЯТЫМИ СТАРЦАМИ ВАРСАНУФИЕМ И ИОАННОМ ПРОРОКОМ

<u>Вопрос 41</u>. Того же к тому же: Если кто из старцев, высших меня, спросит меня о чём-нибудь, должен ли я сказать, что нахожу полезным?

Ответ Иоанна: Не твоё дело говорить это, потому что ты не знаешь воли Божией, действительно ли сие полезно; но если кто из них спросит тебя, скажи ему со смирением: «прости меня» и: «я не знаю».

<u>Вопрос 42</u>. Того же к тому же: Когда брат делает что-нибудь среднее, но не согласно с моею волею, и я скорблю о сём, как мне поступить: промолчать ли и не успокоить своего сердца, или ласково сказать и тем избавиться от смущения? Если же дело это другим причиняет скорбь, а не мне, сказать ли мне ради других, или сие будет напрасное вмешательство в чужое дело?

Ответ Иоанна: Если дело будет безгрешное, среднее, и ты хочешь сказать для того только, чтобы успокоить твоё сердце, то в сём обнаруживается твоё побеждение, что ты, по немощи своей, не можешь потерпеть. Укори же себя и молчи. А когда брат другим причиняет скорбь, то скажи Авве твоему, и он или сам скажет тому брату, или тебя вразумит, что тебе сказать ему, и ты будешь спокоен.

<u>Вопрос 43</u>. Того же: Если я говорю Авве ради других и догадываюсь, что брат смущается сим: как мне по-

ступить? Также, когда он оскорбляет и других, и меня: сказать ли мне ради других или промолчать, потому что это и меня беспокоит? Если же знаю, что брат не скорбит о сём, сказать ли и себя ради, или принудить себя промолчать?

Ответ Иоанна: Если ты скажешь Авве, а брат смутится сим, то тебе нет до того дела. Когда нужно будет сказать ради других, и это тебя озабочивает, скажи ради их, себя же ради принудь себя не говорить.

<u>Вопрос 44</u>. Того же: Но помысл говорит мне, что, если брат смутится на меня, он сделается мне врагом, полагая, что я его оклеветал перед Аввою.

Ответ Иоанна: Это злой помысл, возбраняющий исправлению брата. Не удерживайся, но говори Авве только по Богу, а не по страсти; ибо и на врачей ропщут больные, которых они лечат, но врачи пренебрегают сим, зная, что после они их будут благодарить.

<u>Вопрос 45</u>. Того же: Когда вижу, что помысл побуждает меня сказать не для пользы брата, но для того, чтобы оклеветать[82]: сказать ли мне, или промолчать?

Ответ Иоанна: Вразуми свой помысл сказать по Богу, а не по страсти. Если же побеждаешься желанием оговорить брата, скажи Авве, исповедуя ему клевету свою, чтобы обоим вам получить исцеление: брату от греха, а тебе от клеветы.

<u>Вопрос 46</u>. Если же помысл не допустит меня исповедать Авве, что я говорю с намерением оклеветать брата: что мне делать, сказать ли или нет?

Ответ: Не говори ничего, и Господь попечется о сём. Тебе не должно говорить со вредом душевным. Господь исправит брата, как Ему угодно.

<u>Вопрос 47</u>. Бывает, что я, кажется, делаю что-нибудь как должно, но другой поправляет моё дело; а я ответ ему даю с тщеславием: как мне поступать в подобных случаях?

Ответ Иоанна: Если тебе не нужно отвечать, молчи. А когда дело братнее наводит тебе сомнение, укори себя в тщеславии и уврачуй брата.

Вопрос 48. Если делаю нечто среднее и вижу, что, когда брат узнает, что я это делаю, он соблазнится сим, и тщеславие понуждает меня скрыть это дело (ибо стыжусь, ежели брат увидит его): должен ли я его скрыть для избежания соблазна, или не скрывать во избежание тщеславия? Также когда не знаю наверное, соблазняется ли брат, но только подозреваю сие: как мне поступать?

Ответ Иоанна: Если сердце осуждает тебя, что подаёшь брату соблазн, то скрой это дело и не давай ему повода к подобным помыслам; а когда не знаешь наверное, но только подозреваешь, не заботься о сём.

Вопрос 49. Того же: Если скажу кому-нибудь колкое слово, а он не поймёт его: должен ли я покаяться перед ним, или промолчать и не давать ему мысли об том?

Ответ Иоанна: Если брат не поймёт, что ты сказал ему колкость, молчи и не смущай его, но постарайся покаяться в том.

Вопрос 50. Если кто-нибудь увидит, что брат согрешил, и скажет о сем Авве; тот, о котором сказано, как должен быть расположен к сказавшему на него?

Ответ Иоанна: Если согрешивший верный[83] и живет по Богу, то, хотя бы кто-нибудь и по вражде сказал на него Авве, он должен подумать: брат сказал сие, желая доставить мне пользу; и так исполнится на нём слово Писания: «благий человек от благаго сокровища сердца своего износит благая» (*Мф.12:35*); помышляя сие, он скорее должен возлюбить того брата, нежели ненавидеть. Кто всегда таким образом поступает, тот преуспевает о Боге.

Вопрос 51. Того же: Так как я ощущаю, что по тщеславию своему немного краснею, когда делаю поклон при некоторых, то должен ли я стараться с намерением кланяться при других, или как случится?

Ответ Иоанна: Ты не должен ухищряться с намерением кланяться при других, или особенно наедине, но делать это, как придётся.

Вопрос 52. Должен ли я делать поклон и младшим, или врачевать их словами, чтобы с другой стороны не вкралось в меня тщеславие?

Ответ Иоанна: Случается, что великие и почтенные люди бывают должны ничтожным и самым последним и обязаны отдать долг, не тщеславясь, потому что были должны; так и ты, если должен кому-либо младшему тебя, поклонись ему без тщеславия, зная, что ты его должник.

Вопрос 53. Того же: Если страстный помысл войдёт в мое сердце, чем я должен отразить его: тем ли, чтобы противоречить ему или произнести запрещение и как бы прогневаться на него, или тем, чтобы прибегнуть к Богу и повергнуть пред Ним свою немощь?

Ответ Иоанна: Брат! страсти те же скорби, и Господь не отделил их, но сказал: «призови Мя в день скорби твоея, и изму тя, и прославиши Мя» (*Пс.49:15*). И потому в отношении всякой страсти ничего нет полезнее, как призывать имя Божие. Противоречить же прилично не всем, но только сильным о Боге, которым повинуются демоны; если же кто из несильных будет противоречить, демоны ругаются над ним, что, находясь в их власти, он им же противоречит. Также и запрещать им дело мужей великих, имеющих над ними власть. Многие ли из святых запрещали диаволу, подобно Михаилу Архангелу, который сделал сие потому, что имел власть? Нам же, немощным, остается только прибегать к имени Иисусову; ибо страсти, как сказано, суть демоны и исходят от призывания сего имени. Чего же ты хочешь более сего? Бог да укрепит тебя во страхе Своём и да подаст тебе победу.

Вопрос 54. Прошение того же: прошу тебя, Отец мой, дай мне слово, что ты молишься о мне, как и святой Старец дал мне оное. И когда я бываю побеждён в чём-либо, помысл говорит мне: Бог потому не дает тебе силы овладеть страстию, что в тебе есть гордость; или затем, чтобы, овладев ею, ты не впал в тщеславие; или – если легко получишь сию власть, легко и потеряешь её; или для того, чтобы ты, желая получить её, часто прибегал к Богу, или по другой какой-либо причине. Или это происходит от расслабления моего? и как мне поступать?

Ответ Иоанна: Если все мы едино, то дерзаю сказать, что Старец в Боге и я с ним. Если он дал тебе слово, то и я чрез него. Знаю, что я немощен и самый последний, но удалиться от Старца не могу, ибо, по милости его, мы двое составляем единое. Итак, внимай себе, брат. Постарайся трудиться, чтобы сохранить оные заповеди. Если же и побеждён будешь в чём-либо, не ослабевай, не отчаивайся, но встань снова, и Бог поможет тебе. То, что ты побеждаешься и не преодолеваешь страсти, происходит и от первых причин, упомянутых тобою; но случается, что и от расслабления подвергаешься тому. Для освобождения же от того и от другого надобно повергнуть себя пред благостию Господнею с плачем, да освободит Он тебя от сих и от иных страстей молитвами святых. Аминь.

Вопрос 55. Того же к тому же: прошение помощи в том, что заповедал Великий Старец.

Ответ: Брат! Старец ничего не оставил без решения в своих к тебе ответах и заградил чрез то уста всем. Чего ты ещё хочешь, когда тебе сказано: сохрани слова мои, и завет мой с тобою пребудет неруши́м. По силе твоей, старайся сохранить завет его; ибо в нём заключается наследие царствия, рай сладости, и «ихже око не виде, и ухо не слыша, и на сердце человеку не взыдоша, яже уготова Бог любящим Его» (*1Кор.2:9*). Ты должен привнести свои усилия и старание; а покров, милость и подаяние силы зависит от Бога. Ему слава во веки. Аминь.

Вопрос 56. Что мне делать? я боюсь стыда бесчестия. И если вступлю в разговор с некоторыми, очень увлекаюсь оным и пленяюсь, так что совершенно забываю себя; когда же опомнюсь, стыжусь оставить разговаривающих и уйти.

Ответ Иоанна: Чтобы немощному не впасть во всё сие и в славолюбие, ему должно всячески избегать многословия и прекращать разговор, извиняясь Аввою, будто бы тот повелел ему нечто сделать – и потому он спешит. А не переносить бесчестие есть дело неверия. Брат! Иисус сделался человеком и перенёс бесчестия, а разве ты больше Иисуса? Это неверие и обольщение демонское. Кто желает смирения, как говорит, и не понесёт бесчестия, тот не может достигнуть смирения. Вот, ты слышал сказанное, не презирай же сего; ибо и самое дело презрит тебя. Когда разговор приносит пользу и не служит препятствием более нужному делу, то стой, пока разговаривают. Если же разговор этот не полезен, скажи: прости, я немощен. О стыде же скажу: размышляя о всенародном стыде, который пред Господом постигнет грешников, вменишь ты временный ни во что.

Вопрос 57. Того же: Когда приходят в монастырь некоторые, или мирские, или отцы, помысл внушает мне спросить у них о пользе души или о делах. Как ты рассудишь о сем?

Ответ Иоанна: Брат! кто поистине желает быть учеником Христовым, тот ни в чём не имеет власти над самим собою, чтобы самому по себе делать что-либо. Хотя он и думает получить пользу от беседы с приходящими, но нарушает заповедь, которая говорит: «Без совета ничесоже твори» (*Сир.32:21*). Что же ты ещё хочешь слышать сверх того, что сказали отцы? Если некоторые пришедшие будут беседовать о слове Божием, спроси Авву твоего со смирением: «Авва, желаешь ли, чтобы я подождал и послушал, или мне идти?» И что он скажет, то и делай спокойно. Если же и по надобности хочешь спросить кого-либо, инока или мирского, то скажи Авве, и когда он найдёт нужным, сам спросит то, что ты хочешь узнать; а когда тебе скажет: «спроси ты», тогда спроси.

Вопрос 58. Если же я не хочу спрашивать, но случится мне встретиться с кем-либо из них, или кто сам спросит меня о чем-нибудь, то как повелишь тогда поступить?

Ответ Иоанна: При встрече с кем-либо ограничивайся только приветствием и потом скажи: помолись о мне, я иду по делу, и уйди. А когда спросят тебя о чём-либо, и ты знаешь это, то скажи и проходи далее; при незнании скажи: не знаю, и проходи далее.

Вопрос 59. Если же кто-либо застанет меня в то время, как я сижу или делаю что-нибудь, и сядет возле меня и захочет говорить со мною, то что мне делать?

Ответ Иоанна: Если кто-либо застанет тебя сидящим где-нибудь и подойдёт к тебе, прими от него благословение и сделай то же самое, что и прежде, и скажи ему: помолись о мне; и хотя бы едва не руками удерживал тебя, скажи ему: «прости меня, мне дана заповедь ни с кем не разговаривать без воли Аввы; но скажу ему, и что он повелит, то и сделаю». Если же кто-либо подойдет к тебе и сядет в то время, как ты делаешь что-нибудь, то, по данной тебе заповеди, найди какой-нибудь предлог и встань.

Вопрос 60. Того же: Что же значит сказанное аввою Исаиею: приветствовав странника, спроси его: каково он живёт, и потом сиди с ним молча?

Ответ: Ты написал мне, что авва Исаия заповедал принять странника и после приветствия спросить его, каково он живёт, а потом сидеть с ним молча; но все это было сказано старцу, который был уже в летах и достиг высокой меры духовной. Истинный же ученик и желающий быть иноком хранит себя от подобных бесед, ибо от них рождаются нерадение, расслабление, непокорство и лютая дерзость. В ином месте Отеческих сказаний написано: «Иоанн сим не занимается». И сие-то значит устранить от себя заботы в отношении всякого человека.

Вопрос 61. Помысл говорит мне: одним разом отсеки свидания, и ты избавишься от увлечения оными. И опять говорит: отсекай мало-помалу, чтобы видящие тебя не стали удивляться. Скажи мне, что из этого лучше?

Ответ Иоанна: О том, чтобы прекратить свидания однажды навсегда, или мало-помалу, дабы видящие тебя не стали удивляться, скажу: если отсечёшь свидания одним разом, то будешь спокоен; а иначе подашь повод к новым разговорам и различным помыслам. К разговорам потому, что будут говорить: он беседовал со мною прежде, побеседую и я с ним; к помыслам же, потому что иной подумает: верно, этот брат имеет что-нибудь против меня, ибо прежде говорил со мною, а теперь не говорит. Пожелай достигнуть сего, и Бог поможет тебе.

<u>Вопрос 62</u>. Того же. Иногда некоторые больные приходят в монастырь, прося чего-нибудь из больницы, и мне назначено Аввою раздавать им нужное, а через что я принуждён бываю разговаривать с ними и думаю, не по своему ли желанию я это делаю: объясни мне сие, Отец мой, и помолись о мне, чтобы иметь мне при этом покой.

Ответ Иоанна: Касательно приходящих больных и имеющих нужду получить что-нибудь из больницы скажу: если ты всем одинаково будешь раздавать, ты не должен беспокоиться об этом, потому что тебе велено так делать. Но будь весьма внимателен к тому, чтобы не завести с кем-либо разговора по сему случаю и не продолжить свидания, случившегося по необходимости, исключая тогда, когда надобно будет спросить о каком-либо деле или покупке; но и при сём ограничивайся только необходимым вопросом, чтобы злая воля твоя не нашла себе пищи. Сохрани сие, и получишь покой.

<u>Вопрос 63</u>. Помысл говорит мне, что безмолвие всего нужнее и что оно мне полезно; справедливо ли он мне так внушает?

Ответ Иоанна: В чём состоит безмолвие, как не в том, чтобы удерживать сердце своё от того, чтобы давать другим вещи и самому принимать от них, от человекоугодия и прочих подобных действий? Когда Господь обличил книжника через притчу о впадшем в руки разбойников, и притом спросил его, кто был ближний его, книжник отвечал: «сотворивый милость с ним» (*Лк.10:37*); и ещё сказал Господь в Писании: «милости хощу, а не жертвы» (*Мф.12:7*). Если и ты веришь, что милость более жертвы, то к милости приклони твоё сердце. Безмолвие дает человеку повод к высокоумию, прежде нежели он приобретет самого себя, т. е. будет непорочен. Тогда только имеет место истинное безмолвие, когда человек понёс уже крест. Посему, если будешь сострадать ближним, получишь помощь; если же удержишь себя от сострадания, желая взойти в то, что выше твоей меры, то знай, что потеряешь и то, что имеешь. Итак, не оставайся ни внутри, ни вовне, но держись середины, «искупующе время, яко дние лукави суть» (*Еф.5:16*).

<u>Вопрос 64</u>. Того же: Объясни мне, Отец мой, что значит: не оставайся ни внутри, ни вовне, но держись середины? Не нужно ли некоторые дни назначать безмолвию и некоторые попечениям внешним?

Ответ Иоанна: Слова мои значат: не дерзать на безмолвие и не нерадеть о себе, когда находишься среди попечений, – вот средний путь, безопасный от падения: в безмолвии должно иметь смирение, и при попечениях бдительность над собою и удерживать свой помысл; и всё сие не ограничивается определённым каким-нибудь часом, тем более днями. Всякий должен с благодарением терпеть то, что по необходимости постигает его, и сострадать всем, находящимся в общежитии; ибо исполняет чрез сие заповедь Апостола, т. е. если кто скорбит, поскорби с ним, увещай его, утешь его (*Рим.12:15; 1Сол.5:11, 14*). В сём-то и состоит сострадание; сострадать же больным и помогать им врачеваниями – доброе дело. Если врач, пекущийся о больном, получает награду, не тем ли более тот, кто по силе своей во всём сострадает ближнему? Ибо не сострадающий ему во всём и в том, в чём сострадает, исполняет только волю свою.

<u>Вопрос 65</u>. Того же: Ты повелел мне держаться середины, но случается, что, когда я освобожусь от занятий и выберу удобное время, чтобы посидеть немного в своей келлии, меня очень беспокоят приходящие по обыкновению возлюбленные мне иноки или мирские: если выйду к ним, то скорблю; если же не захочу выйти, то мне надобно сидеть в своей келлии, а чрез сие является препятствие в исполнении потребностей по больнице.

Не повелишь ли мне сказать одному из братий, находящихся со мною при больнице, чтобы, когда я не выйду, он пошёл бы и позаботился о том, что нужно? Или совершенно удалиться мне? Это я думаю как человек; но если в помысле моём таится самооправдание, то да будет по воле Божией, а не по моей, потому что своя воля не может устоять, но оканчивается погибелью.

Ответ Иоанна: Чем более человек нисходит в смирение, тем более преуспевает. Пребывание в келлии не делает тебя опытным, потому что ты пребываешь в ней без скорби. А чрез то, чтобы прежде времени оставить все попечения, враг готовит тебе не покой, а более смущение, так что заставит тебя наконец сказать: лучше бы я и не родился. О беспокойстве же от людей отцы сказали: бывает, что человек находится уже при смерти, а всё ещё внимает содружеству мира сего. Не давай им ничего и не принимай от них ничего; таким образом они и оставят тебя. И о служении брата в больнице вместо тебя скажу: что если ты делаешь что-нибудь, себе и помогаешь; если же через другого, то он получит более, нежели ты за труд твой и молитву. В прежнем ответе моём я говорил тебе о сострадании; подвизайся же в нём, если веруешь Апостолу, который говорит: «кто изнемогает, и не изнемогаю? кто соблазняется и аз не разжизаюся?» (*2Кор.11:29*). «Со озлобляемыми озлобляеми, аки и сами суще в теле» (*Евр.13:3*).

<u>Вопрос 66.</u> Отец мой! Если кто просит вещи, как мне выдать её с приветливостию, когда я сомневаюсь сначала? Ибо когда даю с принуждением, то душа моя бывает жестока и недовольна.

Ответ Иоанна: Если узнаешь, что просящий просит по нужде, дай ему с радостию, как выдавая из даров Божиих. В этом и состоит приветливость. Если же знаешь, что он просит без нужды, не давай ему, но скажи: мне дана заповедь от Аввы ничего не давать не имеющему нужды; и это не будет жестокость. Господь да вразумит тебя.

Вопрос 67. Читая книгу Василия Великого о подвижничестве, я нашёл, что имеющий что-нибудь и дающий то другому, по заповеди Господней, не другому благодетельствует, а более себе. Как же мне исполнить сию заповедь?

Ответ: Оная глава относится к тому, кто живёт отдельно и может управлять собою с рассуждением; а живущий в общежитии находится в повиновении Отца, и на него не простирается сия заповедь, ибо он ни в чём не имеет власти поступать по своей воле.

Вопрос 68. В книге святого Василия о подвижничестве нашёл я и то, что невозможно быть учеником Господним человеку, пристрастному к чему-либо настоящему или обращающемуся с кем-либо из тех, которые, хотя на малое время, отвлекают его от заповеди Божией. Но родственники мои должны мне несколько, и я желаю сию сумму раздать нищим, а родные, может быть, не захотят мне её возвратить: как мне поступить в таком случае?

Ответ Иоанна: Если ты не отсечёшь плотского мудрования и не сделаешься несколько настойчивым ради Бога, то впадёшь и в человекоугодие. Бог да подаст тебе силу и во всём исполнять волю Его. Аминь.

Вопрос 69. Того же: Что значит «не умалчивать» по слову отцов, и как сие исполняется на деле?

Ответ: Думаю, то, чтобы не молчать о своих помыслах: ибо скрывающий свои помыслы пребывает неисцелён и исправляется только частым вопрошением о них отцов духовных. Как сам разумею, сказал я и тебе, брату моему. Если же ты лучше это понимаешь, «Господь да даст тебе разум» (*2Тим.2:7*), ниспосылаемый от Него (*Еккл.2:26; Иов.12:13, 16; 1Ин.5:20*), также и мне, худейшему рабу Его.

Вопрос 70. Что значит сказанное тобою, Отец мой, что внимательному нимало не вредит сон?

Ответ Иоанна: Кто хранит стадо своё подобно Иакову, от того отступает сон (*Быт.31:40*); и когда он и уснёт немного, сон его бывает как у иного бодрствование; ибо огнь сердечного горения не допускает его погрузиться в сон, и он воспевает с Давидом: «просвети очи мои, да не когда усну в смерть» (*Пс.12:4*). Кто достигает сей меры и вкусил уже сладость её, тот разумеет сказанное; такой человек не упояется чувственным сном, а только пользуется естественным.

<u>Вопрос 71</u>. Если кто-нибудь попросит меня войти в его келлию и сотворить молитву, или я попрошу кого-нибудь зайти ко мне или желаю помочь кому-либо в деле, то сколько раз должно отказываться и не соглашаться; там, конечно, где нет преступления заповеди?

Ответ: Если ты войдёшь в келлию брата, или он в твою, и скажет тебе: «помолись, брат», до трёх раз отвечай: «прости». Если он и после третьего раза будет просить, то исполни желание его со смирением. И ты также три раза говори другому, и если не захочет, оставь его; потому что спорить – худое дело. И во всяком случае, предлагают ли тебе принять помощь, или ты желаешь подать кому-нибудь руку помощи, проси до трёх раз, и если он не согласится, перестань с миром и не оскорбляй его. Таков истинный путь Божий; внимай себе, чтобы подвизаться на нём нелицемерно, с чистым сердцем, при содействии Бога, Который простирает тебе руку и помогает Своею благодатию. Аминь.

<u>Вопрос 72</u>. Того же: Если случится трапеза любви[84], и мне будут давать часть мою, но я не имею в ней нужды, повелишь ли мне взять её, чтобы не показалось, что я не принимаю из воздержания, и раздать ли её, кому нужно в больнице, или нет?

Ответ Иоанна: Брат! Если имеешь нужду в этой части, то прими её; если же нет, то не принимай, ибо иначе возродится в тебе тщеславие.

<u>Вопрос 73</u>. Того же: Случается, что я делаю братии трапезу любви, и меня за то прославляют; не вредно ли мне сие и не лучше ли делать её тайно, через Авву, или самому собою, для своего обучения? И как, Отец мой, освободиться от сей славы, потому что она следует и за правыми, и за неправыми делами человека?

Ответ Иоанна: Ты должен быть внимателен к обоим сим преднамерениям, ибо они дают повод к тщеславию. Однако через Авву легче делать трапезу любви, ибо в таком случае тебе надобно будет бороться только с собственным сердцем. А когда сам собою будешь делать её, тебе предлежит двойная брань: не только с собственным сердцем, но и с мнением других людей. Быть свободными от славолюбия и тщеславия могут только те, которые отвлеклись от ветхого человека. Господь да подаст тебе свободу сию о Христе Иисусе Господе нашем, Которому слава во веки. Аминь.

Вопрос 74. Когда закрываю глаза во время службы, помыслы мои собираются. Но хорошо ли это? Может быть, не кажется ли сие странным другим стоящим со мною братиям, и они соблазняются?

Ответ Иоанна: Если помыслы твои действительно собираются, когда Бога ради закрываешь глаза во время службы, то не обращай внимания на некоторых, хотя бы, как ты говоришь, это и казалось странным стоящим с тобою братиям.

Вопрос 75. Того же: У меня есть собственные мои книги, и помысл внушает мне отдать их в общежитие и не заботиться о них более; ибо когда они будут общие монастырские, то и каждый будет получать их для чтения. Подобно сему думаю и об одеждах. Скажи мне, Отец мой, должно ли сие сделать? и какие одежды оставить мне себе, по телесной моей немощи?

Ответ Иоанна: Если хочешь избавиться от заботы о книгах, то хорошо сделать так, как ты говорил, т. е. отдать их в общежитие; ибо всё, что принадлежит общежитию, есть Божие. Что касается одежд, какие для тебя необходимы, ты оставь себе для зимы две короткие коловии[85] и один левитонарий[86], и для лета две лёгкие коловии и один левитонарий. И ещё для зимы, на случай сильной стужи, небольшой нагрудник. Если же не бывает сильной стужи, то достаточно иметь куколь и две мантии: одну зимнюю, а другую летнюю, также и два покрывала: одно тёплое, а другое лёгкое. Имей также власяницу и подушку, они тебе нужны. Если нужен тебе тюфяк, имей и его. И когда тебе дают одежду и ты нуждаешься в ней, прими её, а старую вместо неё отдай Авве; если же не нужна тебе та, которую дают, и её также отдай Авве. Господь да укрепит тебя слышать и исполнять; ибо в сём и состоит преуспеяние и исправление, угодное Богу.

<u>Вопрос 76</u>. Того же к Великому Старцу: Так как вами назначено мне находиться в сём служении при больнице, то скажи, Отец мой, должно ли мне читать некоторые врачебные книги и обучаться самому собою составлять лекарства, или лучше не заботиться об этом, как о рассеивающем ум, и оставить сие (чтобы оно не возбудило во мне, как в невнимательном, тщеславия) и довольствоваться тем, что я уже знаю, делая, что возможно, с помощию масла, муки, мазей и вообще простых средств, в которых упражняются и не читающие врачебных книг? Как же мне поступать? Ибо сердце моё трепещет при сём служении, чтобы не погрешить в нём и не прибавить к страстям моим ещё других грехов.

Ответ Великого Старца: Так как мы не пришли ещё в совершенство, чтобы вовсе избавиться от пленения страстей, то лучше занятия врачебные, нежели страстные. Но не на врачевания должны мы надеяться, а на Бога, Который умерщвляет и оживотворяет и говорит: «поражу и Аз исцелю» (*Втор.32:39*). Читая врачебные книги или спрашивая о них кого-либо, не забывай, что без Бога никто не получает исцеления. Итак, кто посвящает себя врачебному искусству, тот должен предавать себя имени Божию, и Бог подаст ему помощь. Врачебное искусство не препятствует человеку быть благочестивым, но занимайся им как рукоделием для пользы братии. Что делаешь, делай со страхом Божиим и сохранишься молитвами святых. Аминь.

<u>Вопрос 77</u>. Того же: Ты сказал мне прежде, что отсечение своей воли состоит и в том, чтобы не спорить из

желания поставить на своём. Как же мне быть, Отец мой: иногда случается, что приношу больному вещь, по-видимому, полезную, но она нередко ему вредит, и я скорблю, что исполнил в том свою волю? Вижу также, что я целый день нахожусь в занятии, и оно как бы не допускает меня вспомнить о Боге, и чревоугодие беспокоит меня. Скажи мне, что мне делать? Ибо верую, что в сём заключается моё спасение.

Ответ Варсануфия: Если ты, думая, что какая-либо вещь доставит больным пользу, сделаешь по-своему и случится напротив, что она принесет им вред, то Бог, взирающий на твоё сердце, не осудит тебя, ибо знает, что ты сделал вред, желая принести пользу. Если же кто-нибудь знающий скажет тебе о сём наперёд, а ты с пренебрежением преслушаешь его, то это будет гордость и своеволие. Многие всегда слышат о каком-либо городе, и им случается войти в него, не зная, что он тот самый город; так и ты, брат, целый день проводишь в памяти Божией и не знаешь того. Иметь заповедь и стараться сохранять её – в сём заключается и повиновение, и память Божия. Справедливо сказал тебе брат Иоанн: оденься прежде листьями, а потом, когда повелит Бог, принесёшь и плоды. Если не знаешь полезного, то последуй знающим, и это есть смирение, и получишь благодать Божию. Справедливо сказал ты, что в сём заключается твоё спасение; ибо ты не сам собою пришёл сюда, но Бог путеводил тебя сюда. «Возмогай во Господе» (*Еф.6:10*); ты не малую пользу получаешь от занятия, на которое жалуешься. Сколько возможно, подвизайся против чревоугодия, и Господь поможет тебе познавать и делать полезное. Мужайся и крепись о Господе.

<u>Вопрос 78.</u> Того же: Так как ты сказал мне, что повиновение и память о Боге состоит в том, чтобы иметь заповедь[87] и стараться исполнять её, то прошу тебя, научи меня и сему: возможно ли озабоченному таким служением по Богу и находящемуся среди людей иметь непрестанную память Божию? И когда возможно, испроси

мне её, Отец мой, если сие мне будет полезно. Ибо тебе и «Богу вся возможна» (Мф.19:26).

Ответ Варсануфия: О непрестанной памяти Божией: каждый может сохранять её по своей мере. Ты только смирись, а я лучше тебя знаю, что тебе полезно, и сего прошу тебе у Бога, ибо Ему «вся возможна» (*Мф.19:26*).

<u>Вопрос 79</u>. Того же: Опять прибегаю к тебе, милосердый Отец мой, и не перестану беспокоить тебя, пока не укрепишь меня; ибо если Бог, по вашим молитвам, и даёт мне некоторую печаль о грехах моих, я мало-помалу снова теряю её чрез внешнее развлечение. Итак, прошу тебя, Отец мой, и в сём укрепи меня, чтобы всё было со мною по милости Божией и вашей, и ничего не было моего собственного: ибо я ничего не могу, если не буду укреплён вашими молитвами. Опасаюсь, Отец мой, и того, что управляю больницею, ибо это есть некое властительство, и как бы не подало повода к тщеславию и свободе в обращении. Также и от частого вкушения снедей могу уклониться в чревоугодие. Итак, не рассудите ли вы, чтобы мне, для предварительного обучения себя, побыть прежде в более низком послушании, и потом, когда легче будет мне, опять вступить в оное служение? Ты знаешь, Отец мой, что я говорю так не потому, чтобы тяготился сим делом, ибо что я делаю, окаянный? Но боюсь, не раздражаю ли я свои страсти, живя здесь; сам ли я так думаю, или демоны мне внушают то, – не знаю. Ты же, Отец мой, объяви мне волю Божию; избавь от смущающих меня помыслов, укрепи меня твоими молитвами исполнять, что ты говоришь, и прости меня.

Ответ Варсануфия: Выслушай, брат, и будь уверен о Господе, что, когда мы поручили тебе оное дело, рука наша и сердце наше с тобою, точнее же сказать, рука Бога, умоляемого нашими молитвами о спасении души твоей и о том, чтобы Он укрепил тебя в деле, даровал тебе успех и покрыл тебя в нём. Ты не иначе можешь спастись, как только чрез сие послушание. Итак, не унывай, падая и восставая, поползаясь и укоряя себя, пока

Господь не окажет тебе милости, которой ты желаешь; только не будь нерадив. Не бойся, ибо Господь, поставивший тебя на сие дело, и устроит оное, и мы разделяем с тобою попечение. Да не прельстит тебя диавол под видом добра, как сказано: «благими словесы и благословением прельщают сердца незлобивых» (*Рим.16:18*). Тот, Который поставил тебя на сие дело, есть всё: Он сказал ученикам Своим: «се, Аз посылаю вас» (*Мф.10:16*), и ещё: «се, Аз с вами есмь» (*Мф.28:20*). Не бойся и нимало не смущай себя сомнениями о больнице, унывая от забот, сопряжённых со властию. Если уразумеешь написанное тебе, то будешь спокоен. Только себе должен ты внимать по силе своей, и Бог поможет тебе. Здравствуй о Господе и укрепляйся о Нём.

<u>Вопрос 80</u>. Того же к другому Старцу: Если братия, находящиеся со мною, в чем-либо согрешат, как исправить мне их без смущения?

Ответ Иоанна: Если напечатлеешь в сердце волю Божию, то не будешь смущаться, но приобретёшь добрый навык, как и отцы; если же забудешь её и увлечёшься как человек, то скажи Богу с покаянием: «прости меня, Владыко, и помилуй меня», и скажи находящимся с тобою братиям: «берегитесь, братия, ибо через то мы подвергаем себя осуждению и погубляем наши души», и не говори слишком громко, но только так, чтобы было слышно. Когда обучишь себя в сём, достигнешь и такого устроения души, которое угодно Богу.

<u>Вопрос 81</u>. Того же: Прошу тебя, Отец мой, скажи мне, каким образом должно исправлять ближних и в каком случае надобно юродствовать, т. е. представлять себя как бы не понимающим дела и не обращать на него внимания. А если не буду иметь успеха в деле, должен ли положить на себя запрещение относительно оного?

Ответ Иоанна: Относительно людей поступай так: когда знаешь, что согрешивший человек разумный и принимает слова твои, вразумляя его, скажи: «Брат! если мы с нерадением делаем дело Божие, это погибель для души. Ну, хорошо ли ты теперь сделал? Постарайся вперёд исправиться». Если же он неразумен, скажи ему: «Поверь мне, брат, что ты сто́ишь наказания за свое нерадение, и как скоро скажу Авве, он строго тебя накажет». А когда можно представляться непонимающим, для сего соображайся с погрешностью брата; и если она невелика, покажи вид, что ты не понял её; если же велика, то не должно представляться непонимающим. Ты не должен налагать на себя запрещения к занятию делом в случае безуспешности, но и не пренебрегать ею. Испытав её, проси прощения у Бога, ибо иначе впадёшь в нерадение.

Вопрос 82. Того же: Если кто-либо из братии или из самих больных согрешит, и я, желая исправить его, скажу что-нибудь со смущением, должен ли я после поклониться ему (прося прощения)? И если случится, что он разгневанным на меня уйдёт из больницы, что мне делать? И вообще, за какие согрешения надобно делать поклонение? Ибо гордость и самооправдание помрачают ум. А когда кто и поклонится, то тщеславие снова найдёт себе повод.

Ответ Иоанна: Со смущением ничего не говори, потому что зло добра не рождает. Но потерпи, пока помысл твой успокоится, и тогда скажешь мирно. И если брат послушается тебя, – хорошо; если же нет, скажи ему: «Не хочешь ли, я открою это Авве, и как он рассудит, так и сделаем, и ты будешь спокоен». Но ежели разгневанный уйдёт, то скажи Авве, и он вразумит его, а ты не делай ему поклонения (т. е. не проси прощения), ибо через то дашь ему повод думать, что ты действительно виноват пред ним, и он ещё более на тебя вооружится. У других же людей тщательно проси прощения, соображаясь с согрешением: как скоро видишь, что согрешение твоё велико, – поклонись; а когда оно не велико, скажи устами, с чувством сердечного раскаяния: «прости меня, брат». Берегись гордости и самооправдания, ибо они препятствуют покаянию; впрочем, бывает и то, что человек по тщеславию делает поклон. Презирая три сии страсти[88], где нужно, делай поклонение со смирением, страхом Божиим и рассуждением. По силе твоей старайся пребывать в сих добродетелях, и Бог поможет тебе молитвами святых.

Вопрос 83. Того же: Если во время служения больным настанет час псалмопения или святой проскомидии или случится другая надобность, и находящиеся со мною братия знают, что кому нужно дать: повелишь ли мне пойти, или сие будет мне в тяжкую вину? Равным образом, ежели захочу побыть в своей келлии, когда мне нет надобности быть в больнице, позволишь ли мне, Отец мой, или нет?

Ответ Иоанна: Когда братия знают, не будет на тебе вины пойти или побыть в своей келлии; только посещай больных.

Вопрос 84. Если скупость беспокоит меня в то время, как выдаю кому-либо нужное ему, так что не могу и дать ему: то дать ли ему менее того, сколько ему нужно, или постараться выдать не менее надлежащего? Также если, стыдясь, как бы из человекоугодия или тщеславия, по внушению помысла, я хочу дать больше, то дать ли мне, вопреки моей страсти, немного меньше, или должное по заповеди?

Ответ: Если скупость препятствует дать ближнему то, что ему надобно, то соображайся с тем, что имеешь. Когда у тебя много вещей, дай несколько более надлежащего, а когда мало, дай точно, сколько следует. Бог да вразумит сердце твоё, брат.

Вопрос 85. Когда вижу сосуд, нужный для больницы, и чувствую, что я имею к нему пристрастие, то не дам ли пищи моей страсти, взяв оный?

Ответ Иоанна: Если имеешь нужду в сосуде, и помысл о нём борет тебя, то скажи своему помыслу: он мне нужен, но зачем брать по прихоти? Как скоро перестанет бороть тебя пристрастие, возьми его; если же не перестанет, то, когда удобно обойтись другим сосудом, не бери и подави свое пристрастие; а в случае необходимости, возьми тот сосуд, укоряя себя и говоря: когда бы не вынуждала необходимость, не взял бы его, потому что победился своим похотением.

Вопрос 86. Один человек подарил мне некогда одежду, и я взял её тогда как бы с радостию, нимало не противореча; но, испытывая себя, нашел, что взял её не по нужде, а более по лихоимству, и помысл говорит мне: возврати её. Как повелишь мне поступить?

Ответ Иоанна: От души похвалим подарившего и от души похулим принявшего, и будем носить её со смирением, осуждая себя, а вперёд будем беречься лихоимства.

Вопрос 87. Того же: Если случится, что кто-нибудь хочет дать мне вещь, в которой я имею нужду, но вижу, что сердце моё по страсти желает принять её, как мне поступить: взять ли, по случаю нужды, или отказаться по причине пристрастия к ней?

Ответ Иоанна: Как о пище, так разумей и об этом. Ты знаешь, что мы ежедневно нуждаемся в пище, но не должны вкушать её с услаждением. Когда мы принимаем её, благодаря Бога, Который дал её, и осуждая себя как недостойных, то Бог делает, что она служит нам в освящение и благословение. Итак, если ты нуждаешься в какой-либо вещи и успеваешь получить, – благодари Бога, помогающего тебе, и осуждай себя как недостойного, и Бог отвратит от тебя пристрастие, ибо Ему «вся возможна, невозможно же Ему ничтоже» (*Иов.10:13, 42:2; Мк.10:27*). Ему слава во веки. Аминь.

ПРИМЕЧАНИЯ

1 – В послесловии сей книги между прочим сказано, что она «исправися от древнего истиннаго и славнаго Еллино-Греческаго диалекту всечестным иеромонахом Кир Иосифом, Протосингелом Святейшаго Великаго Престола Александрийскаго и поклонником Святых земель Палестины и Синая. Вину же сему подаде иже в священноиноцех всечестный Господин отец Кир Памво Берында, Протосингел Иерусалимский и Архитипограф Святыя Киево-Печерския Лавры, иже и многолетне о сей душеполезней вещи попечеся, и ныне много помощию Божиею потрудися в исправлении (типографским делом) с Славенскаго языка».

2 – См. Церковную Историю Евагрия схоластика. Ч. 4-я, гл. 33-я. СПб., 1853.

3 – Les vies des peres des deserts d'orient. T. 2. P. 508.

4 – См. ниже: Вопросы преп. Дорофея. Вопр. 67 и 68.

5 – См. ниже: Вопрос 1.

6 – См. поучение 5-е.

7 – См. поучение 11-е.

8 – См. ниже вопрос 63-й и проч.

9 – См. завещание св. Феодора в книге Огласительных Поучений его. Москва, 1858. С. 279–280.

10 – Киновия – общежительный монастырь.

11 – Великому старцу Варсануфию.

12 – Литра содержит около 3/4 фунта.

13 – Заимствование из жития преподобного в Четьи-Минеи (19 февраля) греческой книги, а в славянском

переводе оной сие место читается так: бяше добр раб, бысть добр осел, еда бо добр инок?

14 – Св. Варсануфию.

15 – В греческой книге прибавлено: ибо это и значит «вукократ».

16 – В слав.: «имам и пястницу на хребте».

17 – Смиренное чувство.

18 – Отечник (Патерик) – книга, в которой собраны сказания о подвигах и изречения св. Отцов.

19 – В греч.: найдя кратчайший переход, идет по нему и скорее совершает большую часть своего пути.

20 – Сии вопросы аввы Дорофея и ответы ему Старцев помещены ниже.

21 – греч.: благодатию Божиею.

22 – В слав.: «злую и горькую пажить».

23 – Вероятно, полотняную – хитон.

24 – См. его Творения в русск. пер. Том V. С. 91–92.

25 – См.: Достопамятные сказания о подвижн. св. отцов. Москва, 1845. С. 11.

26 – В греч.: «не обличать ни в чём ближнего и не соблазнять его».

27 – См.: Достопамятные сказания о подвижничестве св. и блаженных отцов. Москва, 1845. С. 27–28.

28 – В первом издании сей книги на славянском языке 1628 года: «В совершенное презрение».

29 – В греч.: «Хранить себя, чтобы ни в чём не соблазнить брата – рождает смиренномудрие».

30 – В греч.: «соблазняться».

31 – Восьмая часть и три части восьмых с половиною такое же имеют различие, какое рубль ассигнации и рубль серебром.

32 – В греч. книге: искушал.

33 – В греч. книге вместо сих слов сказано: «облеченного в омофор».

34 – В греч. книге: «хорошо вопрошать: (от сего) смирение и радость».

35 – В слав.: уготовление, т. е. к искушениям.

36 – В греч.: вливая в сердце его зловонную нечистоту.

37 – В слав.: «красни пси суть».

38 – Гор'е – вверх, ввысь. – Изд.

39 – В слав.: с извещением.

40 – В слав.: не известуется.

41 – В слав.: не известихся.

42 – Т. е. во всяком неприятном случае возлагал бы вину на себя.

43 – В слав.: велие делание.

44 – Под пролитием крови разумеются здесь великие подвиги и труды.

45 – В слав.: преслушания.

46 – В славянском переводе сей книги, напечатанном в Киеве в 1628 году: зазоры (подозрения).

47 – В слав.: самосмышлению.

48 – В греч.: если кто-либо укорит его в каком-нибудь деле.

49 – Авва Вениамин. См.: Достопам. сказания о подвижничестве св. и блаж. отцов. Изд. 1845. С. 55.

50 – В греч.: боряся.

51 – Это место исправлено по греческой рукописи (XII века) поучений аввы Дорофея, хранящейся в Московской Патриаршей (ныне Синодальной) библиотеке. № 270. Л. 18 об.

52 – В греч.: или оно показалось мне нехорошим, и я поропотал в себе, ибо если кто в уме поропщет, то это грех.

53 – В греч.: ежедневно.

54 – oute jusin, oute upostasin.

55 – В греч.: κακης προαιρεσεως, т. е. помыслы злого произволения.

56 – Достоп. сказания. С. 297. Нередко говорится, что страсти «гнездятся» в человеке.

57 – В греч.: упокоению.

58 – Деланием кирпичей.

59 – В слав.: негли же и первенство некое имут в сей добродетели.

60 – Такие перила устраиваются на Востоке, где крыши делаются вроде террасы.

61 – См.: Дост. сказ. о подвижнич. св. и блаж. отцов. Изд. 1845. С. 157.

62 – В греч.: ежедневно.

63 – Под именем келлиотов разумеются здесь монахи, живущие не в общежитии, но в отдельно построенных келлиях, хотя и не всегда в строгом отшельничестве. См.: Письма Святогорца о св. горе Афонской. Ч. I. С. 189, 268. Изд. 1850 г.

64 – В слав.: вещь, в греч.: το πραον (что славянский переводчик, вероятно, смешал с το πραγμα – вещь).

65 – В греч.: с строгостию сердца.

66 – В слав.: подлежиши томужде суду гнева.

67 – В греч.: почитающему себя умным, или имеющему собственный помысл.

68 – См. Твор. св. отцов, в русском переводе 1851. Часть I; слово св. Григория Богослова на Пасху.

69 – Нисский.

70 – Epist. 11 ad Corinth., cap. VII.

71 – Св. Варсануфия Великого.

72 – Святому Иоанну Пророку.

73 – В слав.: дерзновение.

74 – Т. е. о внутренней молитве.

75 – Здесь в греч. книге недостает нескольких слов, и они заимствованы из слав. перевода старца Паисия.

76 – Т.е. таких, которые считаются унизительными в глазах других.

77 – Вредно ему.

78 – Авве о других.

79 – Под средними делами разумеются такие, в которых нет вреда, но нет и существенной пользы.

80 – Слов, заключающихся в скобках, не находится в греческой книге ответов Варсануфия и Иоанна, изданной в Венеции в 1816 году.

81 – См.: Дост. сказ. о подвиж. св. отц. С. 213–214. Изд. 2-е. 1846.

82 – Здесь разумеется не то, чтобы грубо клеветать на брата, но сказать о ком-либо истину пристрастно.

83 – Т. е. истинный христианин.

84 – Любовию (αγαπη) назывались общие трапезования, происходившие из любви и служившие побуждением для вкушавших к любви и общению. См. 74-е прав. VI Вселенск. Собора.

85 – Коловия – одежда без рукавов и короткая.

86 – Левитонарий – монашеская верхняя одежда, сотканная из волос.

87 – Т.е. заповедь Отеческую относительно какого-либо послушания.

88 – Гордость, самооправдание и тщеславие.

ПРЕПОДОБНЫЙ АВВА ДОРОФЕЙ

Преподобный авва Дорофей (VI век) – выдающийся христианский подвижник, аскет и учитель духовной жизни, чьи наставления стали неотъемлемой частью святоотеческой литературы. О его жизни известно немного, однако его труды раскрывают его глубокую духовную мудрость и опыт монашеского делания.

Авва Дорофей родился в богатой семье, получил хорошее образование, но, стремясь к подлинному богопознанию, оставил мирскую жизнь и поступил в монастырь. Он был учеником преподобных Варсанофия Великого и Иоанна Пророка – двух выдающихся духовных наставников, чьи советы и наставления оказали значительное влияние на его формирование как подвижника и учителя.

После долгих лет ученичества авва Дорофей основал собственную монашескую обитель, где воспитал множество учеников. Его наставления записывались и передавались из поколения в поколение, а его труды стали настольной книгой для всех, кто стремится к духовному совершенству.

Главной темой его писаний является борьба со страстями, послушание, смирение и любовь к ближнему. Он призывает христиан внимательно следить за своими мыслями и поступками, не осуждать других и постоянно трудиться над своим внутренним состоянием. Эти наставления помогают людям на пути спасения и остаются актуальными даже спустя полторы тысячи лет.

Православная библиотека – Orthodox Logos

- *Песня церкви - Праведники наших дней* – Артём Перлик
- *Сказки* – Артём перлик
- *Патристика* – Артём Перлик
- *Следом за овцами - Отблески внутреннего царства* – Монахиня Патрикия
- *Откровенные рассказы странника духовному своему отцу*
- *Семь слов о жизни во Христе* – праведный Николай (Кавасила)
- *О молитве* – святитель Игнатий (Брянчанинов)
- *Об умной или внутренней молитве* – преподобный Паисий (Величковский)
- *В помощь кающимся* – святитель Игнатий (Брянчанинов)
- *Христианство по учению преподобного Макария Египетского* – преподобный Иустин (Попович), Челийский
- *Философские пропасти* – преподобный Иустин Челийский (Попович)
- *Священное Предание: Источник Православной веры* – митрополит Каллист (Уэр)
- *Толкование на Евангелие от Матфея* – святой Феофилакт Болгарский, архиепископ Охридский
- *Толкование на Евангелие от Марка* – святой Феофилакт Болгарский, архиепископ Охридский
- *Толкование на Евангелие от Луки* – святой Феофилакт Болгарский, архиепископ Охридский
- *Толкование на Евангелие от Иоанна* – святой Феофилакт Болгарский, архиепископ Охридский
- *Таинство любви* – Павел Евдокимов

- *Мысли о добре и зле* – святитель Николай Сербский (Велимирович)
- *Миссионерские письма* – святитель Николай Сербский (Велимирович)
- *Живой колос* – праведный Иоанн Кронштадтский (Сергиев)
- *Дидахе. Учение Господа, переданное народам через 12 апостолов*
- *Домострой* – протопоп Сильвестр
- *Лествица или Скрижали духовные* – преподобный Иоанн Лествичник
- *Слова подвижнические* – преподобный Исаак Сирин Ниневийский
- *Миссионерские письма* – святитель Николай Сербский (Велимирович)
- *Точное изложение православной веры* – преподобный Иоанн Дамаскин
- *Беседы на псалмы* – святитель Василий Великий
- *Смысл жизни* – Семён Людвигович Франк
- *Философия свободы* – Николай Александрович Бердяев
- *Философия свободного духа* – Николай Александрович Бердяев

www.orthodoxlogos.com

www.ingramcontent.com/pod-product-compliance
Lightning Source LLC
Chambersburg PA
CBHW060556080526
44585CB00013B/583